你在为谁读书

NIZAI WEISHUI DUSHU

尚　阳◎著

终结篇

修炼最完美的心灵

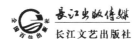
长江出版传媒
长江文艺出版社

新出图证（鄂）字 03 号

图书在版编目（CIP）数据

你在为谁读书（终结篇）：修炼最完美的心灵 / 尚阳 著

武汉：长江文艺出版社，2012.9（2018.9 重印）

ISBN 978—7—5354—6003—5

Ⅰ.你… Ⅱ.尚… Ⅲ.中学生—心理健康—健康教育 Ⅳ.G479

中国版本图书馆 CIP 数据核字（2012）第 129331 号

选题策划：尹志勇

责任编辑：何 海 李 潇　　　　　　　　责任校对：陈 琪

封面设计：异一设计　　　　　　　　　　责任印制：左 怡 邱 莉

———————————————————————————————————————

出版：长江出版传媒　　长江文艺出版社

地址：武汉市雄楚大街 268 号　　　　　邮编：430070

发行：长江文艺出版社

电话：027—87679360

http://www.cjlap.com

印刷：武汉珞珈山学苑印刷有限公司

———————————————————————————————————————

开本：640 毫米×960 毫米　　1/16　　　印张：18.25

版次：2012 年 9 月第 1 版　　　　　　　2018 年 9 月第 17 次印刷

字数：239 千字

———————————————————————————————————————

定价：24.00 元

———————————————————————————————————————

第四章　燃烧学习小宇宙——创新第一步 / 137

承认错误并不是什么丢脸的事。反之,在某种意义上,它还是一种具有"英雄色彩"的行为。因为错误承认得越及时,就越容易得到改正和补救。正视错误,你会得到错误以外的东西。

一、不当尾随毛毛虫

二、做好鹤立鸡群的 20%

三、踩着错误去成功

四、搅动胜利的鲶鱼

五、秒杀高原反应

六、跳出失利怪圈

读书虫:羊群的代价　汉斯的鲶鱼　探秘学习高原

测试控:考试也焦虑　心的"石头帮"　天黑请闭眼……

第五章　发动竞争超马达——补齐你的短板 / 175

心有多大,舞台就有多大。你们人生的路很漫长,不会一辈子在考试,不会一直为五分、十分计较。你们学习、考试的目的是学到知识,最终走出校园,成为你们梦想成为的人。

一、失落:心中的金海螺不会被冲走

二、挫折:打不死的灰太狼很伟大

三、希望:一支铅笔也有 N 种未来

四、冷静:小蘑菇在角落里收获明天

五、专注:一根钢丝暗藏成败乾坤

六、坚持:马屁股决定火箭升天

七、梦想:测量馒头与神的距离

读书虫:塞利格曼积极心理学　詹森怪圈

测试控:"镜子主义"人生观　听音乐测抗压指数

　　　意志力大比拼　幸福魔棒

前 言

《你在为谁读书》自出版以来已经畅销八年，荣获中国十大青少年畅销励志书、浙江省社会科学进步奖、中国青少年自助阅读第一品牌等荣誉。

本系列丛书以中学生的学习、生活故事为主线，通过一位神秘长者的来信，将孩子们喜闻乐见的学习方法、思想品格寓教于乐。

第一季：一个CEO给青少年的礼物——目标与立志是读书成长的第一块基石；

第二季：成就最好的自己——扬长抑短才能变苦读为乐读；

第三季：最有效的学习方法——3+1学习方法帮助你取得好成绩；

终结篇：修炼最完美的心灵——九型人格与心理问题校正。

几年前，在风光秀丽的小三峡入口，一位13岁的妙龄少女毅然从近百米的龙门桥上飞跃而下。时过一年，一位14岁的青春男孩居然面对千里平湖，一步一步昂首挺胸走入了死亡的怀抱。而更令人深思的是，没多久某区一位初中学生竟然拿起斧头残忍地砍死了自己的父亲。面对这些惨剧，我们的心不得不为之震颤。我们惊叹：当今的学生怎么了？现在的学生心理到底出现了什么问题？是什么让花季少男少女们的生命变得如此脆弱和凶残？这些现象背后存在着严重的心理问题。

中学生正处于青春发育期，在这一时期会出现很多的心理问题。为此，本书从分析中学生心理异常的原因及表现出发，以培养学生正确的归因观;运用理性的情绪疗法,引导学生宣泄不合理的情绪;培养健康的情趣,消除不良的心理状态,试图找出一剂良药来治愈学生心理的伤痕,引导学生健康成长。

因为中学生心理问题的表现非常复杂、多样,通过深入思考与研究,作者设计了九个主要人物,将问题归类为九种人格,这样不仅可增强阅读性,更有利于规律的把握,便于学习与改善。

本书以"故事+书信"的方式来表现内容。故事:呈现孩子们心理问题的背景和发展过程;书信:心理咨询师用书信和孩子交流心理问题。书信以QQ、电邮、微博、信件等形式,内容上也不是自上而下的灌输,而是"咨询师指出问题——孩子倾诉——咨询师引导解决问题"的模式。每章节后面还增加了"读书虫"和"测试控"等知识、游戏栏目便于与小读者互动。

应广大读者和家长的急迫要求,本书的写作时间不到两年。因为时间和水平所限,书中一定还存在有许多瑕疵,敬请读者指正。

本书能得以顺利完成并出版,应该感谢长江文艺出版社的大力支持,感谢李哲、王敏等同志所付出的辛勤劳动,还要感谢许多读者的关心、沟通与促进。

开　篇

九型人格

神秘老师的读心术

　　俗话说:一样米养百样人,每个人的性格是不一样的。九型人格按照人们的思维、情绪和行为,将人分为九型,分别是:完美型、助人型、实践型、自我型、探索型、诚实型、热情型、支配型、和谐型。

　　日历翻到了 9 月，对于滨海市来说还是盛夏季节。才上午 10 点钟，太阳就在不遗余力地释放它的威力，好像是在向人们示威；树上的知了叫个不停，好像也在喊热。但是滨海市第七中学今天却十分热闹，校门口人来人往，各式各样的车辆川流不息。今天是新生开学报到的日子。

　　尽管天气很热，但是对于刚刚走进中学的新生们来说，一切都是崭新的。尽管他们的脸上挂着汗珠，但是难掩心中的喜悦和好奇，一个个都洋溢着欢快的神情。

　　当然，也有人心怀忐忑，面对即将开始的新生活充满了憧憬，但也担心自己一时难以适应新学校的环境。

　　因为爸爸妈妈都出差了，丁晓磊只好自己扛着大包小包来新学校报到。幸好学校各处都张贴着明确的指示牌，他很容易就办完了报名手续。

　　当他扛着大包小包准备去宿舍的时候，身后传来一声清脆的女声："丁晓磊！"他扭头一看，原来是赵玲玲。赵玲玲和他是小学同学，看他独自一人，赵玲玲很惊讶："你自己一个人来学校啊？"

　　"嗯，是的！"丁晓磊放下手里的包，从裤兜里拿出一张纸巾擦了擦额头的汗水。"我爸妈都出差了，原本爷爷奶奶要来送我的，但被我拒绝了。我堂堂七尺男儿，还搞不定这么简单的事情？"说完，还摆了一个很酷的 pose。

　　丁晓磊的一番话引得赵玲玲哈哈大笑起来："哈哈哈……一个暑假没见，你似乎少了些书生气哦。"

　　不过一阵大笑过后，赵玲玲又有点不好意思了，因为她的行李都是妈妈在拿着。

　　丁晓磊也看见了赵玲玲的妈妈，礼貌地跟赵妈妈打了个招呼："阿姨好！"

　　"你好。这孩子真懂事，我家玲玲什么时候能像你这么懂事就好了。"妈妈在一旁感叹。

　　"妈——"赵玲玲嗔怪道。

　　"好了好了，不说了。我们先去你的寝室吧，我下午还得赶回单位呢。"妈妈一脸的着急。

“嗯，那好吧。”赵玲玲慢悠悠地回答。跟丁晓磊道别之后，赵玲玲跟着妈妈来到了自己的寝室——305。

寝室门开着，里面空无一人，尽管空荡荡的，但是看上去很整洁，应该是有人事先打扫过了。赵玲玲的床位是紧挨着窗户的下铺。

“玲玲，你的床位不错，靠近窗户，又是下铺，做什么事情也都方便。”妈妈一边整理床铺一边说。

“你说好那就好啦，又不是在家里，住哪个铺都无所谓。”赵玲玲站在一旁懒洋洋地说。

“哎，你这孩子，怎么总是一副无所谓的样子呢，真是拿你没办法。”妈妈叹了一口气。

妈妈很快就帮赵玲玲铺好了床铺，临走之前，妈妈再三叮嘱她：“玲玲，你现在是初中生了，要学会照顾自己了。平时一定要按时吃饭，别太挑食，晚上睡觉老实点，别老是踢被子。妈走了，有事给我打电话。”

尽管很烦妈妈的唠叨，但是眼睁睁地看着妈妈渐渐地消失在自己的视线中，赵玲玲的心里却很不是滋味，鼻子一酸，眼泪就掉了下来。

看见有人走过来了，赵玲玲赶快用手擦去了眼泪。赵玲玲的初中生活在泪水中拉开了大幕。

第一次离家住校，赵玲玲特别不习惯，第一个星期是在慌乱中度过的——不是睡过了头，就是忘记了带课本。有一次起晚了没来得及叠被子，结果被宿管老师抓个正着，狠狠地训了她一顿……好不容易挨到周五下午，当在校门口见到爸爸的车子时，赵玲玲一肚子的委屈，可是又不知该如何开口，索性坐在后座上一言不发。

“玲玲，怎么了，耷拉着脑袋，不舒服吗？”爸爸从后视镜里看到赵玲玲神情低落，关切地问道。

“没有，就是不太适应学校的生活。”

“呵呵，那肯定是在家里当小公主当惯了，现在住校后什么事情都要靠自己，一定很不爽吧？”爸爸打趣道。

“爸爸，你还有心思取笑我啊，我都郁闷得快要得抑郁症了。”赵玲玲噘起了嘴。

“好好好，不说了，咱们回家。”见宝贝女儿不高兴了，赵爸爸转移了话题。

日子一天天地过着，赵玲玲渐渐地跟同寝室的同学熟悉起来。住在自己上铺的是罗小倩，是一个很漂亮的女孩，像个"芭比娃娃"，活泼热情，同学们都很喜欢她。对面住的是徐小芳，一个很内向的女孩，平时话很少，读书很用功。还有苏洛洛、顾盛凌和林晓梅等人，虽然个性上有差异，但是相处得都还好。六个女孩住在一起，经常叽叽喳喳地聊个没完，倒也很热闹，只是晓梅很少参与，总是默默地在一旁看书或者独自发呆，在文静中带有一丝莫名的忧伤。

尽管已经是下午6点多了，可是暑热还未散去，教室中央的吊扇呼哧呼哧地转个不停，但是收效甚微，教室里还是闷热异常。坐在前面的罗小倩手里拿着一把小扇子，一边扇一边嚷嚷着"热死了"。赵玲玲在家里习惯了开空调，现在也是百般的不自在。

"对了，听说今天晚上要上心理辅导课。"罗小倩转过身来对赵玲玲说。

"真的假的？"一听说要进行心理辅导，丁晓磊也来凑热闹。

"当然是真的啦。"罗小倩一脸的严肃，"我是出了名的'万事通'哦！"

"别听她在那吹牛，她那都是些小道消息，没几次是正确的。"罗小倩的万年老对头，从幼儿园一路同学到初中的葛怡在一旁冷嘲热讽。

"哼，你知道什么呀。"罗小倩不屑地说。

正当他们吵吵嚷嚷的时候，班主任刘老师走进了教室，后边还跟着一位帅气的年轻人。眼尖的罗小倩一眼就认出了他是这学期刚来学校的心理咨询师，她捅了捅同桌丁晓磊，小声说道："快看快看！那个就是新来的心理咨询师，好像姓李，听说他很厉害，能够一眼看透别人心里在想什么。"

听了罗小倩的话，丁晓磊仔细打量了一下李老师——高高的个子，厚实的肩膀，戴着一副无框眼镜，看上去大约三十岁左右，上身穿一件白色的T恤，下身穿着一条浅灰色的休闲裤，头发乌黑发亮，眼睛炯炯有神，脸上挂着自然友爱的笑容，给人一种阳光、大气而稳重的感觉。"看起来似乎比我们的其他老师更阳光一些，但是他也就是一个普通人啊，哪有你说的那么神奇。再说了，我就不信有人居然能够一眼看透别人的心思。"说完，丁晓磊又继续抱着科技杂志钻研起来。

这时，刘老师开口了："同学们，今天晚上要给大家上一堂心理辅导课，站在我旁边的这位就是学校新来的心理咨询师李威凡老师。为了让大家尽快地适应、愉快地度过初中生活，我们特意请来李老师给大家做心理辅导。"

刘老师的话引起了一阵骚动，同学们个个交头接耳，看起来大家都对这个李老师很感兴趣。其实，与其说是对李老师感兴趣，还不如说是对心理咨询师这个职业感兴趣。

这时，刘老师示意大家安静下来："下面的时间就交给李老师了。"说完，刘老师便走了。

李老师开口了："同学们好！我先来自我介绍一下，我叫李威凡，是一名心理咨询师。可能大家都会觉得心理咨询很神奇，其实心理咨询并没有大家想象的那样神秘，它的出现只是为了帮助人们更好地生活。"

看到大家一本正经的样子，李老师笑了，露出洁白的牙齿。"大家好像都很紧张哦，别那么拘谨，放松一点。这样吧，我们先来玩一个小游戏活跃一下气氛。"李老师走下讲台，好像在思索着什么，"这样吧，我们来做一个心理学的小游戏'我是谁'好吗？"

一听说要做游戏，教室里像是炸开了窝，大家不知道游戏怎么做，又担心自己被老师选中。

李老师说："大家安静一下，游戏现在开始。下面请坐前排的同学们向后转，前后两桌四人形成一大组，两人一对一成为一小组，每人拿出一张白纸，写下自己的名字，然后交给对方，甲向乙介绍自己是个怎样的人（自己的特质和优缺点），乙做记录，五分钟后，两人交换一下，乙向甲做自我介绍，甲做记录，现在开始。"

很快班上同学都进入了角色，气氛开始活跃了起来。

"丁晓磊，优点是喜欢研究问题，不愿'人云亦云'，啧啧——说得跟爱因斯坦差不多。"陈超润拿着丁晓磊的签名纸，嘻嘻哈哈。"去你的。"丁晓磊推了一把陈超润，脸都红了。

"同学们，游戏的第一段做得很好，现在进入游戏的第二环节，再用十分钟时间，四个人一组讨论一下彼此的心理感受。介绍自己的优点和缺点，并彼此做好记录。"

这时教室里的讨论十分热烈，时间很快又过去了十分钟。

李老师又说："同学们讨论分享到此结束，我们开始进入游戏的第三环节：每位同学将写有自己签名的记录纸传给右手边的同学，拿到记录纸的同学要根据自己对此位同学的观察和了解，在纸上写下：我欣赏你……因为……然后依序右传，直到签名纸传递到自己手中为止。"

到了这个环节，教室里反而安静了许多。同学们面对着递来的签名纸若有所思。谁都希望得到大家的认同，以致都很珍惜对别人的评点。

最后，李老师总结说："'我是谁'这个游戏的意义在于了解真实的我与接纳真实的我的重要性。游戏就玩到这了，接下来呢，我想请大家做一份心理测试题：九型人格。想了解一下大家的性格。有什么问题吗？把大家刚刚谈到的优缺点归归类好吗？"李老师的脸上始终挂着笑容，看得人心里暖暖的。

同学们纷纷摇头。

李老师拿起一沓卷子，给每一组分了一些："每个人拿一份，从前往后传下去。"

在大家分发试题的时候，李老师开始给大家介绍起九型人格来。**"俗话说一样米养百样人，每个人的性格是不一样的，那么你们可能要问了，如此一来了解一个人岂不是很困难？其实，人类是很聪明的，他们对各种各样的性格进行了分类，而九型人格就是一种很独特的分类，通过它我们可以深层次地了解一个人。九型人格按照人们的思维、情绪和行为，将人分为九型，分别是：完美型、助人型、实践型、自我型、探索型、诚实型、热情型、支配型、和谐型。"**

顿了顿，李老师继续说道："既然人格被分为九型，那么你必然属于其中一型。而这个型就是你的'基本人格型'。一个人的基本人格型是不会变的，即使因为某些因素而发生了一些变化，那些最基本的人格型可能会隐藏或者发生调整，但不会真正改变。"

看到大家都拿到了试题，李老师扶了扶眼镜，微笑着说："接下来就请大家认真地看一下试题，然后做出相应的选择，并把选项填在后面的表格里面。"

丁晓磊拿到手里一看，居然密密麻麻地有三页："怎么这么多啊？"他小声地说。

李老师像是听到了丁晓磊的话，说道："题目是有点多，不过我希望同学们能够认真地对待。通过这个测试，我们可以了解自己的个性，接纳自己的短处，经营自己的长处，同时还能更好地与他人和谐相处呢。"

教室里顿时静悄悄的，同学们都开始认真地答题，只听见沙沙的写字声和翻卷的声音。

大约过了15分钟，同学们大都已经做完了，李老师开口了："我想大多数同学已经做完了吧，你们都是什么类型的人格呢？"

"完美型。""自我型。""实践型。""支配型。"……

同学们在下面叽叽喳喳地回答着。

李老师走上讲台，示意大家安静下来："这样吧，你们这么一起说我也听不清楚，为了照顾大家，我把每一型的个性、心理特征都简单地跟大家介绍一下吧。

"第一型是完美型的人，最显著的优点是自我要求高，做事有规律，温和善良，工作勤勉；主要不足是追求完美，太重小节，过分服从，吹毛求疵。完美型的人具有很强的原则性，黑白分明，不会轻易妥协，对自己和别人有着很高的要求，追求完美，希望把每件事情都做得尽善尽美，会时常反省自己是否犯错，也会纠正别人的错误。"

听了李老师的介绍，班长韩修鹏第一个点头称是。

"第二型是助人型的人，他们善良温柔，很喜欢帮助别人，对人慷慨大方，通常很在意别人的感情和需要，对人十分热心，愿意付出爱给别人，看到别人满意地接受他们的爱，才会觉得自己活得有价值，因而常常会忽略自己。他们的缺点是面子软，很敏感，原则性差。"

苏洛洛开心地看看左右。

李老师从教室的这一边走到那一边，一边走，一边娓娓道来。

"第三型是实践型的人，最显著的特点是积极进取，独立性强，讲究效率，可是爱出风头，贬低他人，争强好胜，喜欢走捷径。"

陈超润露出了诡异的一笑。

"第四型是自我型的人，显著的特点是富有创造力，想象力丰富，不喜欢平淡，表面温和，内心孤独，情绪不稳定，容易情绪化，容易沮丧或消沉，常觉生命是一个悲剧，对人若即若离，害怕跟别人关系亲近后被别人发现自己的不完美而离开自己。由于在现实中得不到满足，因而喜欢在幻想中构建自己的世界。喜欢独处，不善表现。"

林晓梅带着孤傲而忧伤的目光，悄悄地低下了头。

"第五型是探索型的人，最显著的特点就是喜欢思考，行动迟缓，与平常所说的'语言的巨人，行动的矮子'有些类似。他们感受力强、有原创性，但是孤独、怪僻。"

丁晓磊的表情，在认同中还带有许多疑惑和不服气。

"第六型是诚实型的人，最显著的特点就是对人忠诚，做事谨慎，遵守规则，可是常常心虚、多疑、缺少信心。他们做事比较小心谨慎，不轻易相信别人，多疑虑，喜欢群体生活，为别人做事尽心尽力，不喜欢受人注视，安于现状，不喜欢转换新环境。为人比较悲观，遇事容易逃避。"

徐小芳愣着双眼，好像是在问："是说我吗？"

"第七型是热情型的人，最显著的特点是渴望长大。乐观自信，精力充沛，具有创意，爱好广泛，不喜欢被束缚，渴望过比较享受的生活，怕严肃认真的事情，对玩乐的事非常熟悉并会花精力钻研，容易冲动行事。这种人做事常常虎头蛇尾，停留在计划阶段，有计划也很难执行；即使执行了，也很难进行到底，要由他人收拾残局。缺乏耐力，注意力很难持久，不能很好面对困难，常常用自圆其说来逃避内心的恐慌。"

罗小倩开心地摇晃着脑袋。

"第八型是支配型的人，最显著的特点是自信、果断，喜好主导一切，斗志旺盛，他们行动迅速，做事果断，兴趣广泛，主动出击，

✿ 型男型女心指数

此份问卷共有 36 条题目,请在每题中选择你认为最恰当或最接近描述自己的性格行为的句子 A 或 B,请全部作答,并在答案纸上圈出,垂直加起来的总和,最高分的三项很可能成为你的基本性格型态。

1. 服务他人、因应他人的需求,对我而言是重要的。　　　　　　　　　　A
   寻求看待事物和做事的各种方法,对我而言是重要的。　　　　　　　　B
2. 面对困扰时,我会陷在里面。　　　　　　　　　　　　　　　　　　A
   面对困扰时,我会想办法放轻松。　　　　　　　　　　　　　　　　B
3. 我向来认为自己是个平静的、随和的人。　　　　　　　　　　　　　A
   我向来认为自己是个严肃的、自律的人。　　　　　　　　　　　　　B
4. 我喜欢社交生活且喜欢结识各样的朋友。　　　　　　　　　　　　　A
   我对社交生活不感兴趣,而且怕与人交往。　　　　　　　　　　　　B
5. 做决定对我而言通常很困难。　　　　　　　　　　　　　　　　　　A
   做决定对我而言很少有困难。　　　　　　　　　　　　　　　　　　B
6. 我向来是愿意支持他人,为他人付出,喜欢有人为伴的。　　　　　　A
   我向来是严肃的、克制的、喜欢讨论问题。　　　　　　　　　　　　B
7. 面对全新的经验时,我通常会自问这是否精彩、有用。　　　　　　　A
   面对全新的经验时,我通常会自问这是否好玩、有趣。　　　　　　　B
8. 我主要的长处之一是主导各种情况的能力。　　　　　　　　　　　　A
   我主要的长处之一是描述内在状态的能力。　　　　　　　　　　　　B
9. 大体而言,我太开放、天真。　　　　　　　　　　　　　　　　　　A
   大体而言,我太机警、谨慎。　　　　　　　　　　　　　　　　　　B
10. 我认为做事的方法有很多种。　　　　　　　　　　　　　　　　　A
    我认为做事的方法只有一种。　　　　　　　　　　　　　　　　　B
11. 我的主要长处之一是利用资源及实现计划。　　　　　　　　　　　A
    我的主要长处之一是提出新点子,使人们为之兴奋。　　　　　　　B
12. 我的健康及幸福因我强烈的助人欲而受伤害。　　　　　　　　　　A
    我的人际关系因我强烈的自我而受害。　　　　　　　　　　　　　B
13. 我向来有不易睡眠的困扰。　　　　　　　　　　　　　　　　　　A
    我向来能轻易入睡。　　　　　　　　　　　　　　　　　　　　　B
14. 我一向做事欠缺信心而犹豫不决。　　　　　　　　　　　　　　　A
    我一向做事充满信心当机立断。　　　　　　　　　　　　　　　　B
15. 人们信赖我,因为我有自信且能为他们着想。　　　　　　　　　　A
    人们信赖我,因为我很公正且会做正确的事。　　　　　　　　　　B
16. 我通常专注于自己的情感,且喜欢让它一直持续下去。　　　　　　A
    我通常会淡化自己的情感,不会太注意它。　　　　　　　　　　　B
17. 我或许一直都太被动、不够投入。　　　　　　　　　　　　　　　A

我或许一直都有太强的支配欲和操作欲。	B
18.大体而言，我是有条理且审慎的。	A
大体而言，我是好刺激且愿意冒险的。	B
19.我倾向帮助别人而发现他们正在犯错。	A
我倾向和他人保持一定的距离。	B
20.我已提供给许多人关怀与教养。	A
我已提供给许多人方向与诱因。	B
21.我很以自己的毅力及常识为傲。	A
我很以自己的创新、创造力为傲。	B
22.大体而言，我是个外向的、擅社交的人。	A
大体而言，我是个认真的、自律的人。	B
23.虽然对方没有提出要求，只要我觉得他们有所需要，我便毫不犹豫及主动地帮助他们。	A
若对方没有提出要求，我不会主动地帮助他们。	B
24.通常能引起剧烈情绪震荡的情况都会吸引我。	A
通常令我觉得平静、舒适的情况都会吸引我。	B
25.由于想象力及好奇心，我的想法一向很有冒险性。	A
我的想法一向很实际，只尝试着推动事物。	B
26.驾驭及支配别人对我而言是较重要的。	A
受到别人的重视及认同对我而言是较重要的。	B
27.面临麻烦时，我有能力将之解决。	A
面临麻烦时，我会以自己喜欢的东西慰劳自己。	B
28.整体而言，我一直是凭直觉的、个人主义的。	A
整体而言，我一直是非常有组织力的、负责任的。	B
29.我因过于侵扰及干扰别人而产生人际关系的困扰。	A
我因过于逃避及沉默而产生人际关系的困扰。	B
30.我向来自信且喜欢与人比较。	A
我向来谦卑且喜欢以较慢的步伐行事。	B
31.我喜欢生活在自己的小世界里。	A
我喜欢让整个世界知道我的存在。	B
32.我常受紧张、不安全感及疑虑的困扰。	A
我常受愤怒、理想主义及缺乏耐心的困扰。	B
33.我向来以自己在别人生活中所扮演的重要角色为傲。	A
我向来以自己的风趣及对新事物的开放态度为傲。	B
34.我比较乐观且易于从挫折中恢复。	A
我常处于情绪化且多愁善感。	B
35.在许多状况下，我喜欢让自己就领导地位。	A
许多状况下，我宁可让他人就领导地位。	B
36.我一向是专注且具有高度热衷。	A
我一向是很自发的，喜好玩乐的。	B

Q	＃1	＃2	＃3	＃4	＃5	＃6	＃7	＃8	＃9	Q
1		A			B					1
2				A			B			2
3	B							A		3
4			A		B					4
5						A		B		5
6	B	A								6
7			A				B			7
8			B					A		8
9						B			A	9
10	B		A							10
11							B	A		11
12		A		B						12
13					A				B	13
14			B			A				14
15	B							A		15
16				A	B					16
17		B							A	17
18						A	B			18
19	A				B					19
20		A						B		20
21				B		A				21
22	B						A			22
23		A	B							23
24				A					B	24
25					A	B				25
26			B					A		26
27						B			A	27
28	B			A						28
29		A				B				29
30			A						B	30
31					A		B			31
32						A				32
33		A					B			33
34			A	B						34
35							A	B		35
36					A		B			36
小计										
Q	＃1	＃2	＃3	＃4	＃5	＃6	＃7	＃8	＃9	Q
	完美型	助人型	实践型	自我型	探索型	诚实型	活跃型	支配型	和谐型	

计分方法：请垂直加起你所选择的答案个数之总和，最高分数之三项很可能成为你的基本性格型态。

脾气急躁，喜欢指使，固执己见，耐力不足，欠缺自律。"

顾盛凌用直勾勾的眼神看着李老师。

"第九型是和谐型的人，最显著的优点是平静祥和，不喜欢与人起冲突，不自夸、不爱出风头，个性淡薄。想要和别人和谐相处，会避开所有的冲突与紧张。他们沉着冷静，适应环境，为人低调，甘于现实，可是他们目标不高，安于现状，缺少主见，办事拖拉，为人被动，人云亦云，怠慢懒散。"

赵玲玲很认真地点着头。

每说到一型，符合那一型的同学们纷纷地点头，他们十分专注地看着李老师。对于他们来说，九型人格还是一个很新鲜的名词。但是，这股子新鲜劲并没有持续太长时间，两周之后，他们当中的大多数人早把有关九型人格的一切忘得一干二净了。只是，他们不知道，他们今后的学习、生活与九型人格已经紧密地联系在了一起。

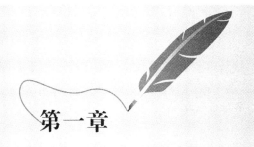

第一章

未来天空的占星师

——发现你的强大

当你走出一直困扰自己的阴霾，就会发现，原来阳光从未曾远离你。在我们的周围，有一些化装的天使，他们会在你最失落的时候，给你祝福。即使最最糟糕的生活，也有感恩的理由，就算你失去了一些，可你也成长了一些。

一、不幸:八个月的孩子照样长大

"快让开快让开,有人晕倒了!"同学们正围在走廊上透气,只见一个高个子的男生背着一个晕倒的女生走来,老师跟在身后。

"又是那个林妹妹吧?"一个女孩带着酸酸的口气叹道,"这个人不去演电影简直可惜了,每次到了考试就要头晕、恶心……什么时候我也这样来一下就好了,还可以逃过剩下的考试!"这女孩好像说出了大家的心声一样,另外几个女同学心照不宣地笑了。

的确不怪人家说,这个林晓梅已经不是第一次晕倒了,本来平时一阵风就能把她刮跑似的,到了考试更是好端端的,也能倒下去。所以这个"林妹妹"的外号,对她来说真的一点都不夸张。

林晓梅,秀美病弱,多愁善感,有见花落泪的诗人气质,富有想象力,冷漠、孤独,活在自我的世界里,只有在生病中才能找到自己的存在感,经常会在考前莫名其妙地生病。她妈妈是医生,常年加班,爸爸去年意外去世,爷爷奶奶都在郊区住,亲朋好友来串门的也很少,在家的时候她也总是一个人独处。自从爸爸去世之后,她更加郁郁寡欢了,而且变得越来越有"个性"——不服从、爱顶牛、情绪化。只要放学的铃声一响,哪怕老师还在讲课,她就开始麻利地收拾好书包,第一个走出教室,班里同学可没她这么大胆的。久而久之,周围的人也对她多了一点宽容和谅解,于是,林晓梅就成了大家眼里独来独往的"冷美人"。

"老师,您让修鹏送我回家吧,我家里有药,我妈给我开好的。"刚被送上出租车,林晓梅就醒了过来,低声平静地说道。

正好老师还要监考,也走不开。"韩修鹏,那麻烦你走一趟,把林晓梅送到她家吧。""好的,老师。您放心吧。"

韩修鹏是初一(3)班的班长,个子高高的,眼睛细长,在班上是个小大人,老师对他一向很放心,无论是篮球还是钢琴,他都擅长。每到中秋节晚会这样的时候,无数女生都想近距离看看韩班长的表演，要是能和他一起跳舞，得兴奋一个学期了。不过，林妹妹似乎从来没有注意过这个帅哥班长的魅力，他们住在一个小区，本来非常容易偶遇的，林妹妹却一次也不愿意和韩修鹏一起走，她宁愿一个人形单影只。

"师傅，麻烦去安然医院后面的那个红色小区。"韩修鹏对司机叮嘱了一声，就不再说话。

二十分钟后，出租车停在他们家的小区门口。

"你住 9 号楼吧？"韩修鹏扶着林妹妹穿过小区的花园。此时正是四月下旬，天气很好，难得不冷不热，花红柳绿。小区里的樱花刚刚开败，一地花瓣，而海棠已经打苞了。林妹妹走了几步，有点出汗，韩修鹏就扶她在石凳上坐一坐。

"修鹏，不好意思耽误你上课了。"林晓梅终于开口了。

"哦，没事。要不要给你妈打电话？刚才你晕得很沉，还是让你妈妈知道一下，一会儿让她带你去做个检查吧。"

"不要了，上次已经检查过了，我妈知道我的身体。上次开的药，要吃半年呢。一会儿你陪我回家就行了。"林晓梅不想让妈妈知道自己下午又因为头晕而回家了，因为，这已经不知道是第几次了。

刚开始的时候，林晓梅的妈妈特别紧张，她本身是医生，知道林晓梅是早产儿，身体底子不好，就一直特别注意。后来林晓梅的爸爸因为肝病去世之后，她很害怕这个病遗传给女儿，于是带着她里里外外检查了好几次，每一年都会做全面的体检，还好，林晓梅就是血糖低，别的倒还好。只是父亲去世之后，她就一直郁郁寡欢的样子，也不见她交朋友，也从不说自己学校里的事情。后来，林晓梅的班主任找林妈妈聊了一次，说林晓梅在学校总是提不起精神，也不愿意与同学交流，有时连老师的提问也不爱回答，除了语文优秀，其他功课的成绩都不太理想。老师希望家长能够多多配合学校，帮助林晓梅在初中阶段打好基础，这样高中就不会特别吃力了。

妈妈当然知道女儿的成绩不理想，要考上好高中、好大学现在就要努力。但是对这个女儿，她也一点办法都没有。多说她两句，就哭哭啼啼的，有时候还会说些莫名其妙的话："你就是在我生病的时候才关心我，平时不见你关心！"所以，林妈妈也就真的越来越少管了。

老师找她的时候，她就对老师说，这个女儿，只要能够健康长大，将来有一份自己的工作，就可以了，也不求她考上北大清华。作为一名医生，她人生的大部分时间都用在治病救人上，她希望自己的女儿就做个普普通通的人，不要太为学习和工作拼命。

"你知道吗？我是八个月的孩子。"林晓梅坐在柳树下的石凳子上对韩修鹏说。

"哦，怪不得你身体不好。"韩修鹏看看手表，他有点着急回去赶下午的课了，但是怎么也得把这个林妹妹平安送到家里吧。

"是啊，我身体不好，连我妈都烦我了。"林晓梅叹气，"都说八个月的孩子聪明但是容易感伤，气血不好，也很难长大。也许我们林家人的身体都不怎么好吧，不然我爸……"韩修鹏知道林晓梅爸爸的事，他爸爸还去参加了葬礼，回家之后说可怜逝者的女儿和你一样大呢。

"平常也不见你在体育课上锻炼，总是一个人往后躲，你这样肯定身体好不了。"的确，林晓梅体育课能逃就逃，能请假就请假，一年下来班里的运动会她连广播稿都没有写过。

"我最讨厌运动了。好好的人要运动做什么，平时走路就不是运动吗？再说，一身汗味儿。等到夏天的时候，待在教室整个人都熏晕了。"

"看来你有力气走了，那我们走吧。"韩修鹏着急想赶快把林晓梅送回家，可林妹妹却一动也不动。

"你要是着急就先走吧，我还想歇会儿。这里空气好，也不晒，回家喝了药就要睡了，没意思。我妈晚上也不知道几点才下班呢。"

韩修鹏无奈，只得再多陪一会儿。

"刚才，我在你背上的时候。模模糊糊听到那些女生说的话了。"林晓梅想起刚才的事情，眼泪吧嗒往下掉，吓得韩修鹏不知道说什么好，再说那时候他正努力背着人往前走，没注意身边谁说了什么。"没说什么呀？你这是怎么了。"

"她们说我是林妹妹……估计是嫉妒我被你这个大帅哥背回来吧，我知道的。"林晓梅的心思果然够细腻，不过女生之间，有些"声东击西"的话是彼此心照不宣的。韩修鹏这会儿却是丈二和尚摸不着头脑。

林晓梅看到韩修鹏没有接话，不知道他是默认自己的猜测，还是不知道说什么好，就接着说："我们两个人，就像一个天上一个地下。你学习好，受欢迎，会运动，还有爸爸妈妈；我呢，学习一般，在班上一个朋友也没有，身体又不好，仅有的一个家长还顾不上我。也许我从世界上消失了，你们要过一周才会发现吧？"

"说些什么呢。你们女生一天到晚就是一些奇怪的想法，我看起来是像你说的那样，但是我也有自己的苦恼啊。"韩修鹏的嘴巴这时候可不像竞选班长时候那么流利了。他不太会劝女孩子，尤其是刚哭过的，再说，林晓梅说的也没错，她就是一个消失了一周都不太会被注意到的女孩。每次大家提到她的时候，要不就是她当众晕倒了，要不就是被哪个人的一句话气哭了。

听了韩修鹏的话，林晓梅没有做声。她也不想听韩修鹏自己的苦恼是什么，而且她注意到韩修鹏不太乐于听自己讲这些婆婆妈妈的话，心想"估计要是换了那个漂亮的学习委员，肯定不是这态度吧"。嘴角一丝苦笑，站起来慢慢往家走去。

很快就到了林晓梅家，虽然住在一个小区，韩修鹏还是第一次来她家里。

韩修鹏换鞋的时候，注意到林晓梅家的客厅墙上有一大幅画，是紫色的鸢尾花开在辽阔的荒野里，天色阴沉沉，感觉像夏初的傍晚要下雨的时候。看到韩修鹏的目光落在那幅画上，林晓梅马上来了精神，指着那幅画说："这是我在美国的姑姑画了寄回来送给我的。我姑姑在美国是很有名的画家，有自己的画廊呢。爸爸去世之后，她很少回来看我们，但过段时间会给我们寄些画回来。"

果然，在林晓梅的家里，随处可以见到装裱起来的油画，那风格有点像马奈，有一张白牡丹模仿得惟妙惟肖，但很多画都流露出悲伤的情绪。生活在这样的环境之中，难怪林妹妹会整天处于低沉伤感之中呢。

"你喝杯橙汁再走吧。我去拿。"林晓梅让韩修鹏坐在客厅，她去厨房取饮料。打开冰箱，她拿了一盒橙汁，又从另外一个小柜子里拿出一包巧克力颜色的东西。

"你喝吧。"她把橙汁递给韩修鹏，之后插上吸管喝起那个塑料袋里的东西来，看到韩修鹏好奇，就解释："这是我的药，已经熬好的中药，我每天早晚喝两袋，不知道要喝到什么时候呢。"

韩修鹏一脸惊讶，头一次看到有人从冰柜里取出塑封好的中药喝，他在家里从来没有见到过。喝完饮料，他让林晓梅好好休息，自己就赶紧下楼回学校去了。

韩修鹏走了之后，林晓梅把脚缩到沙发上开始打瞌睡，迷迷糊糊的时候，手机响了。

"一条私信？"林晓梅好奇地打开了微博。

今天下午没有看到你呢？怎么了？不舒服？

发信人叫"不太冷"，点开留言者的资料一看，这个人原来就是开学初给大家上过心理辅导课的李老师，可是自己跟他并不熟悉啊，而且也没有他的课，他怎么知道自己不在学校呢？

是的，今天下午晕了，所以回家休息，谢谢你的关心。

过了三分钟，又一条私信传来：

啊？晕倒！这么严重呢！
还好，我之前也老这样。可能因为我是八个月早产儿的原因吧。
那你先休息吧，我们这边的考试也差不多结束了，等你有时间的时候再聊。

"结束了……"林晓梅的感觉竟然是有点失落。一提到就令她头痛想晕倒的考试，不知不觉就已经结束了，要是自己这会儿在考场，估计不论结果好坏，心里也都落下石头了，反而是在家里，心里不安又不敢面对。

林晓梅索性去链接看了看李老师的微博，发现他的微博里有许多内容，有一条长微博是这样写的：

　　杂技师肖曼·巴纳姆有一次分享了他成功的秘诀——他之所以很受欢迎，是因为节目中包含了每个人都喜欢的成分。所以他使得每一分钟都有人上当受骗。

　　据此，有心理学家给一群人做完明尼苏达多项人格检查表（MMPI）后拿出两份结果，让参加者判断哪一份是自己的结果。事实上，一份是参加者自己的结果，另一份是多数人的回答平均起来的结果。参加者竟然认为后者更准确地表达了自己的人格特征。人们常常认为一种笼统的、一般性的人格描述，十分准确地揭示了自己的特点，心理学上将这种倾向称为"巴纳姆效应"。

　　巴纳姆效应在生活中十分普遍。拿算命来说，很多人请教过算命先生后都认为算命先生说得"很准"。其实，那些求助算命先生的人本身就有易受暗示的特点。当人的情绪处于低落、失意的时候，对生活失去控制感，于是，安全感也受到影响。一个缺乏安全感的人，心理的依赖性也大大增强，受暗示性就比平时更强了。加上算命先生善于揣摩人的内心感受，稍微能够理解求助者的感受，求助者立刻会感到一种精神安慰。算命先生接下来再说一段一般的、无关痛痒的话便会使求助者深信不疑。

　　看完这段话，林晓梅想起自己对老师说过"八个月的孩子"的事情，不禁有点对号入座了。微博上来不久，转发的次数就超过了100次，看来同意的人还真多呢。"好吧，也许我就是一个被巴纳姆效应影响的人……"

　　林晓梅觉得受益匪浅，又选了一条看：

　　名人小故事：爱因斯坦曾经从父亲那里听来一个故事，说一天，两个人去清扫一个大烟囱，那烟囱只有踩着里面的钢筋踏梯才能上去。大叔在前面，年轻人在后面。他们抓着扶手一阶一阶地终于爬上去了，出来时，大叔依旧走在前面，年轻人跟在后面。钻出烟囱，他们发现了一件奇怪的事情：大叔的后背、脸上全被烟囱里的烟灰蹭黑了，而年轻人身上竟连一点烟灰也没有。年轻人看到大叔的模样，心想我一定和他一样，脸脏得像个小丑，于是就到附近的小河里去洗了又洗。而那位脏兮兮的大叔呢，他看到年轻人钻出烟囱时干干净净的，就以为他也一样干干净净的，就只草草地洗了洗手就上街了。结果，街上的人都笑破了肚子。

爱因斯坦的父亲讲完之后告诉他："拿别人做镜子，白痴或许会把自己照成天才。"

"这个故事给我的启示是什么呢？"晓梅自言自语地说着想着，过了好一会她欣然一笑，"啊，我懂了！做人不仅要看明白别人，更重要的是要认识真正的自己！"

读书虫

放之四海皆准的"个性"

曾经有心理学家用一段笼统的、几乎适用于任何人的话让大学生判断是否适合自己，结果，绝大多数大学生认为这段话将自己刻画得细致入微、准确至极。下面一段话是心理学家使用的材料，你觉得是否也适合你呢？

你很需要别人喜欢并尊重你。你有自我批判的倾向。你有许多可以成为你优势的能力没有发挥出来，同时你也有一些缺点，不过你一般可以克服它们。你与异性交往有些困难，尽管外表上显得很从容，其实你内心焦急不安。你有时怀疑自己所做的决定或所做的事是否正确。你喜欢生活有些变化，厌恶被人限制。你以自己能独立思考而自豪，别人的建议如果没有充分的证据你不会接受。你在别人面前过于坦率地表露自己是不明智的。你有时外向、亲切、好交际，而有时则内向、谨慎、沉默。你的有些抱负往往很不现实。

这其实是一顶套在谁头上都合适的帽子。

人总在生病的时候才会空下来想想自己，晓梅也不例外，她只有在生病时，才能找到自己的存在感。以往只是一个人独自思考，现在多了一位李老师，不仅知识渊博，而且还特别懂心理学；不仅很关心自己，而且沟通的方式也很特别。晓梅想，何不乘此机会把自己到底是一个怎么样的人搞搞明白？于是她就用简洁的语言将自己做了个总结介绍，用微博私信发给了李老师。

李老师能不能帮我分析一下？

过了不多久，回信过来了，信中这样写道：

晓梅：通过你的自我介绍和我的观察了解，根据九型人格的分类，你的心理特征属于第四型自我型的人，自我型的人显著的特点是富有创造力，想象力丰富，不喜欢平淡，表面温和，内心孤独，情绪不稳定，喜欢独处，不善表现。

你到底是一个什么样的人？初步诊断如下，供你参考：自我为中心，富有想象力和创造力，自省能力强。在不健康的情况下会有自卑心理、

身体性格密码

"菲尔人格测试"是美国的菲尔博士在著名主持人奥普拉的节目里做的，时下被很多大公司人事部门用来测试员工的性格。

1. 你何时感觉最好？
   A.早晨　　　　　　　B.下午及傍晚　　　　C.夜里
2. 你走路时是：
   A.大步地快走　　　　B.小步地快走　　　　C.不快，仰着头面对着世界
   D.不快，低着头　　　E.很慢
3. 和人说话时，你：
   A.手臂交叠站着
   B.双手紧握着
   C.一只手或两只手放在臀部
   D.碰着或推着与你说话的人
   E.玩着你的耳朵，摸着你的下巴或用手整理头发
4. 坐着休息时，你的：
   A.两膝盖并拢　　　　B.两腿交叉　　　　　C.两腿伸直
   D.一腿蜷在身下
5. 碰到你感到发笑的事时，你的反应是：
   A.大笑　　　　　　　B.笑着，但声不大　　C.轻声地笑
   D.羞怯地微笑
6. 当你进入一个聚会或班会时，你：
   A.很大声地入场以引起注意
   B.安静地入场，找你认识的人
   C.非常安静地入场，尽量保持不被注意
7. 当你非常专心学习时，有人打断你，你会：
   A.欢迎他　　　　　　B.感到非常恼怒　　　C.在上述两极端之间

8.下列颜色中,你最喜欢哪一种颜色?

    A.红或橘色　　　　　　B.黑色　　　　　　　C.黄色或浅蓝色

    D.绿色　　　　　　　　E.深蓝色或紫色　　　F.白色

    G.棕色或灰色

9.临入睡的前几分钟,你在床上的姿势是:

    A.仰躺,伸直　　　　　B.俯躺,伸直　　　　C.侧躺,微蜷

    D.头睡在一手臂上　　　E.被子盖过头

10.你经常可梦到自己在:

    A.落下　　　　　　　　B.打架或挣扎　　　　C.找东西或人

    D.飞或飘浮　　　　　　E.你平常不做梦　　　F.你的梦都是愉快的

计分方法:

题号	A	B	C	D	E	F	G
1	1	2	4				
2	6	4	7	2	1		
3	4	2	5	7	6		
4	4	6	1	2			
5	6	4	3	5			
6	6	4	2				
7	4	2					
8	6	7	8	4	3	2	1
9	7	6	4	2	1		
10	4	2	3	5	6	1	

根据表格统计总分。

测试结果:

21分以下:你是一个害羞的、神经质的、优柔寡断的人,永远要别人为自己做决定。你是一个杞人忧天者,有些人认为你令人乏味,只有那些了解你的人知道你不是这样的。

21分~30分:你勤勉、刻苦、挑剔,是一个谨慎小心的人。你做任何冲动的事或无准备的事,朋友们都会大吃一惊。

31分~40分:你是一个明智、谨慎、注重实效的人,也是一个伶俐、有天赋、有才干且谦虚的人。你不容易很快和人成为朋友,却是一个对朋友非常忠诚的人,同时要求朋友对你也忠诚。要动摇你对朋友的信任很难,同样,一旦这种信任被破坏,也就很难恢复。

41分~50分:你是一个有活力、有魅力、讲究实际,而且永远有趣的人。你经常是群众注意力的焦点,但你是一个足够平衡的人,不至于因此而昏了头。你亲切、和蔼、体贴、宽容,是一个永远会使人高兴、乐于助人的人。

51分~60分:你是一个令人兴奋、活泼、易冲动的人,是一个天生的领袖,能够迅速做出决定,虽然你的决定不总是对的。你是一个愿意尝试机会、欣赏冒险的人,周围的人都喜欢跟你在一起。

60分以上:你是自负的自我中心主义者,是个有极端支配欲、统治欲的人。别人可能钦佩你,但不会永远相信你。

消极厌学心理、能力会受到抑制等状况。还会表现出不服从、爱顶牛、怀疑、冷漠、孤独怪僻、自我情绪控制能力差等行为。

今天的你，生活在封闭的自我世界里，因为情绪低迷、消极，多愁善感，所以导致体弱多病。希望你正确认识自己，发挥长处，抑制短处，面向阳光，走出阴影，以积极的心态迎接美好的生活。

看了这段话后，晓梅内心汹涌澎湃久久不能平静，她不得不由衷地发出感慨："太深刻、太准确了，简直是入木三分，几乎已经触摸到我灵魂深处，真有一种痛并快乐的感觉。此时此刻才是我真正第一次认识自己，一切改变将从现在开始，希望会有奇迹出现！"

二、好运：诚心感动一片花海

当手机再次响起的时候，林晓梅做了一个短短的梦，在沙发上睡得并不舒服，轻微的震动就会吵醒她。

"晓梅你回来了？现在感觉好些了吧？老师说要是你明天还是不舒服就不用上学了，我今天晚点回来，明天带你去姥姥家玩吧。"

"我没事了，刚才在沙发上睡了一觉。去姥姥那里的事情明天再说吧，现在我还不想出门呢。"说完，林晓梅就挂了电话，每次挂妈妈的电话，她都有一种不耐烦的感觉。自从爸爸去世以后，她好像很少有"一家人在一起吃饭"的感觉，妈妈总是很晚回来，自己就随便做点吃的，而且也不喜欢吃零食。

洗完澡之后，她回到自己卧室，彻底关上门窗，她才打开电脑。自从偶像开了微博之后，林晓梅也很迷微博，没事儿就在微博上发表个只言片语，还能赢得不少的转发呢。

如果有来生，要做一棵树，站成永恒，没有悲欢的姿势。一半在土里安详，一半在风里飞扬，一半洒落阴凉，一半沐浴阳光。非常沉默，非常骄傲，从不依靠，从不寻找。

这段三毛的经典话语，被林晓梅作为个人签名，很多人都是看到这个签名之后关注她的。

这些文字看起来不像是一个初中生喜欢的，但确实很对林晓梅的胃口。在她眼里，那些爱来爱去的流行歌曲都是浅薄的可怜的，他们还不知道生活的不如意究竟是怎么回事。有时候，林晓梅会觉得自己是世界上唯一一个失去父亲的人，唯一一个被幸运之神冷落了的人。

凌晨四点半，林晓梅模糊中醒了一下。起来看看手机，还没有到起床时间，又蒙眬地睡去了。也许是担心迟到，或者不想去学校，她零碎梦到自己找老师请假，后来又错过班车。最后，闹铃吵醒了她。"对了，妈妈说已经请过假，今天不用上学。"林晓梅突然想到昨天妈妈来电话说的，要去姥姥家，于是赶紧起床冲进妈妈卧室——

"妈！我可不去姥姥家——"林晓梅看到的是一张空床，果然她妈妈还在医院没有回来。这种情况，她也已经习惯了。

中午随便找了一点东西吃过后，林晓梅看到好多好多白碧桃开了，那样子让人想起"桃花嫣然出篱笑，似开未开最有情"的句子来。想必海棠花溪公园那边花一定也开得很热闹了吧，她索性坐了车往公园走去。果然，海棠花溪里正是游人多的时候。这里有很多品种的海棠，从纯白到深红，不仅颜色不同，花的形态也各异。很多摄影爱好者都带着自己的大包小包来拍照，不少人也在花丛中留影纪念。看到那些大妈们戴着花丝巾在花丛中嘻嘻哈哈，林晓梅觉得成年人的世界也是无趣得很，庸俗得很，真是糟蹋了这好好的花。

"妈，来给您拍一张吧。"一位年轻的女游客拉着她身边母亲模样的大妈，要在花前留影。

"哎呀，算了算了，我这模样糟蹋了花。"这个母亲倒是挺自知，林晓梅想，要是大妈们都这样自觉，赏花的时候就专心赏花才好呢。

"妈，您在同龄人里面已经算显年轻的了。再说，您今年的身体状况不是比去年好多了吗。难得我们来滨海旅游遇到花季，不拍一张太可惜了。"女儿继续劝着妈妈，看得出来，她想给自己的妈妈留下一张漂亮的相片，可是，妈妈说什么也不肯照，好一个倔强的大娘。

"好吧，那请您给我照一张，然后我们再合影一张好吗？我们就请这个小妹妹来帮我们拍一张吧。"说着，那个游客就朝着林晓梅笑了笑。林晓梅当然应允了她们。

从镜头里面，林晓梅才注意到妈妈的眼睛好像不好，总是看不到镜头这里来。只有女儿帮她摆一摆头，她的脸才能正对着镜头，啊，她已经快要看不见了。可是，她和女儿看起来都还是很高兴的样子，在五彩斑斓的世界里，她看不见，也不悲伤。或者，有这样一个心爱的女儿已经很值得感恩了吧。林晓梅抓拍了好几张女儿帮母亲整理头发的照片，也许不是很美，但那些传递着关爱的心意的瞬间，真的让人感动。

有的人看得见五色，心却是灰暗的；有的人看不见，心里却好明亮。

这条微博刚发布出去不久，李老师就跟了一句回复：

有的人手里有一个柠檬，就把它做成一杯柠檬汁。(*^__^*)……

林晓梅看完笑了，是呀，柠檬汁倒是很好喝的。难为李老师总是第一时间回帖，他好像很关心自己似的，不一会儿，李老师就像变魔术一样，又发了一条长微博：

伊索寓言中，狐狸望着丰满的葡萄垂涎三尺，最终却没有吃到。"算了，大路边上还能有好吃的葡萄么？"这样一想，狐狸也就开心地走了。当人们自己的需求无法得到满足，便会产生挫折感，为了解除内心的不悦，人们就会编造一些理由自我安慰，使自己从不满等消极心理状态中解脱。

没有找到对象的单身族，常常会说"一个人最好，多自在啊"；没考上名牌大学的人，常常会说"读名牌大学有什么好，竞争那么激烈，早晚会累到变态"；有些人考试勉强及格，而同桌得了优秀，于是就想"一看就是抄袭，投机取巧，没什么了不起"……这样的例子不胜枚举，当然最经典的还是鲁迅笔下的阿Q了。

与酸葡萄心理相对应的心理，叫甜柠檬心理。人们对现有的东西，尽管不喜欢或不满意，也坚持认为是好的，好比一个人拿着没熟的柠檬，明知不够，但手上只有没熟的，聊胜于无，不妨将之视为一个很甜的柠檬。这同样是内心的一种自我安慰，仿佛生活中的女性更善用此道：

经常有女生去逛商场的时候会遇到"不买会死"的裙子，买回去后觉得价钱太贵，颜色也不如意，但她和别人说起时，她可能会强调这是今年最流行的款式，质地也很好，即使价格贵点，也值得。还有一种情况，就是生活中有很多的不如意，比如你相貌不好，或者是家庭比较复杂，但是如果能够用甜柠檬的定律来想一想，至少我还有_____（请自动填空），人生也许会轻松很多。

"老师，您真的是打字高手！"

林晓梅在下面留言道。不过，这条倒是应景得出奇，刚才看到那对母女，经老师一指点才明白了甜柠檬心理的原理。

嘿嘿，我还有很多心理定律准备好了要和大家分享呢。

"姑娘，别动，让我为你拍张照吧！你这样就很美！太棒了！"正当林晓梅对着一树粉色海棠用手机与李老师沟通的时候，背后不知道哪里过来个奶奶，要求给她拍照。林晓梅回头看了一眼，是一个很整洁有修养的奶奶，一头银发，慈祥而不失庄严。一个突如其来的人进入了她的自我世界，按她的本能是会拒绝的，但是这位奶奶和那些戴丝巾的人不同，至少在林晓梅看来，不是那么"妇女党"。不过她对自己的相貌并不是很自信，每次在镜头前都不知道怎么把表情调整到自然状态。这次，她就迟钝了一秒，老奶奶已经按下了快门。

林晓梅走近老奶奶身边，停了一会说："我能看看吗？"

这时，她发现老奶奶的相机竟然是一台很老式的胶卷相机。"不好意思，我的这台相机不像他们那些人的可以直接看，要洗出来才看得到的。"老奶奶很抱歉地说，"这个是我结婚的时候买的，一直在用。"林晓梅一直很恋旧，也喜欢那些恋旧的人，她一下子对老奶奶产生了好感，看她那从容的目光和慈祥的眼神，想必也是一个年轻时候经历过很多的人，最后留下这样和蔼的面容……"奶奶您一看就是好福气的人。"林晓梅脱口而出。

"呵呵，哪里。不过你这么说，我很开心。刚才我还担心你不高兴我这个老太婆不经允许就拍照呢。"说着，老奶奶拉着林晓梅坐到石凳上。

"姑娘你多大啊？"

"上初中了。"

"那你有心事吗？看起来可不像一个初中生的样子呢。"

"没有，我只是身体不太舒服，今天请假没去学校，顺便来这里散散心。"林晓梅一下子脸红了，在关心自己的人面前，她觉得自己像个不乖的逃课生。

"嗯，身体是要紧的。现在的学生压力都很大，心情不好的时候，身体也会出问题的。所以经常出来走走，锻炼锻炼有好处。不要一天到晚对着个电脑。"老奶奶笑着说，"我儿子就是教初中生的，他每次回来总会和我说一堆学校的事情，感觉你们初中生的问题还真不少呢。小小的人儿，怎么一个一个都这么多心事。"

"您儿子还和您讲工作呢，真好。我一周都见不了妈妈一面，更不用说给她讲学校的事儿了。"在中学教课的老师，想必也二三十岁了，还能和妈妈交流，林晓梅从心底羡慕得很，怪不得这个老奶奶看起来这么幸福呢。

"是啊，我和儿子关系很好的。自从他爸爸去世之后，他就像一个小大人一样照顾我，哄我开心，有时候估计也不想讲，但是考虑到我这个老太婆，就会讲很多有趣的事情啦。"

"啊，他也是没有爸爸的人？"林晓梅脱口而出。她像被轻轻电了一下，某根神经被触动了。

"他爸爸在他小学五年级的时候，因为船舶公司出现事故，去世了。转眼都已经过去二十年啦。"老奶奶一下子陷入了回忆中，林晓梅看出她正在回忆过去，便不再问问题。

"其实……我也是没有爸爸的人。"过了一会儿，林晓梅终于开口。她以为老奶奶会安慰她几句，结果她却什么都没有说，只是拍拍她的肩，对她微微一笑。这个微笑中，似乎有很多同病相怜的人难以言传的感情，让林晓梅一阵温暖。"我儿子是个很好强的人，但是他内心很温柔。有一次，学校布置的作业是写我的爸爸，他在家犹豫了很久，还是决定把爸爸生前的故事和爸爸去世的事写出来。后来那篇文章还被当作范文呢，因为他在文章里写了很多让我记忆深刻的话。他说，爸爸，谢谢你养育了我，以后我会成为家里的男子汉，好好保护妈妈，就像你一直在我们身边一样。哎哟，那时候大家都羡慕我命好，有这么懂事的一个孩子。"

林晓梅当然会拿着自己做对比，不觉惭愧地低下头。自从爸爸去世之后，自己没少和妈妈吵架、斗气。每次都是她哭得歇斯底里地收场，或者摔门而去。其实想想，也没有什么大不了的事情，就是心中不痛快。当然，她也不是不知道妈妈工作累，也需要安慰，可更多时候她只能想到自己，她觉得自己不幸福，而生活正好就是各种不幸困扰着她。本来单亲家庭就够凄凉的，偏偏妈妈又在医院上班，没日没夜的；自己身体不好，学习也没精神，也没有交上贴心的朋友。每天打开新闻看到各种骇人听闻的故事，觉得自己生活的世界简直糟透了。可是听到老奶奶讲到自己儿子的时候，那时候的他比自己现在小，但是可以做到尽全力让生活好起来，自己怎么这么幼稚呢。

"奶奶，我妈妈没有您命好。我这个女儿太不孝了……"林晓梅还未说完，又哽咽起来，旁边的奶奶只是很平静地看着她，让她把话说完。

"我爸爸因为肝病去世的，妈妈是个医生，总是我一个人在家，所以心情一直没有走出来。更没有像您儿子那样，去主动关心妈妈了。"也许是憋在心中的情绪太久太久了，也许是在这个面善的老奶奶面前，林晓梅的心理防线没有了，她的眼泪像泄了闸的水，泣不成声。是啊，伤心的时候是默默地流泪，被感动和觉悟的时候，却要放声大哭才痛快！

这一次，奶奶依然没有说什么，她笑着拍拍林晓梅的后背，让她靠在自己身边哭个够。她也明白，这样的时刻，孩子最需要的就是一个依靠的肩膀和一对倾听的耳朵吧。

大约哭够了，林妹妹才抽抽搭搭地坐正。她释放完自己的情绪，一下子又不好意思起来。"累了吧，我们去买个冰淇淋吃。"老奶奶拉着林晓梅往公园服务站走去。

老奶奶离开的时候林晓梅还是有点依依不舍。她们之间没有什么特别的约定，也没有说再来公园见面。好像说这些是多余的。"幸好她有我的一张照片，就当是一个纪念吧。"林晓梅心里默默地想，她的身体好像也轻盈起来了，整个人像是被天使祝福过之后的模样。还记得，那时候爸爸还在上班，周末他们一家三口经常一起在家吃冰淇淋看动画片。爸爸总是坐在中间，林晓梅躺在他的腿上，妈妈靠在他的肩上，爸爸的脸上总是挂着满意的笑容。他的牙齿那么整洁白净，他的脸那么亮那么亲切，他呼吸的节奏就像一辆缓缓行驶的大船，既安稳又深沉，他还说要带着林晓梅去看看美国的黄石公园，因为那是大自然的杰作……

"我曾经有一个这样好的爸爸呀！"想到这里，林晓梅再一次红了眼眶，不过这一次，是因为感觉到自己幸运。

还没到夕阳西下的时候，晓梅心想现在就回家还不是自己一个人守着孤独，不如在公园里找个安静处再和李老师聊聊，于是她在大树下的一块岩石上坐了下来，"李老师，刚才我遇到的一位老奶奶，是您派来祝福我的天使吗？"林晓梅快速发出了信息，然后深深呼吸着公园里清新的空气，带着愉悦的心情，一边欣赏着公园里来来往往的人和遍地的鲜花，一边等待着李老师的回复。

李老师的回复是这样的，晓梅看得很认真，有点像在心情好时吃零食，慢慢品尝，怕一下子吃光了。

> 人的一生中都会出现许多奇遇，关键看你如何去对待。世间万物都是具有多面性的，不同的人，不同的心情，看到同样一件事物的感受却是不一样的。如"感时花溅泪，恨别鸟惊心"，"山水花竹无恒主人，得闲便是主人"，"热不可除，而热恼可除，秋在清凉台上"，"心地上无波涛，随在皆青山绿水。"

虽然这些诗句稍有一点难懂，但是晓梅喜欢文学，书看得不少，很有一点文才，加上触景生情，她很理解地点头称是。

读书虫

比尔的"有毒"气体

哈佛大学心理系的一堂课上，教授向同学们介绍了一位来宾——比尔博士，教授告诉大家："比尔博士是世界闻名的化学家，今天来这里是要做一个实验。"然后，比尔博士从皮包中拿出一个装着液体的玻璃瓶，告诉大家："这是我正在研究的一种物质，它的挥发性很强，当我拔出瓶塞，它马上就会挥发出来。但它完全无害，气味很小。当你们闻到气味时，请立刻举手示意。"

说完，比尔博士拿出一个秒表，并拔出瓶塞。一会儿工夫，只见学生们从第一排到最后一排都依次举起了手。

"好，同学们，实验到这里就结束了。"教授告诉学生，"但是，我不得不告诉你们的是，比尔博士只是我们学校的一位老师化装的，而那个瓶子里装的物质只不过是蒸馏水。"

听了教授的话，哈佛大学的学子们一个个面面相觑，刚才实验的时候，自己明明是闻到了一种气味呀，这是怎么回事呢？

看到学生们一个个满脸疑惑的样子，教授告诉他们："这是因为你们刚才受到了'比尔博士'的暗示。他暗示瓶子里装的是一种他正在研究的物质，气味很小，所以你们就相信了，并且似乎闻到了那种特殊物质的气味。"

有一个这样的故事：有一次，美国前总统罗斯福家中被盗，他的朋友写信来安慰他。他在回信中说："谢谢你来信安慰我，我现在很平安。感谢上帝，因为贼偷去的是我的东西，而没有伤害我的生命；贼只偷去我部分东西，而不是全部；最值得庆幸的是：做贼的是他，而不是我。"

你闭上眼，想一下，这个故事说的是什么意思？

晓梅闭眼沉思了一会，再往下看：

用积极的心态去看待事物，事物会更美好；用愉悦的心情去对人对己，大家都会更开心！

结果答案是不约而同，晓梅感到心里非常愉快、满意！

这一天对林晓梅来说是意义非凡的一天，因为某种变化已经在她身上开始悄悄发生了。她发现，自己并不是世界上唯一一个被抛弃的人，也不能再这样自怨自艾下去，她，要成为能够给妈妈带来幸福感的孩子。

三、感恩：化装天使拥抱你我

晚上十二点，客厅的钟声响了起来。没过多久，妈妈推门回来了。

"你怎么还没有睡？"妈妈看到林晓梅在客厅，不禁吃了一惊。

"我想看看您几点回来，都好几天不见了。"林晓梅笑着说。

妈妈更加惊讶了："是呀，我也好久好久没有看到你对我笑脸相迎了。"妈妈脸上的疲惫神色少了很多，林晓梅接过妈妈换下的外套，推着妈妈走进浴室。"快去洗个热水澡吧，我就知道你这个点回来，给你放好水了，还有精油哦。"

"你……怎么了？"妈妈惊讶地问。

"我很好啊，明天再告诉你怎么了吧。你先去洗，然后好好睡一觉。明天等着吃我的爱心早餐，趁我还有这份热情哦！"林晓梅不由分说地安排好，然后满意地回到自己房里。

我相信在我们的周围，有一些化装的天使，他们会在你最失落的时候，给你祝福。我相信即使最最糟糕的生活，也有感恩的理由，就算你失去了一些，可你也成长了一些。

晓梅的微博刚刚发出去没有多久，就多了一条回复，来自李老师的一个拥抱。

星期六的早晨，妈妈难得轮休一天。林晓梅早起烤了面包，热了汤，还煎了两个鸡蛋。她用番茄酱在鸡蛋上画了两个可爱的笑脸，一切都准备好之后，才去叫妈妈起床。

"天哪，我想拍下来再吃。"妈妈有点受宠若惊。以前，就算妈妈做再好的早餐，林晓梅都懒得起来尝一口。

"妈，以后只要您在家我就给您做早餐，行吗？"

"你想要买什么？"妈妈一脸狐疑，"无事献殷勤，非奸即诈，说吧。"

林晓梅只是笑着摇摇头。

"Iphone？"

"难道……你想让我帮你转校？"

"或者……下周我要去学校开家长会？"

林晓梅一直摇头，而且笑得更开心了。

"妈，我只要你过得开心。真的。"

"晓梅……"妈妈万万没有想到，女儿从学校回来之后变了这么多。而且，会说出这样的话来，她的声音有一种抑制不住的感动，有点哽咽得说不出话来。

"哎呀妈，大早上不要这样。我呢，就是觉得自己长大了，以前的小孩子做法，已经过去了。而且我的身体也慢慢好了，以后，就想我们两个都开开心心的。"说完，林晓梅故作镇定地开始吃起饭来，并催着妈妈也赶紧开动，什么也不用说。就这样，一顿充满疑惑与感动的早餐拉开了周六的序幕。

吃过早饭，林晓梅问妈妈想去哪里，今天是妈妈的"女王日"，妈妈无论想去哪里都可以。妈妈想了想，说："那我们换好衣服就出发吧，今天你就跟我混。"

"哈哈哈，今天我妈是大王！小的领命。"林晓梅赶紧去换了身休闲装，和妈妈开着车出发了。原来，妈妈决定今天帮林晓梅选一身新衣服。一直以来，林晓梅都喜欢自己选衣服，可她的颜色不是灰色就是白色或黑色，衣柜打开全是这些暗色系，妈妈想要趁着女儿改变的契机，再给她选择一些适合初中这个年龄段的衣服。虽然他们常常穿校服，但属于自己特点的衣服，还是可以再准备一些。

商场里有几个专柜是专门卖少女服装的，但林晓梅的审美还是没有太多改变，她对妈妈推荐的几件粉色系、糖果系的蕾丝边裙衫做各种鬼脸，试衣服的时候故意忸怩作态，惹得妈妈哈哈大笑。最后，林晓梅和妈妈各让一步，选了一条黄底绿波点的半身裙，和一件上蓝下白的连衣裙。林晓梅也执意让妈妈选点什么，逛来逛去，最终妈妈决定买一对新耳钉，让女儿做主选了一款简单而精致的桂花样式，林妈妈高兴地去付了款。转眼就到中午，两人不想再走，就在商场快餐店吃了一顿。

从快餐店出来，妈妈又开着车直接往下一站出发了。这一站是林晓梅从来没有去过的——市里最大的菜市场。

"晓梅，晚上想吃什么，妈妈给你做。"

"那我和妈妈一起做吧，正好我也想学学做饭。"

"好，你一个人在家的时间多，学几个菜也好。"妈妈乐得教教女儿，也好让她自己调剂调剂生活。做饭看起来很枯燥，其实是一种享受。从选材到烹饪，每一个步骤都可以做得充满诗意——就像一个交响乐指挥家一样，从容不迫地把握好节奏和比例，每个在厨房待过的人，应该或多或少都体会过那种"一切尽在掌控之中"的乐趣。

菜市场是一个充满惊喜的世界：来自全国各地的水果，显示着不同地域的风土人情，热带的蔬果总是鲜艳而造型奇特；就算是常见的白菜、黄瓜，经过摆放之后垒起来的一道道阶梯也有着愉悦的美感；洗干净的胡萝卜和新鲜的青椒在一起有种张爱玲风格的色彩感，扁圆的南瓜和椭圆的冬瓜摞成金字塔形状；麻袋里面装的各种颜色深浅度不一的土豆和红薯给人一种五谷丰登的喜庆感觉……林晓梅拿出手机抓拍了几张。市场里有讨价还价的卖菜人，推着婴儿车的老奶奶，正当妙龄打扮时髦的白领，她像一个导演一样敏锐地观察着周围的人，当然还有她妈妈。当妈妈选菜的时候，显得沉稳而自信，任何一个不新鲜的茄子都别想溜进她的菜篮子里；挑苹果时候的专注和望闻问切的手法，让林晓梅眼前一亮，赶紧按动快门。想必妈妈看病人的时候，也有这种专注之美吧！想到这里，林晓梅脑中浮现出公园里偶遇的奶奶的模样。

晚上妈妈决定做红烧带鱼，丸子汤，炒一个青菜，做一个水果沙拉。女儿头一回下厨房，妈妈也准备了份小礼物——一件看起来很专业的围裙。穿上这件围裙，林晓梅好像经历了一种庄严的仪式似的，一下子变得动作麻利起来。其实每个女孩子都有做饭的天赋，就像音乐天赋一样，需要在某一个时刻点醒。这个晚上，林晓梅和妈妈做饭的过程中没有多余的交流，但她们两个好像头一次这样的默契，林晓梅给妈妈递调味料、准备盘子、切佐料，那种井井有条的快乐感觉，是读一百首古诗也难以替换的。

吃完饭，林晓梅收拾起屋子来，妈妈开始刷碗，一种久违的家庭的温馨弥漫在客厅和厨房里。一切妥当之后，妈妈和林晓梅坐到沙发上，林晓梅突然起身，笑嘻嘻地跑去厨房。"妈，吃完我们下楼散步吧，哈哈。"原来，她从冰箱找出来两桶冰淇淋——还是爸爸在世的时候他们喜欢一起吃的那种冰淇淋。

"我晚饭已经吃得够多了。不过既然你要吃，我就陪你咯。"妈妈一下子也想起那段时光来。

母女两人就窝在沙发里，盯着电视里的肥皂剧，吃着冰淇淋，好像从来都是这样美好的晚上，从来没有过那些互相不理解也不说话的无聊周末一样。当然，林晓梅已经长大了。

层林尽梅：你对生活微笑，生活就对你微笑。@不太冷这次给我讲个什么故事呢？

读书虫

吸引力法则

心理学家说，痛苦，在更大的程度上是来自于自身对痛苦的感觉，而并非痛苦这件事情本身。在积极心理学上还有一个与之道理相同的概念，叫作吸引力法则：每个人都是一个活磁铁，生命中的所有财富、成功、幸福、健康都是由于人的内心感应吸引而来。同样的道理，一个人之所以失败、贫穷，也是他内心吸引的结果。所以，在日常的生活中，一个人最关注的事情往往就会出现在他的生活中。

不过仔细想想，觉得这个法则似乎有点不近常理——每一个人都希望自己能够拥有健康、富裕、幸福的生活，但是在事实上并非如此，难道是吸引力法则失效了吗？实际上，很多人之所以没有过上他们"希望"的美好生活，主要是因为他们通常并没有专注于拥有这些事物，而是专注于他们没有这些事物上。

福特有一句名言："你认为你行或者不行，你都是对的。"思想决定现实，一个人关注什么，他就会做什么，最后他就会得到什么。"吸引力法则"强调个人的主观能动性，特别是强调人的思想和信念对事件结果拥有决定性的影响。要想改变结果，就必须改变思想。

吸引力法则给我们最大的启示，就是不要去预期你不想要的事物发生，也不要去设定一个连你自己都不相信会实现的目标。如果你想着你不想要的，你就会吸引来你不想要的东西；如果你一直想着你想要的，你就会获得你想要的。

如果只是毫无根据地说积极的话，无论是这个人自己对自己的暗示，或者是别人对他的鼓励，都不能让他走向成功。从长远来说只是会损伤这个人的自信，会让人感觉自己和理想的状态差这么远。

不太冷:心理学家曾和动物学家一起做过一个实验:

他们在一间房子的墙壁上镶嵌上许多面镜子,分别放进两只性格迥异的猩猩。第一只猩猩的性格乖巧,性情温顺。当它被实验人员放到房间后,它立刻看到镜中有好多高兴的"同伴"在用微笑欢迎着自己的到来,它很快地融入这个群体中,和它们打成一片,它们奔跑着,嬉戏着,彼此和睦相处。三天后,当实验人员将它牵出房间时,它还表现出恋恋不舍的神情,频繁地回头张望。

第二只猩猩的性格暴烈,性情急躁。当它被放进房间后,立刻发现镜中有很多凶神恶煞的"同类"注视着自己,它被激怒了,于是它与这个"群体"展开了一场激烈的追逐和厮斗。三天后,这只性格暴烈的猩猩被实验人员拖出了房间,因为它已经在气急败坏的搏斗中心力交瘁地死去了。

层林尽梅:咕……老师的意思是,我从一只暴躁猩变成一只温顺猩了么?

不太冷:哈哈哈,可以这样理解,生活就是一个小姑娘,你对她微笑,她也对你微笑。保持微笑哦!

四、习惯:快乐成长就像苹果落地

周日上午,妈妈上班去了。林晓梅吃过早饭后,给班长发了个短信,问他这两天有什么作业,班长就回了一句:"今天上晚自习再说。"

晚自习前林晓梅才匆匆忙忙赶到学校,韩修鹏过来给她说了一下作业,但是她有许多听不懂,因为她的成绩本来就不是很理想,加上生病请假又落下一大截。韩修鹏不愧是位好班长、好学生,给她讲解得十分耐心、细致。虽然他们说话的声音已经压得很低,还是有点影响班上其他的同学。顾盛凌很尖锐地发出嚎叫:"吵死人了,要不要大家学习了?"苏洛洛很醋意地接着说:"这一对一的亲切辅导,应该在花前月下,搞错地方了吧?!"

她的话引发了哄堂大笑。

晓梅一时不知所措,等她反应过来后眼泪马上夺眶而出、泣不成声。

赵玲玲赶忙朝大家摆摆手，友好地微笑着，示意大家不要叫了，不要再让晓梅和班长难堪了。

韩修鹏大声叫道："不要……吵！大家安……静！"

好一会教室里才安静如初。

往常的林妹妹，要么哭得生气了，扭头就走，离开教室；要么伤心得特别深，好几天都缓不过气来，一直处于低迷消极的状态。

此时的晓梅虽然还流着眼泪趴在桌子上，但是她的眼神告诉我们，她已经坚强起来了，她一直在思考："为什么大家嘲笑我？因为我的功课不好！为什么我的功课不好？因为我的身体不好、情绪不好！为什么我的身体不好、情绪不好？是因为我的习惯不好！我不好运动，不喜欢与人交流，按自己的情绪和好恶来对待功课，我做作业不及时、不高效，拖拖拉拉。一切都是坏习惯，害死我了。这么多的坏习惯，我该怎么办呢？——"晚自习结束的铃声才把晓梅的思考打断。

第二天上课时，韩修鹏朝晓梅友好、抱歉地笑了笑，递给林晓梅一张叠得很整齐的纸条，"这是什么？"林晓梅问。

"我也不知道，有人托我交给你的。"韩修鹏摊了摊手。

"哦。"林晓梅打开纸条，上面写着一行漂亮的行楷：明天上午课休时来我办公室一下。落款是李威凡。

"李老师叫我去找他？"林晓梅想起微博的事情来，她对这个神龙见首不见尾的心理辅导老师有几分好奇，他总能在奇怪的时刻出现。

李老师的办公室和其他老师办公室不太一样，显得特别安静和别致，墙面是淡蓝色的花纹纸，给人一种梦幻的感觉，一张宽大的弗洛伊德沙发，还有一幅秀丽的山水云雾画和几盆生意盎然的盆栽，柔和的光线辅以轻音乐，很容易让人放松。

"怎么样？身体还好吧？"李老师在办公室看到林晓梅走进来，微笑着迎接她。

"谢谢老师关心。我好多了。"

"好多了啊！看来是不需要我这个老师的帮忙咯。可惜可惜。"

林晓梅抿嘴笑着，她觉得这个老师果然不一样，喜欢开玩笑，也很有魅力。"老师找我什么事情？"

"哦，是这样，有人让我转交给你一样东西。"李老师说着，从口袋里掏出一个白色的信封来。

林晓梅打开这个白色信封，她惊呆了——那是老奶奶给她抓拍的照片。她站在海棠花树下，那么单薄，那么安静，时间就像停止在这个女孩子肩上一样。那是她第一次以这样的角度看自己，真有落花人独立的感觉，自然唯美，身上有光环围绕。不过，这惊喜感马上被疑惑替代了——为什么李老师手里会有这张照片？

"这个，这个是我妈让我给你的。她喜欢拍照嘛，拿着那个古董相机。洗完照片都会给我看的嘛，然后我看到这张，认出来是你，就告诉她，我可以转交到模特手里咯。"

原来，李老师就是那个孝顺的儿子！林晓梅再看李老师的时候，突然发现这个陌生的老师一下子好像有很多故事很多过去可以分享。

也许是他注意到林晓梅眼神的变化，马上解释起来："我妈妈什么也没有和我说，就是讲她赏花遇到一个漂亮的女孩子，没有想到是你！世界真的很小哦。"他大概知道，林晓梅不想别人知道她们之间的聊天内容，而李老师的妈妈也把这次聊天当成自己的小秘密，只字未提。

听到老师这样说，林晓梅才放了心。她高兴地拿着信封回到班级，一晚上整个人依然沉浸在难以置信的缘分当中。不过，有一点可以确信，那就是这个李老师是个不错的人。

🏃 层林尽梅：@不太冷李老师，什么时候给我们讲讲你和妈妈一起走过的故事吧。

林晓梅在微博上给老师发去邀请。虽然知道，也许不要提过去为好，单亲家庭的孩子往往都不希望自己残缺的部分被人知道。但是她又太想知道他的故事了，那位老奶奶虽是轻描淡写地聊了几句，但可以想象，那段过去并不轻松。

不过，这次李老师没有马上回复，也没有生成应景的长微博，没有故事，没有回答。

难道，我不该问？林晓梅心里有点忐忑不安，也许自己把和他母亲偶遇的事情看得太重了，以为自己可以和普通的学生不一样地去问一些事情，"啊，我应该去删了那条微博。"林晓梅急忙去删了@不太冷的微博，但心里还是不踏实，暗暗警告自己，以后千万不要再这样鲁莽和自恃过高了。

第二天，林晓梅中午休息的时候在图书馆那边看到李老师便远远躲开了。不过她心想，也许李老师还没有来得及看到那条@他的微博呢，所以他可能什么都不知道；不过，像他那种一天 24 小时都挂在网上的人，怎么可能看不到呢？糟糕！！算了，还是躲开吧，过了这一阵就忘了。"难道我是猪脑袋，别人问我爸爸去世之后怎么过来的，我会说吗？"林晓梅心里后悔不迭，悄悄选了一条树木茂盛的路撤了，本来想借书的，也作罢。还好这几天考试完都在忙着判卷子，李老师没怎么出现。

周三的晚上，林晓梅一如既往地刷新了一下微博，看看关注的人的动向，这时候她看到不太冷有一条细长的微博登出来。点开之后，图片加载了足足一分钟，才看到具体的文字：

不太冷：那一年，男孩 12 岁，小学五年级的暑假，和往常一样回家，听到家里热闹的声响，以为是谁做寿，来了很多客人。但是越走近越觉得奇怪，为何大家都脸上愁云密布，隐隐还有恸哭，跨入门槛的时候，看到客厅竟然变成了灵堂，父亲微笑的黑白照片放在中央，母亲披麻戴孝跪在一边，看到他就哭了出来……

父亲是一个勤劳的人，从男孩记事开始，几乎没有在家舒舒服服待过一天。平时除了去轮船厂上班，就是帮周围的邻居修理电器、安装家具，有时候帮妈妈择菜，有时候骑着车去爷爷奶奶家干活儿。出事的那天，他去厂里看锅炉，从两层楼高的地方摔下来，人没了。这男孩一直崇拜父亲，当他看到母亲失魂落魄的时候，暗暗决心要和爸爸一样，做一个勤劳坚强的少年。

从此之后，他开始努力学习，还要和爸爸一样钻研电器。他喜欢物理和化学，不过有时候他更希望可以和爸爸一起在家做实验。一个人的时候，他就安静地看书，像爸爸就坐在身边一样。每当遇到伤心事，他便对自己说：你是个男子汉，是家里的支柱，无论如何要坚强、乐观，只要努力，总能找到办法的。

他在学习生活中不断地对自己严格要求，从行为习惯开始，也许是强迫自己强迫得深入骨髓，尽管他也并不完美，但是他的精神与努力，让他自强不息，茁壮成长，并成了一种自然的好习惯和优秀秉性。

他还真的没有遇到什么解决不了的困难。这也许是天国的爸爸给了他神助的力量吧。

本来可以选择航天物理专业，但他更倾向于学习心理学。每个人都是一个小宇宙，内心的能量比我们想的还要大。

后来，这个男孩就成了心理咨询师，他不仅可以让家人和谐快乐，他还能帮助许许多多心理有问题的中学生。他是个幸运的人，好像被一种力量推着往前走，现在，他希望把这种力量也传递到更多人手中。

简单的故事，几个镜头，十几年的画面就那样过去了。林晓梅眼前的这个幽默阳光的老师，曾是一个孤独的少年，他所说的幸运，到底是怎样的一种力量呢？鉴于上次自己失言的教训，林晓梅没有留言。不过显然，为了准备这段文字，李老师思考了两天，而且算是回答了林晓梅的问题。而晓梅也已经深深感知到平淡故事背后"意志、习惯与推力"的重要性了。

第二天，李老师晨跑的时候撞见韩修鹏他们班的同学在做操，慢下来走到林晓梅旁边，笑着问："我的回答你看到了吧。"

林晓梅点点头，但是什么都没有说。

"嗯，就是那样。"

"老师，你这是在耍酷哦。说得好像自己的成长就像苹果落地一样自然。"韩修鹏笑着说，看来，关注老师微博的可不止林晓梅一个呢。

"哈哈哈，确实就像苹果落地一样自然。牛顿不是提出来第一定律吗？我这个心理学老师也可以提出一个惯性定律来，凡事只要开头的时候确定了方向和基调，然后养成良好的习惯，后面的事就像惯性推着你往前走一样容易，不信你可以试一下。"

说完，李老师继续跑步了，留下初一（3）班的人在那里，琢磨老师的话。

"习惯与惯性"正是晓梅每天思考与纠正的问题，消极悲观心情

害羞试验

有心理学家曾做过一个实验，被实验的人是一些很害羞的男性，他们的普遍特点是在恋爱的时候表现得极为害羞。实验开始了，心理学家让他们和一位女性一起等候12分钟，其实那个女性是个研究者，但是测试者们都不知道。这位女性的任务是与他们交谈，并且要对他们所说的话表现出极大的兴趣，用很不可思议的语气夸张地问道：难道这是真的吗？

12分钟过后，这位女性被人叫进了实验室，同时另外又进来一名女性和他们一同"等候"，并用同样的方式与他们不停地交流，12分钟过后，这名女性又被叫进了实验室。然后再进来一位女性……这样重复了一共6次，总共72分钟。

到了第二天，这些实验者们又经历了与第一天相同的流程。

心理学家们进行这样的实验，真实的目的在于测试这些行为对他们害羞的作用。而后来的结果证实，这两天的经历对他们的影响是巨大的，而测试结果也是出乎了心理学家的预期设想：

在这次实验结束了6个月之后，这些实验者的总体焦虑感变轻了，尤其值得一提的是他们对于女性的态度变得不是那么害羞了，有很多的人开始了人生中的第一场约会——就在这144分钟的实验之后。

后来，实验者把整个实验过程都告诉了他们，并且还告诉他们那些和他们交流的女性只是实验的一部分。不过这些男性已经不会太在意了，他们已经变得很开朗，并且知道了如何和异性相处。当这个改变发生了之后，就很少再会反弹。可以说这144分钟改变了他们的一生，至少在约会方面。

自从妈妈生日那天后就逐步在改变，提升成绩、养成良好的学习习惯是林晓梅最近重点关注的命题。晓梅实在忍不住又在微博上给老师发去邀请。

层林尽梅：@不太冷李老师，我正在向那位少年学习，希望您能再给我们讲点关于习惯与惯性的故事吧，好吗？

不太冷：良好习惯的养成首先需要的是强烈的自我意识——"我要！"还需要有良好的环境，关键是自律、自制的能力，良好的习惯需要好长一段时间才能养成，一旦养成后就成为自己身上的一种特殊能力，它如同一种武功、一种技能，可有用了。你的感悟力和自省能力让我感到很钦佩，我相信你是有毅力的，看好你哦！

再给你讲个小故事：德国著名的哲学家康德的生活极有规律，几点散步，几点返回，几点做学问，几点用餐，都有明确的时间，而且十分的精准。后来邻居们发现只要有康德在，几乎都不需要看表就知道时间了，因为他们有"康德钟"。可

厌学大冒险

作为一名学生,学习应该是你的首要"职业"。你有没有厌学的情绪呢? 如果不确定的话,就快进入下面的测试吧! 看看自己目前有没有厌学情绪,若有的话,就赶紧想对策加以克服吧!

对下列问题分别以"是"或"否"做出回答。答"是"记 1 分,答"否"记 0 分,然后将各题得分相加,算出总分。

1.现在的社会,学习没什么用。

2.我学习只是为了父母。

3.我对学习没什么兴趣。

4.我认为学习是件苦差事。

5.上学简直没意思透了。

6.我认为学习一点意思也没有。

7.我是迫于形势不得不学习的。

8.一上课,我就无精打采。

9.我上学经常迟到、早退。

10.我经常旷课。

11.我常常抄同学的作业。

12.我即使是无事可做,也不愿意学习。

13.我认为自己不是什么读书升学的料。

14.我上学只是为了消磨时光。

15.上课时对老师讲的内容我总是似懂非懂。

16.我上课注意力不集中,常常走神。

17.我认为学习就是活受罪。

18.我常常不能独立完成作业。

19.我根本听不懂老师讲的内容,也不想去弄懂。

20.我上课时常做一些与学习无关的事。

21.我和老师的关系比较紧张。

22.我对影视明星、歌坛新秀、体坛名将、青春偶像、奇闻逸事等很感兴趣。

23.我对玩耍、逛街、打游戏机、看录像、玩电脑等事情很感兴趣。

24.我最头疼的一件事就是考试。

25.考好考坏对我来说无所谓。

26.我一拿起书本就感到头疼。

27.我常为自己的前途担忧。

28.我盼望早点离开学校。

29.我真盼望能早点毕业。

30.我认为上学只不过是为了拿一张文凭。

见,康德是可以多么精准地按照时间来安排生活。

康德还有一个本事,可以准确地预知天气,只要他拿伞出门,那天就一定有雨。于是,邻居们只要是看到康德带了伞,他们也会带伞;如果康德没有带伞,邻居也可以放心地空手出门,不用担心下雨。难怪有人会赞叹说,康德的一生就像是一个最规律的动词。

五、目标:灵魂的时钟只有一个标准时间

林晓梅从小读书,知道有很多人生活不易,最终靠自己的努力,成就了一番事业。但是那些人,要不就生活在遥远的年代,要不就生活在遥远的国度,感动虽然是感动的,但总是有种与己无关的感觉。

但是,自从听了李老师的故事,认识了他的妈妈,林晓梅变了。也许,生活中的真人真事永远比书上电视上的故事更能感染你,因为你发现自己和他们在一片天空下,一样呼吸,一样挣扎,这时候,他们做出的任何努力,和自己要付出的是一样的,他就是你,你就是他,带来的心灵震撼,给这个初中的小姑娘太多太多反思。

晚上,林晓梅给妈妈打了电话,说周末回来之后打算捡起来自己多年不碰的书法,打算去学拉丁舞,打算去书店买一些书等等,一口气讲了很多很多想法。妈妈听了自然开心,一口应允。

当然,在学校的这两天林晓梅没有闲着,她努力补习功课,上次漏掉的考试,她主动申请了一份闭卷补考,请老师判卷。数学老师看到林晓梅走进他办公室的时候,还紧张得不行,上回这个林妹妹找他,就哭了一大场,本来准备批评她不够用功的话都被噎回去了。结果没有想到,林晓梅这次是来正正经经问问题的,关于几个公式的推导,她还不熟悉。数学老师耐着性子地讲完,头上出了一层冷汗。"林晓

梅这是怎么了？"

重新开始认真学习和生活的滋味当然是非常美妙的。林晓梅好像重新认识了自己一样，从点点滴滴的小事情里，她感受到实实在在的价值感。

当你走出一直困扰自己的阴霾，就会发现，原来阳光从未曾远离你。

这条简简单单的微博竟然被转载了几十次，看来，正身处阴霾之中的人不少呢，或者经历过人生灰暗的人，还在世界的各个角落里生活。李老师在下面也留言了，"看到你的笑容真好。有什么需要答疑的问题尽管找我聊哦。"

说到答疑的问题，林晓梅倒是真的有一个，那就是，一下子感觉自己要做的事情太多了，不知道如何下手。功课也要加紧补习了，自己独立生活的能力还是一般，另外，有好多好多书想读，以前她读的书太偏了，都是专注于自我内心剖析的作品，现在她希望自己能够多接触不同领域的书，但是去了书店又感到很茫然，不知道从哪里开始下手。

林晓梅想起了一句名言："首战必胜是古训、二战再捷可发展、三胜过后无近忧。"走出阴霾是自己的首战，痛改自己的不良习惯，现在二战已经小见成效，为了巩固并扩大战果，林晓梅决定乘胜追击，马上发动树立远大理想的具体目标的第三战役！

林晓梅把自己的困惑写成私信，给李老师传了过去。他很快就回复了一条："下午的课结束之后，来我办公室吧，我们聊聊。"

下午课毕，林晓梅去了李老师的办公室，他不在。只见办公桌上留了一张给林晓梅的字条：我去学校礼堂了。速来。

学校礼堂和体育场馆很近，去礼堂的路上，看到不少人在跑步、打球，初夏的滨海，一切都是那么祥和迷人。

走进大礼堂，林晓梅看到了空旷大舞台上李老师一个人站在正中间，"快上来！"李老师笑着叫。

"好——"林晓梅一头雾水走上礼堂的主席台。

"生存或毁灭，这是个必答之问题：是否应默默地忍受坎坷命运之无情打击，还是应与深如大海之无涯苦难奋然为敌，并将其克服。

"——脆弱啊，你的名字是女人！

"——全世界是一个巨大的舞台，所有红尘男女均只是演员罢了。上场下场各有其时。每个人一生都扮演着许多角色，从出生到死亡有七种阶段。"李老师模仿着哈姆莱特的经典台词。

林晓梅的悟性很高，听得很有感触。使劲在给老师鼓掌。

李老师简要地总结说："人生如舞台，要做什么角色？公主、侍女、将军、学者，你需要有目标。"

晓梅点了点头，看见台上摆放着很多的石英钟，每个钟上面表示的时间都不一样，看到这么多不同形状和指示时间的钟。正觉得不解，李老师说："看到这么多钟的时候，是不是有你给我的私信里面说的那种感觉啊？"

哦，原来老师指的是这个！确实，林晓梅现在的状态就像置身于很多指示不一的时钟里一样。

"每个人都需要一个目标，就像需要一段时间来衡量自己的节奏一样。但时间和目标，都是一个行动的标准，所以只能有一个。如果你一下子有太多的目标，既想做这个又想完成那个，就会像一下子有了好多不同的时间标准一样，最后等于没有时钟，没有标准时间。这个，你能懂么？"李老师望着林晓梅说，"如果你希望自己能够开始新的生活，可以成为与之前不一样的人，能够实现自己对自己的期待，还有妈妈对你的期待，你肯定需要去行动。但不要操之过急，不要觉得能够把想的事一下子都完成掉，而是要在不同的时间段里面，给自己一个时钟，就按照这个时钟的指示去做就可以了。"

"嗯。"林晓梅似懂非懂。

"呐，下面你要帮我把这些钟还回各个老师的办公室。背后贴了编号的，哈哈。"林晓梅一头黑线地站在那里。"明白道理就是要付出代价咯！"李老师一手拿着一个时钟，笑嘻嘻地走出了礼堂。

这堂别出心裁的课，对林晓梅来说真是非常生动而深刻。

晚上晓梅又看到了李老师新发上传的微博：

关于目标：目标是人生的方向，是前进的原动力，对于盲目的船来说，所有风向都是逆风。没有目标的一切努力都是没有意义的，没有目标，你就是你自己；有了目标，你就成为你想成为的人。一旦确立了你的人生目标，你就能决定自己的命运！

目标能产生无穷的动力，它能让我们：缩短路径、少走弯路、直奔目标、激发斗志、扬长抑短、调动潜能。虽然你确立了目标，但却不够坚定时怎么办？责任可以帮助你锁定目标不动摇，责任有定海神针的作用，责任让我们向天、向地、向自己负责；责任可以帮助你咬定青山不放松！

目标的关键是内在化。目标不是挂在墙上的口号，不是标榜自己的商标，不是安慰自己的借口；目标必须内在化，目标应该是你灵魂的指南针，应该是你全身流动的血液，应该激发你每一条神经，这样的目标才能使你激情万丈，这样的目标才能激发出你无穷的潜能，它能让你决心更坚定、意志更坚强、智能更活跃，它能给我们一种积极向前的神奇力量，促使我们立刻行动、排除万难，直到成功！

晓梅回一封私信：精彩！

再看，还有一个名人小故事：

有人问罗斯福总统夫人："尊敬的夫人，你能给那些渴求成功，特别是那些刚刚走出校门的年轻人一些建议吗？"

总统夫人谦虚地摇摇头，但她又接着说："不过，先生，你的提问倒令我想起我年轻时的一件事。那时，我在本宁顿学院念书，想边学习边找一份工作做，最好能在电讯业找份工作，这样我还可以修几个学分。我父亲便帮我联系，约好了去见他的一位朋友，即当时任美国无线电公司董事长的萨尔洛夫将军。

"等我单独见到了萨尔洛夫将军时，他便直截了当地问我想找什么样的工作，具体哪一个工种。我想：他手下的公司任何工种都让我喜欢，无所谓选不选了，便对他说，随便哪份工作都行！

"这时，将军停下手中忙碌的工作，眼光注视着我，严肃地说，年轻人，世上没有一类工作叫'随便'，成功的道路是目标铺成的！

"将军的话让我面红耳赤。这句发人深省的话语伴随我的一生，让我以后非常努力地对待每一份新的工作。"

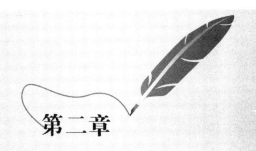

第二章

蚂蚁群居的孤独

——成长有代价

有时候用温和的方法处理问题往往比强制的手段更有效果。用泰戈尔的话来说就是："神的巨大权威是在柔和的微风里，而不在狂风暴雨之中。"

"丁零零……"清晨六点半,赵玲玲的房间铃声大作。赵玲玲翻了个身,扯过被子盖住脑袋,可那刺耳的铃声还是源源不绝地刺激着她的耳朵。赵玲玲不得已起身摁掉了闹钟,继续蒙头大睡。

十分钟后,妈妈推门进来了:"咦,玲玲,你怎么还在睡呢?八点钟你还要去上补习班呢。"

妈妈的大嗓门一如既往地响了起来。隔壁房间的爸爸受不了这石破天惊的催促声,顿时清醒了。然而神奇的是,赵玲玲居然还是无动于衷,似乎妈妈的大嗓门对她没有丝毫的杀伤力。

直到妈妈连续叫了五次之后,赵玲玲才心不甘情不愿地从床上爬了起来,没走几步,在客厅的沙发上又重重地躺了下去。妈妈万般无奈,只好在她的屁股上打了两下,赵玲玲这才又吃力地睁开了眼睛。

"快去洗漱!早餐已经给你准备好了。"

赵玲玲揉了揉惺忪的睡眼,慢腾腾地挪进洗手间。过了十五分钟,还不见出来,妈妈跑过去一看,赵玲玲才开始洗脸。

"玲玲!你快点行不行啊?"妈妈一脸的怒气。

看到妈妈发飙了,赵玲玲这才加快了动作。

等赵玲玲洗漱完毕,时间已经是 7 点 20 分了。

"快去吃早饭。"妈妈在一旁催促。

"又是牛奶加三明治啊,我都吃腻了。"赵玲玲嘟囔着坐到了餐桌前。

"妈妈昨晚加班,没来得及去超市买,今天先凑合一下。你速度快点,再磨蹭可就要迟到了!一会让爸爸开车送你去吧,今天有点晚了。"妈妈一边替赵玲玲整理书包一边说。

好容易等赵玲玲吃完了早饭,时间已经是 7 点 35 分了。

"快!背上书包,你爸爸已经在车里等你了。"一分钟后,赵玲玲终于出门了,妈妈长吁了一口气。

这样的场景,在赵玲玲家是家常便饭。

"唉,我家玲玲,啥时候能长大呢?"妈妈一边想一边收拾餐桌。

补习班里,赵玲玲终于在最后一分钟走进了教室。

"今天我们来学习有关……"老师滔滔不绝地讲了起来。

赵玲玲听着听着就走了神:"好不容易有个周末,妈妈还要我来上这个破补习班,明天还能在家待一天,晚上就又要回学校了。唉,真不想去学校,还要住校。我讨厌住校,什么事情都得自己做……"

赵玲玲比同龄人早一年上学,是班里同学中年纪最小的。在家里,赵玲玲一直过着衣来伸手饭来张口的生活。尽管已经上初一了,但赵玲玲却还像一个长不大的孩子。尤其是住校后,赵玲玲的生活更是一团糟,经常丢三落四的,不是上课的时候忘带课本,就是美术课上忘带颜料。以往这些事情都是妈妈一手操办的,可是现在住校了什么都要自己操心,赵玲玲一下子无法适应。

周日中午,赵玲玲一个人在家看电视,她蜷缩在沙发上,手里拿着一包薯片吃得津津有味。

大概半个多小时后,妈妈回来了。手里提着两大包东西,赵玲玲不用看就知道里面是自己爱吃的零食。

"天哪！我才出去一会儿,家里怎么就被你弄得这么乱呢？玲玲,你的衣服上沾了什么东西啊？怎么茶几上的东西堆得乱七八糟的？你的书也到处乱扔,你又把书包丢到哪里去了啊？哎,你这孩子,都已经住校了,还这样丢三落四的,可怎么好啊。"

虽然赵玲玲已经习惯了妈妈的唠叨,但是妈妈一提住校,赵玲玲顿时耷拉着脑袋回到了自己的房间。住校的日子,实在太痛苦了。想到一会儿就要去学校,赵玲玲突然好想哭。

妈妈见赵玲玲不高兴了,只好默默地帮她收拾东西,一会儿吃完晚饭赵玲玲就得回学校了。尽管妈妈也不舍得,但也没办法。

吃过晚饭,赵玲玲躲在自己的房间里不肯出来,妈妈催了好几遍,赵玲玲总是有借口。"我在找作业本……""我在找画笔……"

眼看天就要黑了,妈妈推门走了进去。正坐在床边上发呆的赵玲玲急忙拉开一个抽屉,装作在找东西。妈妈拍了一下赵玲玲的肩膀,开口了:"玲玲,其实妈妈也知道,你不想去学校,妈妈也舍不得把你一个人丢在那,但是你现在已经是初中生了,该学会照顾自己了。"

妈妈的一番话戳中了赵玲玲的泪点,眼泪大颗大颗地滴了下来。

"呜呜……妈妈,我不想一个人住在学校里,我想家,想你和爸爸……"赵玲玲扑到妈妈的怀里。

妈妈也开始抹眼泪:"傻孩子,我们也想你啊。可是住校也对你有好处,可以让你学会自立。你长大了,也该懂事了。"

赵玲玲知道，再跟妈妈撒娇也无济于事，学校是一定要去的。她擦掉眼泪，提着大包小包依依不舍地离开了家。

一、喜欢的对等吸引率

星期一的早晨，赵玲玲照例是最后一个起床，等她洗漱完毕，宿舍里已空无一人。赵玲玲还是不急不慢地走到教室，同学们早已安静地坐在座位上，班主任刘老师站在讲台上，旁边站着一个从没见过的男生。

"赵玲玲，怎么又迟到了啊？快点坐下来吧！"

赵玲玲吐了吐舌头，赶快坐到了自己的位置上，坐在前排的罗小倩转过身来，小声说道："讲台上的那个男生是转校生，看来他将会是你的新同桌了。"

赵玲玲没说话，看着旁边的空座位。赵玲玲的同桌只来了一周就因病休学了，座位一直空着。刘老师在向大家介绍新同学，赵玲玲只顾着收拾桌子，也没仔细听。

这时听见刘老师叫自己的名字，赵玲玲条件反射地站了起来，引得同学们哄堂大笑。赵玲玲丈二和尚摸不着头脑，不知道发生了什么事情。

"赵玲玲，你站起来干吗呀？我是说让洋洋坐到你旁边的位置上，以后他就是你的新同桌了，你们要好好相处哦。"

"哦。"赵玲玲不好意思地坐了下来。

罗小倩转过身小声地说："他以前是全校第一名哦，有这样一个好学生当同桌，我可真羡慕你。"

赵玲玲撇了撇嘴，不屑地说："第一名有什么了不起，要不我跟你换换？"

虽然嘴上这么说，但赵玲玲还是认真地打量了一下洋洋。从洋洋身上，怎么也看不出全校第一名会有的那种"气势"。

洋洋安静地站在讲台上，任由同学们打量，眼睛盯着窗外。

"哼，不就是第一名嘛，拽什么拽啊？"新同桌留给赵玲玲的第一印象并不好。

"洋洋同学新来乍到，你们要多带他熟悉环境，我希望大家能好好地相处。赵玲玲，你和洋洋同学是同桌，以后要多多帮助他啊。"

"知道了，刘老师。"虽然嘴上这么说，但是赵玲玲心里却不是这么想的。

接下来的时间里，净是些赵玲玲不喜欢的课、不想交的作业。加上新同桌的缘故，赵玲玲怎么看他怎么觉得别扭。那一天，赵玲玲觉得过得比一周都漫长。

好不容易放学了，赵玲玲长长地舒了一口气。

日子就这么平淡无奇地过着，转眼间赵玲玲和洋洋同桌已经两周了，但是两人之间的交流少之又少。在赵玲玲眼里，洋洋总是一副面无表情、拒人千里之外的样子，因而索性不理他。

英语课上，赵玲玲正看着窗外走神。

"赵玲玲！"突然听到英语唐老师叫自己的名字，赵玲玲连忙站起来。唐老师正笑眯眯地看着自己。

"赵玲玲同学，你来说一下刚才那道题的答案。"

哪道题？真该死，居然上课时走神了，这下惨了，要是答不出来准得挨批评。该怎么办呢？

赵玲玲的脑袋飞快地转着。

现在唯一能"救"自己的只有洋洋了，赵玲玲轻轻碰了一下洋洋的胳膊，小声说道："拜托，帮帮忙，那个怎么回答？"

没想到，洋洋看了一眼赵玲玲，不理她，假装在看黑板。

连最后一根救命稻草也没了，赵玲玲连想死的心都有了，可是眼前的情形，她必须得面对，无奈之下，她只好老老实实地回答："我不知道。"

唐老师严厉地说道："刚才见你一直看着窗外，就知道你没认真听课。以后上课再开小差，就站着听课。坐下吧！"

赵玲玲觉得十分难为情，真想找个地洞钻进去。

下课后，赵玲玲问洋洋："喂，你上课的时候干吗'见死不救'？"

"是你自己不认真听讲，还好意思怪我？"

"你……"赵玲玲一时语塞。"算了，这种人以后还是少跟他说话为妙。"赵玲玲心里暗想，决定以后跟洋洋"划清界限"。

课间休息时，赵玲玲不小心把洋洋的文具盒给碰到了地上，文具散落了一地。赵玲玲连忙跟洋洋道歉："对不起！我帮你捡起来。"

在赵玲玲弯腰捡文具的时候，洋洋轻轻地说了一句："哼，到底是娇生惯养的大小姐，什么都不会做，还净给人添乱。"

虽然声音极小，但是赵玲玲还是听到了。

"喂，你说谁呢？"

"说谁谁心里清楚。"

"你……"

赵玲玲气得浑身发抖，但是尽管如此，她还是不想与洋洋闹得太僵，于是她将洋洋的文具盒重重地放在桌子上，一个人生闷气。

又到周五了，一想到可以回家，赵玲玲就很开心。回到家，妈妈早已准备好了一大桌丰盛的晚餐，看着赵玲玲狼吞虎咽的样子，妈妈在一旁怜惜地说道："这孩子，看来学校的伙食真不怎么样啊。"

"是呀，妈妈你不知道，学校的饭菜可难吃了。"赵玲玲一边吃一边含糊不清地说。

"唉，真是委屈你了。"妈妈叹了口气。

"玲玲，你跟咱们说说学校里的趣事吧。"爸爸在一旁开口了。

"唉，哪有什么趣事啊。成天跟那'吊死鬼'同桌在一起，我看我自己也快要得抑郁症了。"

"这孩子，怎么能给同学起这么难听的外号呢？"爸爸说道。

"哼，他整天拉着一张脸，可不就像吊死鬼似的。"赵玲玲反驳道，"他仗着自己学习好就看不起人，还特别小心眼。跟他同桌，真是倒了八辈子霉了。"

"玲玲啊，和同学要和睦相处。你不是说他学习好吗，你可以向他多请教啊。"爸爸循循善诱。

"知道，为了同学们的和谐相处，我可没有少出力，没有少委屈过自己。还得是我，如果换成葛怡或者罗小倩早就和洋洋闹翻了！"

晚饭后，赵玲玲回到自己的小天地，舒服地坐在椅子上，慢腾腾地打开电脑，旁边放着一大堆零食。这时，邮箱小助手提醒她有一封新邮件，赵玲玲点击进入了邮箱——

赵玲玲同学：你好！

看到这封信你一定很好奇，想知道我是谁吧？我是新来的心理咨询师李老师，我很早就注意到你了，你是一个很特别的女孩。如果我没有看错的话，你应该属于九型人格中的第九型——和谐型。和谐型的人显著的特点是沉着冷静，适应环境，为人低调，甘于现实，可是他们目标不高，办事拖拉，为人被动，人云亦云。

你为人平和，依赖性强，安于现状，积极进取性欠缺、被动、懒散、自得其乐。为避免冲突，宁可牺牲自己的感受。把人际关系的和谐看得很重，没有处好关系会严重影响你的心情。

我知道你现在正在为同桌的事情而苦恼，只是你不愿意说出来，所以你经常自己一个人生闷气。其实，人与人之间的关系是很微妙的，你们之间的这点小问题根本就算不上是什么大事，很容易解决。

今天给你写这封信，就是想帮你处理好与同桌的关系。如果你信得过我的话，可以在方便的时候来我办公室找我，或是给我回邮件，当然你也可以通过QQ或是MSN跟我联系。（我的QQ和MSN分别是：××××××）

希望我的这封信没有吓到你，祝好！

你的大朋友：李威凡

看完邮件，赵玲玲有点茫然，不知所措。虽然刚开学时候上过李老师的心理辅导课，但是也就见过那么一次，赵玲玲后来在校园里倒是远远地看到过几次，不过没和他打过招呼。他究竟是个什么样的人呢？他怎么知道我跟同桌闹别扭了呢？

怀着一肚子的疑问，赵玲玲加了李老师的QQ，那边很快地就通过验证了，看来这个李老师在线呢。

赵玲玲：李老师，您好！我是赵玲玲。

李老师：赵玲玲，你好！很高兴你这么快就找我了。

赵玲玲：李老师，您怎么知道我跟同桌闹得很不愉快呢？莫非您真的能一眼看透别人的心思？

李老师：哈哈，我可没那么神奇啊。要是照你这么说的话，那我岂不是跟神仙一样啦？其实是你们刘老师跟我说的，她说你们现在已经到了"水火不容"的地步。

原来刘老师早就知道我们关系很差了，但是也没到"水火不容"的地步啊，哪有这么夸张。赵玲玲暗想。

赵玲玲：没您说得那么夸张了。我只是觉得他很不好相处。平时他对人也是爱理不理的，仗着自己学习好看不起别人，总是一副高高在上的样子。那次英语课上，我想让他帮帮我，结果他理都不理我，害得我在全班同学面前出糗。而且他还特别小心眼，有一次我只是不小心把他的文具盒碰到了地上，他就发了好一通牢骚。当时我也道歉了，他还不依不饶的。

李老师：哦，是吗？看来这两件事情是洋洋同学处理得不太恰当。

看到李老师这么说，赵玲玲觉得自己终于找到了知音。

李老师：不过，咱们可以宽容一点啊，毕竟他是新来的，可能心里也有顾虑啊，不熟悉环境，所以他就像一只刺猬似的，时不时地会竖起浑身的尖刺来保护自己。我们不妨迁就他一点，让他更快地融入班集体中，感受到班集体的温暖，这样一来问题不就解决了吗？

看着李老师的一番话，赵玲玲有点意外。是啊，自己从来都没有站在洋洋的立场上想过，要是自己转校去了一个新学校，恐怕也会有诸多不适应吧。这么一想，赵玲玲觉得可以理解洋洋的那些表现了。

赵玲玲：李老师，听您这么一说，我觉得我也有不对的地方。

李老师：呵呵，其实你们之间的"矛盾"很好解决的。给你讲一个名人小故事：乔·吉拉德是世界上最伟大的推销员，他连续12年荣登世界吉尼斯纪录大全世界销售第一的宝座，他所保持的汽车销售纪录：连续12年平均每一个工作日卖掉六辆车，至今无人能破。乔·吉拉德成功的秘诀就是让顾客喜欢他，为了博得顾客的喜欢，他会去做一些在别人看来非常微不足道的事情。比如，每当节日的时候，他就会给他的 1.3 万名顾客每人寄去一张问候的卡片,卡片上的内容会因节日的变化而有所不同,而且,在每张卡片的正面,都会写着一句:我喜欢你。乔·吉拉德说:我寄出卡片的最终目的,只是想告诉人们我喜欢他们。而乔·吉拉德正是借助于这种方式,创造了奇迹。

你怎样对待别人,别人就会怎样对待你,你喜欢他人,他人才能喜欢你。这就是心理学上的"对等吸引率"。孟子也曾经说过:"爱人者,人恒爱之;敬人者,人恒敬之。"所以,要想让洋洋改变对你的态度,首先你得要改变。

赵玲玲:嗯,李老师,我明白了。

李老师:明白就好,期待你的好消息哦。时间不早了,你早点休息吧。

赵玲玲:好的,老师再见。

李老师的一番话让赵玲玲受益匪浅,赵玲玲决定用行动来化解她与洋洋之间的僵局。

星期三下午第一节课是美术课,赵玲玲早早拿出了爸爸从国外给她带回来的专业颜料,这可是赵玲玲最宝贵的文具之一。

这时,赵玲玲看到洋洋一脸沮丧,于是敲了敲桌子:

"喂,你怎么啦?"

"我忘记带颜料了……"

赵玲玲大方地把自己的颜料放在了桌子的中间。

"我们一起用吧!"

洋洋张大了嘴巴,像是遇见了外星人一样吃惊。

"干吗这样的表情啊,我都跟你分享这么好的颜料了,你还这样瞪着我啊?"赵玲玲嬉笑着说。

"呃,有点意外……谢谢你!"洋洋一脸的真诚。

这一句"谢谢你"倒是把赵玲玲弄得有点不好意思了。

"嗯……我们是同桌嘛,互相帮助是应该的。"

这天下午,赵玲玲明显感觉到洋洋对她少了许多"敌意",偶尔还会跟她说上两句。赵玲玲有点小开心,其实洋洋也没有那么"冷"嘛。

周四课间休息的时候,洋洋主动找赵玲玲聊天,这可是开天辟地头一遭啊。

"赵玲玲，你周末在家玩游戏吗？"

"玩啊，只是爸爸妈妈管得严，只许我玩一会儿。"

"哦，那你都玩什么游戏啊？"

"QQ宠物和泡泡龙。"

"哈哈，你居然还在玩这些小儿科的游戏啊？"洋洋哈哈大笑起来。

"哼，我玩的是小儿科。那你玩什么呀？"

"穿越火线，这个很好玩的。我以前班上好多同学都在玩这个。"

"那游戏打打杀杀的，没劲。也就你们男生爱玩。"

"也是，你们女孩子，都喜欢养养宠物啥的。"

"其实你笑起来挺好看的，干吗老是绷着一张脸啊，弄得老气横秋的。"赵玲玲笑嘻嘻地说。

"有吗？"洋洋脸上的表情有点不自然。

"嘿嘿，你能保持现在这样也不错啊。"赵玲玲扮了一个鬼脸。

两人都哈哈大笑起来。

周五晚上，赵玲玲迫不及待地登录QQ，向李老师汇报自己的"战果"。

赵玲玲：李老师，向您汇报

读书虫

喜欢是互动的

有心理学家曾做过这样一个实验：

让被试"无意中"听到一个刚与他说过话的伙伴告诉主试喜欢或不喜欢他。接着，当这些同伴和被试在一起工作时，被试的面部表情会因他们听到的内容而异。当被试听到同伴喜欢他们时，他们会比在听到同伴不喜欢他们时在非言语表现上更积极。另外，后来的书面评定显示，被喜欢的被试比不被喜欢的被试更多地被同伴吸引。

其他的研究也证明了相似的结果：人们对那些他们认为喜欢他们的人更积极，持更积极的态度。这就是喜欢的互动现象。

对于喜欢的互动现象，DaleCarnegie很久以前就在著作《如何赢得朋友和影响他人》中提到，人们获得友谊的最好方式是"热情友善地称赞他人"。但是，在我们为赢得他人友谊而不遗余力地去赞美他人之前，我们需考虑一下情境，有时赞美并不一定能导致喜欢。

喜欢的互动性规律也有例外发生，其中之一就是当我们怀疑他人说好话是为了他们自己时，别人的赞美并不会导致我们去喜欢他。

此外，对那些自我评价很低的人来说，喜欢的互动性也不会发生。因为他们可能认为喜欢他的人没有眼光，并且因此而不去喜欢那些人。

一个好消息,我已经有了重大突破,昨天洋洋主动找我聊天了。

李老师:是吗,那要祝贺你。

赵玲玲:李老师,我还要感谢您呢。要不是您的指导,我现在肯定还郁闷着呢。李老师,您现在就是我心目中的神!

李老师发了一个晕倒的表情。

赵玲玲:李老师,我觉得心理学好神奇啊。您再给我讲讲那个对等吸引率吧。

李老师:哈哈,好啊。对等吸引率又叫互悦机制,即我们通常所说的"两情相悦",在人际交往中,这是一种很自然的心理规律。在人际关系中,如果你能够时时刻刻对别人表示出关心和爱护,那么别人对你也会有同样的举动,如果你能够首先做到喜欢别人,那么别人还会不喜欢

吃亏跷跷板

人与人之间的相处,就像坐跷跷板一样,要高低交替。一个永远不肯吃亏、不肯让步的人,即使真正得到好处,也是暂时的,他迟早要被别人讨厌和疏远。在人际交往中,你是一个斤斤计较、不肯吃亏的人吗?从一只猴子摔跤就可以知道了。

如果有一天你看到一只猴子从树上跌下来,虽然有点奇怪,你会认为猴子的哪部分先着地呢?

A.头部　　B.臀部　　C.脚　　D.手臂

测试结果:

选择 A:

你是一个绝对不肯吃亏的人,因为头是身体最重要的部分,无论是与朋友一起吃饭,还是跟人合作办事,到分账的时候,你都会斤斤计较,非常吝啬。

选择 B:

你是一个很大方的人,对金钱反应迟钝,不会斤斤计较,只要朋友开心,会毫不犹豫地一掷千金。正因为你的这种性格,朋友视你为大好人。

选择 C:

脚着地是一项比较安心的方法,因为即使受伤,伤势也很轻微。你可能是个慎重的人,有点小气,偶然也会大方一番,以避免他人讲闲话。

选择 D:

你的脑筋转得很快,也很能干,但你不肯吃亏,与朋友一起吃饭千方百计不想付款,小气程度可想而知。

你吗？

《圣经》中说："你希望他人如何待你，你就应该如何待人。"事实上也正是如此，只有表现出你喜欢对方，对方才能同样地喜欢你。

人与人相处，就得将心比心，以心换心。一般而言，决定一个人是否喜欢另一个人的主导因素，便是另一个人是否喜欢自己那颗真挚的心。

赵玲玲：李老师，我发现跟您聊天能学到很多知识。

李老师：呵呵，听你这么说我很开心。

之后，在李老师的指导下，赵玲玲和洋洋的关系越来越融洽了。洋洋也像是变了一个人，变得活泼开朗起来，跟同学也有说有笑的，还时不时地辅导其他同学的功课。他与赵玲玲更是成了无话不谈的好朋友。

二、强势的温暖法则

又一个周六上午，赵玲玲睡得正香时，突然被一阵急促的敲门声吵醒。"谁啊？这么可恶！打扰我睡觉，真讨厌！"赵玲玲翻了个身，用被子捂住头继续睡。可是外面的人似乎很执着，敲门声源源不断地冲击着赵玲玲的耳膜。

终于，赵玲玲忍无可忍，掀开被子，跳下床，气冲冲地打开门。

"哎呀，姐，你还在睡觉啊，太阳都晒屁股啦，嘻嘻。"

赵玲玲睁开惺忪的睡眼，原来是表弟方子轩。赵玲玲打着哈欠说道：

"子轩，是你啊。好不容易周末睡个懒觉，你还来捣乱。"

"姐，现在都快十一点了耶。"

"啊？！都这么晚了啊。"

赵玲玲顿时睡意全无，慢吞吞地走向洗手间。经过客厅，看见小姨正在和妈妈聊天。赵玲玲跟小姨打了个招呼："小姨，你来了。"

"嗯。玲玲，才起来啊？"

没等赵玲玲开口，妈妈便在一旁说道："玲玲这孩子特爱睡懒觉，周末和假期的时候她经常睡到 11 点多快 12 点呢。"

赵玲玲不好意思地挠了挠头，"小姨，我先去刷牙洗脸了。"

等洗漱完毕、换好衣服，已经十一点多了。妈妈和小姨在厨房里忙活，表弟子轩一个人在客厅看动画片。

赵玲玲走过去坐了下来。

"咦，你咋不看《喜羊羊与灰太狼》呢？"

子轩瞪了赵玲玲一眼："哼，还当我是小孩啊，还看那么幼稚的东西。"

"呵呵，那你现在看的这个是什么？现在很流行吗？"

"当然了！这是很早就流行的《海贼王》，你不知道么？"

赵玲玲看了两眼，似乎还不错，于是跟表弟一起看了起来。两个人还不时地就剧情进行一番评论。

没过多久，妈妈和小姨就把饭菜做好了，满满当当摆了一桌子，很丰盛，还有赵玲玲最爱吃的油焖大虾。

吃完午饭，赵玲玲才知道，原来小姨要到外地出差一个多月，姨夫还在国外，表弟无人照顾。于是，便将他送到赵玲玲家，请赵玲玲的父母代为照顾一段时间。

妈妈当即安排表弟住在赵玲玲的房间，赵玲玲噘着嘴老大不情愿，但是也不好反驳，她平时住校也不在家。

表弟比赵玲玲小三岁，今年上小学四年级了，长得眉清目秀，很是招人喜爱。但是"人不可貌相，海水不可斗量"，别看表弟长得斯斯文文的，却非常调皮。在学校经常和同学打打闹闹，老师没少请小姨去"开会"。

晚饭后，妈妈提议到附近的小公园散步。赵玲玲却犯懒不想动，妈妈好说歹说才将她哄下了楼。

夕阳西下，大地沐浴在彩霞的余晖中，人们三三两两地散步。一抹殷红的夕阳照在湖面上，湛蓝的天空浮动着大块大块的白云，它们在夕阳的辉映下呈现出火焰一般的嫣红。一阵清爽的风扑面而来，风儿吹皱河面，泛起层层涟漪，折射着殷红的霞光，像撒下一河红色的玛瑙，熠熠生辉。

"这里的空气真好啊。"赵玲玲大口地呼吸着新鲜的空气。

"是啊，以后要多出来走走，别总赖在家里。"爸爸说道。

"嗯！"

赵玲玲看着天边火红的云霞，子轩开口了：

"姐，我们要不要来玩打水漂？看看谁打得好。"

赵玲玲答道："好啊。不过我以前没玩过。"

"没关系！我教你。"

子轩捡来了一些扁平的小石子："姐，我先给你示范一次。你要压低身体，尽量丢在离水面近一点的地方哦。你看，像我这样。"

子轩说完，将小石子扔了出去，小石子在水面上轻盈地弹跳了五六下。

"哇！你真棒！"赵玲玲一边鼓掌一边说。

"你来做一次。"

赵玲玲按照子轩的示范做了一次，但是，小石子扔出去后"扑通"一声，掉进了水里。

子轩又耐心地教了赵玲玲好几次，不一会赵玲玲就会了。两个人便兴致勃勃地开始比赛打水漂。不过，大概是因为子轩常玩，小石子跳个三四下是家常便饭，甚至有时候还会跳个六七下。至于赵玲玲的小石子，不要说跳三四下，很多时候连一下都跳不了。

不过，赵玲玲却玩得不亦乐乎。

回去的路上，赵玲玲心想："有一个弟弟也是一件不错的事情嘛。"

周五下午，赵玲玲回到了久违的家。打开自己的房门时，她顿时傻眼了，这是自己的房间吗？一片狼藉，没有一块干净的地方——书本扔得到处都是，床上还堆放着好几包拆开的零食，地上是表弟换下来的脏衣服和臭袜子……

赵玲玲怒气冲冲地走到客厅，抓起子轩的手就走。

"过来看看嘛！"

"干吗？"

"过来看就知道了。"

赵玲玲大力地推开了自己的房门。

"你有没有觉得哪里不一样？"

子轩一脸茫然地走进房间，四处张望了一下："没有啊！怎么了，难道你的东西不见了？"

"没有丢东西。方子轩，你不觉得现在这个房间就像个垃圾场吗？拜托你能不能爱惜一点啊？"

"我以为是什么大事呢，就这个啊，值得你这么大惊小怪的吗？"子轩一副无所谓的样子。

赵玲玲双手叉腰，气势汹汹地说："你给我听好！这是我的房间，你现在住在这里，你就必须得保持整洁！"

"哼，你房间都是姨妈帮你收拾的，又不是你自己整理的。你现在这样对我大呼小叫的干吗呀？"

表弟自顾自地说完，便离开了房间。

赵玲玲怒火中烧用力关上了房门，坐在床上呼哧呼哧地大喘气。

晚饭时，子轩把碗里的洋葱拨到一旁，玲玲爸爸问道："子轩不爱吃洋葱啊？"

"嗯，是啊，我讨厌那股味儿。"

"洋葱营养丰富，你不能挑食，应该多吃点。"赵玲玲还在为之前的事生气，故意揶揄子轩。

"哼，你不是也不爱吃胡萝卜吗，自己都挑食还好意思说我。"

子轩的抢白让赵玲玲气上加气。妈妈在一旁打圆场："哎呀，快吃饭，饭菜都凉了。"

赵玲玲郁闷着，连自己最爱吃的鸡翅也只吃了一只，草草地吃完，就进了房间。

房间里又恢复了整洁，妈妈已收拾过了。赵玲玲打开电脑上网，看到李老师在线，便发了个难过的表情过去。

李老师：赵玲玲，怎么啦？

赵玲玲：刚和讨厌的表弟吵架了，心里难受。

李老师：哦？为什么吵架啊？

赵玲玲将事情的来龙去脉告诉了李老师。

李老师：是这样啊。这也不算是什么大事嘛，你们怎么就吵起来了呢？

赵玲玲：他把我的房间弄得乱七八糟的，我就说了他一下，他不但不听，还顶撞我，我说他一句，他能顶我三句。

李老师：你换一种处理方式，就不会这样了。当别人犯错的时候，不要一味地去指责他，而应该换一种方式，这样效果会好很多。

法国著名文学家拉·封丹曾写过一篇寓言，内容是这样的：

南风与北风打赌，看谁能够脱去一位农夫的衣服。

北风自以为力气大，脱件衣服不是难事，于是先来。他使劲地向农夫吹刮着寒冷的风，直吹得农夫浑身瑟瑟发抖，直打哆嗦。农夫不但不脱衣服，反而裹紧外衣，躲到背风的地方去了。北风只好无功而返。

紧接着由南风上马，他向农夫轻抚慢拂，给农夫送去温暖的和风。农夫本来就在田野里劳动，身上出了热汗，经南风这么一吹拂，倍感燥热，于是就放下手里的活计，到田边脱去衣服，再接着继续劳作。南风获得了胜利。

为什么南风会胜利呢？这是因为他顺应了人的内在需要，使人的行为变为自觉。这种以启发自我反省、满足自我需要而产生的心理反应，在心理学上被称作南风效应，有时也被称作温暖法则。

这个故事告诉我们，**有时候用温和的方法处理问题往往比强制的手段更有效果。**用泰戈尔的话来说就是：**"神的巨大权威是在柔和的微风里，而不在狂风暴雨之中。"**

看了李老师的话，赵玲玲有点明白表弟为什么对自己的反应会那么强烈了。

赵玲玲：李老师，我明白了，我就是那个寓言中的北风，想用强硬的手段去处理问题，反而效果更糟糕了。其实，表弟的一些话也说得对，很多事情我自己也没有做好，反倒去嘲笑他，就像那个"五十步笑百步"。

李老师：呵呵，赵玲玲，我发现你很聪明啊，一点就通。再给你讲一个著名教育家陶行知的小故事。

陶行知先生有一天发现学生王友用泥块砸自己的同学，他当即制止了王友，并令他放学后到校长办公室。放学时陶先生来到校长室，发现王友已等在门口。陶先生立即掏出一块糖果送给他："这是奖给你的，因为你按时来到这里，我却迟到了。"王友带着怀疑的眼神接过糖果。陶先生又掏出一块糖果放在他手里："这也是奖给你的，因为我不让你再打人时，你立即就住手了，这说明你很尊重我。"接着陶先生又掏出第三块糖果塞进王友手里："我调查过了，你砸他们，是因为他们欺负女学生。这说明你很正直，有跟坏人做斗争的勇气！"王友哭了："你打我两下吧，我错了，我砸的不是坏人，是我的同学呀……"

陶先生满意地笑了，他随即掏出第四块糖果递给王友："为你正确地认识错误，我再奖给你一块糖果……我的糖完了，我看我们的谈话也该完了。"

赵玲玲:(害羞的表情)多谢李老师的夸奖，这都是您的功劳啊。您真是太厉害了，每次都帮我解决问题，我越来越崇拜你啦。

李老师:呵呵，你这么说我可受宠若惊了。那你打算以后怎么跟表弟相处呢？

赵玲玲:唔……我还没想好，不过我肯定不会去当那个野蛮的"北风"啦，我要做温柔的"南风"。

李老师:嗯，这样就对了。先预祝你成功。

赵玲玲:谢谢老师！我一定会努力的！

和李老师聊天让赵玲玲获益不少，他每次都能直指问题所在，而且都能用心理学的知识来帮自己解惑，看来心理学还蛮实用。"嗯，以后当一名心理咨询师也不错哈，可以帮到别人。"赵玲玲躺在床上畅想着自己的未来。

周六下午三点多，赵玲玲从补习班回来，发现客厅里漫画书扔得到处都是，茶几上堆着瓜子壳、果皮等杂物，电视开着，子轩在电脑前玩游戏。

赵玲玲知道又是表弟干的好事，忍不住要呵斥表弟，这时她突然想起了李老师说过的"南风效应"。"对，我应该换一种方式。"

赵玲玲走到跟前，对子轩说："呀，你也喜欢玩这个游戏啊，我们班上也有好几个同学玩呢。"

"是吗？"子轩一副吃惊的表情。他没想到赵玲玲会这么"温柔"地跟他说话。他扫了一眼乱七八糟的客厅："姐，你是不是受什么刺激了？"

赵玲玲嗔怪道："说什么呢？"

"嘿嘿，我的意思是，你咋变得这么好脾气了，这可不像是你一贯的作风啊。"子轩笑着说。

"我的一贯作风是什么啊？"

"那个……客厅被我弄得一团糟，要是往常，你肯定会骂我，今天，你突然这么好脾气，我觉得很不习惯……"

"呃……其实我自己也经常会把家里搞得一团糟，以前我对你大喊大叫是我不对。等一下咱俩一起把客厅清理干净。"

"嗯，好的。"子轩愉快地答应了。

一天晚饭后，赵玲玲在操场上散步，远远地看到了李老师："李老师，您好！"

"你好。你是赵玲玲吧？"

"老师您认识我呀？以前我们只在网上交流过，我还以为您不认识我，我还想着要自我介绍一下呢。"

"哈哈，你现在也可以自我介绍啊。"李老师爽朗地笑了起来，"怎么样，你现在跟你表弟相处得还好吧？"

"嗯，还好啦。我发现自从我改变了对他的态度之后，他也发生了挺大的变化，不像以前那么贪玩了，好像懂事了很多。"

"是吗？看来，他之前可能一直都处在'北风'的包围当中，所以遇到你这样的'南风'就觉得特温暖，因而效果就很明显。"

"嗯，李老师，听您这么一分析，还真是这么回事呢。表弟平时挺调皮的，在学校里没少惹麻烦，为此老师和小姨可没少费脑筋，姨夫甚至还打过他，但好像没什么效果，他总是'好了伤疤忘了痛'。等小姨回来，我跟她讲讲'南风效应'，或许会对表弟有用呢。"

"赵玲玲，我发现你挺会学以致用的嘛！"

"呵呵，我是想让表弟的生活能够更开心、快乐一些。"

李老师听后赞许地点了点头，"嗯，看来你这个姐姐还很称职哦。"

"谢谢老师的夸奖，其实这都是您的功劳呢，要不然我现在跟他还是一团糟呢。"

李老师看了一眼手表，"快上晚自习了，你先回教室吧。有空再聊。"

"好的，李老师再见！"

三、弹簧定律应对压力

告别了夏天的聒噪蝉鸣，度过了凉爽的初秋，不知不觉已是深秋。瑟瑟秋风中，落叶飘零，给人一种落寞的感觉。

晚上十点半左右，赵玲玲刚刚躺下，听到开门声，是爸爸回来了。

"老赵，怎么样了？"是妈妈的声音。

"唉……圈里的朋友几乎问了个遍，没人肯见我。"爸爸重重地叹了一口气。

"以前咱们生意好的时候，都像苍蝇似的跟在你屁股后面，赶都赶不走，现在你遇到了困难，就躲得远远的。这人怎么都这么势利啊。"

"咳，现在的社会不都这样嘛。对了，玲玲睡了吧？你没告诉她这件事情吧。"爸爸关切地问。

"应该睡了。我没跟她说，她还小，我怕她承受不了。"

后来爸爸妈妈进了房间，似乎还在讨论着什么，但赵玲玲听不清。

"家里到底发生了什么事情？为什么要瞒着我呢？"赵玲玲心里嘀咕，也没太放在心上，不一会就睡着了。

第二天早晨，赵玲玲破天荒地在闹钟响后醒来了，看了看时间，才六点半，突然想起今天不用去补习班，正准备蒙头继续梦周公去，忽然听到隔壁爸妈的房间里隐约传来哭声，是妈妈！赵玲玲的第一反应是——爸爸妈妈吵架了？！她跳下床，走到爸妈房门口，听到爸爸在劝妈妈："你别哭了，现在事情已经这样了，哭也没用啊。实在不行就把我的公司给转让了，把银行的钱先还上。我们从头再来，十年前不也是空手起家的嘛，不怕！"

赵玲玲在门外听了半天，终于明白了事情的来龙去脉——原来是爸爸公司的财务经理趁爸爸出差卷走了公司的巨额现金，爸爸的公司陷入危机，濒临倒闭。

"哎呀，都快7点了，玲玲还要去补习班呢。"妈妈突然想起来了。

赵玲玲赶快回到自己房间，躺在床上装睡。妈妈推门进来："玲玲，快起床，上学要迟到了。"

赵玲玲揉了揉眼睛，迷迷糊糊地说道："今天补习班放假，不用去。"

"哦，那你继续睡吧。"赵玲玲是一个乖孩子，妈妈知道她不会撒谎，于是走了出去。

赵玲玲却躺在床上怎么也睡不着了，家里发生了这么大的事情，自己却什么也做不了。

既然爸妈不想让自己知道，那就假装不知道吧。这个周末，赵玲玲觉得十分漫长，家里的气氛很压抑。爸爸妈妈装出一副什么都没发生的样子，看到他们脸上勉强挤出来的笑容，赵玲玲的心里特别难过。

周日吃完午饭，赵玲玲就对妈妈说："妈妈，一会我去学校了。"

妈妈很奇怪："今天怎么去那么早啊？"

"呃，今天晚上数学小测验，我想早点去复习。"赵玲玲撒谎了。

"哦，这样啊。那你一会儿坐车去吧，你爸爸出去了，不能送你了。"

"嗯，我知道了。"赵玲玲收拾好书包后出门了。

同学们成群结队走在校园里。看着那一个个熟悉的身影，赵玲玲觉得自己很孤单，那种落寞的感觉久久萦绕在心头。赵玲玲是一个低调的女孩子，她是不会主动向同学们提起自己家中的变故的，即使是死党罗小倩，她也没说，一个人默默地承受着，情绪低落。

同桌洋洋有时候跟她说话，她也懒洋洋地爱理不理。

见赵玲玲整天闷闷不乐的，罗小倩有点纳闷，好几次问她怎么了，可赵玲玲都说没事。还勉强挤出一丝笑容来。罗小倩私下找洋洋："洋洋，你知道赵玲玲怎么了吗？我觉得她最近心情不好，好像变了一个人似的。"

"最近学校里也没发生什么事情，我估计是她家里发生了什么事。"

"嗯，应该是这样的。"

罗小倩和洋洋无能为力，小心翼翼地，生怕自己说错话做错事，惹得赵玲玲不高兴。

按照学校的规定，周三晚上不用上晚自习，要是往常，赵玲玲会叫上罗小倩、洋洋、丁晓磊他们一起去图书馆看书或去体育馆打球，这次她因为家里的事情，情绪低落，便独自来到了教室。对着课本，她一个字也看不进去，正发呆的时候，听到手机响了，是短信提示。

拿出手机一看，是李老师发来的：

赵玲玲，最近看你闷闷不乐的，上课的时候也心不在焉，怎么了？发生了什么事情吗？能跟老师说说吗？

赵玲玲觉得鼻子酸酸的，最近一段时间她觉得天快要塌了，却不知道该找谁去诉说，只好一个人默默地承受。李老师的短信就像是一根救命稻草，她想紧紧地握住。

李老师，我家里出事了，我爸爸的公司快要倒闭了，他们怕我担心，一直都没告诉我，我是无意中偷听他们谈话才知道的。看到他们在我面前强颜欢笑，我心里就很难受，可是我什么也做不了。

过了好一会儿，李老师才发来回复，是一条很长的信息：

你现在的心情我能理解，家里出了这样的事情，想必你父母更难受。但是我想要告诉你的是，所有的坏事情，只有在我们认为它是不好的情况下，才会真正成为不幸事件。也就是说，每个人的命运都掌握在自己手里，面对困难和挫折，只要能够从坏中看到好，采取有效的措施扭转这个趋势，耐心地找准一个方向，就一定会别有洞天。这个就是心理学上所说的史华兹论断。

李老师的短信看起来有些深奥，但是赵玲玲却明白了一点，那就是只要自己不认为一件事情是坏事，那它就不是坏事。一瞬间，赵玲玲突然觉得自己的内心变得强大了许多。

周末回家，不过一周的时间，爸爸妈妈就憔悴了很多。晚饭的时候，爸爸妈妈争相给自己夹菜，赵玲玲强忍着泪水，说道："爸爸妈妈，你们别瞒我了，家里的事情我都知道了。"

爸爸妈妈愣了一下，眼神顿时黯淡了许多。

"玲玲，那个……爸爸妈妈不是故意要瞒你的，你还小，我们不想你因为家里的事情分神而影响学习。"妈妈嗫嚅道。

"我知道你们不告诉我是为我好，但是爸爸妈妈，我也是这个家的一分子，看到你们为了瞒我而强颜欢笑，我心里很难受……"说着说着眼泪不争气地掉了下来。用手背抹了一把眼泪，赵玲玲继续说道：

"爸爸妈妈，我相信我们全家一定会渡过这个难关的。"说完这句话，赵玲玲觉得整个人都轻松了。看着爸爸妈妈吃惊的样子，赵玲玲俏皮地做了一个鬼脸："我已经长大了！"爸爸妈妈被赵玲玲逗乐了，看到爸爸妈妈欣慰的笑容，赵玲玲舒了一口气。

三个月后，在爸爸的努力下，公司终于起死回生。赵玲玲特地发消息告诉了李老师：李老师，爸爸的公司现在已经正常运转了。谢谢您的开导与鼓励。

李老师回复：恭喜你们。其实，我并没有帮到你们什么，是你们自己强大的内心战胜了困

读书虫

占领花园的南瓜

某生物研究所曾经进行了一个很有意思的试验。试验人员用很多铁圈将一个小南瓜整个箍住，以观察当南瓜逐渐地长大时，对这个铁圈产生的压力有多大。他们估计南瓜最多能够承受大约500磅的压力。

第一个月，南瓜承受了500磅的压力；实验到第二个月时，这个南瓜承受了1000磅的压力；当它承受到2000磅的压力时，研究人员必须对铁圈加固，以免南瓜将铁圈撑开。

当研究结束时，整个南瓜承受超过了5000磅的压力后，瓜皮才开始破裂。

人们打开南瓜后，发现它已经无法食用，因为里面充满了坚韧牢固的层层纤维，试图要突破包围它的铁圈。为了吸收充分的养分，以便于突破限制它成长的铁圈，它的根部总长甚至延展到超过2.4万米，所有的根往不同的方向全方位地伸展，最后这个南瓜独自控制了整个花园的土壤与资源。

当命运给你施加压力时，你若坚持不懈，如同这南瓜一样，充分调动内在的潜能，你就能承受起巨大的重负，成就非凡的人生。

难。人生的道路上挫折是不可避免的,有些人面对挫折就会一蹶不振,而有些人却能以乐观的态度、顽强的意志积极去面对,只有勇敢地去面对困难和挫折,具有较强的抗压能力,才能更好地战胜困难去迎接胜利。

看着老师的回复,赵玲玲会心地笑了。

抗压奇异果

生活中,总会发生许许多多始料不及的事情,正如"欲渡黄河冰塞川,将登太行雪满山"所说,我们有时会身陷艰难的处境,压力会不时向自己袭来,在此情况下,我们要学会承受压力。要学会承受压力,就要先了解自己承受压力的指数,做一下以下测试吧!

请问"奇异果"给你什么感觉?

A.在阳光照耀下,好像黄金水果般可爱。

B.小巧可爱。

C.青涩香甜。

D.害怕外皮会刺到舌头。

E.毛茸茸的外皮很可爱。

F.想把它当成球,可以丢,可以玩。

G.喜欢它是因为它是营养丰富的水果。

H.点缀甜点时非常漂亮。

I.毛茸茸的外皮不太好看。

J.奇怪的水果,不像是真的。

结果分析:

选A:承受压力指数为10分。

你不在乎生活压力时,什么都可以看得很开,你的人生永远在追求完美和理想,只要能帮助你成功,或顺利达到目标,你的苦干精神无人可以比拟。你的快乐是单纯而自然的,能时时知足,又懂得不断去追求。

选B:承受压力指数为9分。

诚恳地对待他人,使你能透视这个世界,找到纯真善良的一面,充满自信又肯上进。你的特长是能找到许多机会,创造健康快乐的人生,能与人和平共处,人缘极佳。

选C:承受压力指数为8分。

你生命力旺盛,能快速了解别人的需要,善于理解复杂的人际关系,容易成为富贵中人。品位高,条件好,并重视个人成长,是一个极有智慧的人。

选D:承受压力指数为1分。

你有很神经质的外表,如同非常神经质的内心。常有深藏不露的心事,不能与任何人分享,而忘记了自己为什么有烦恼。你知道自己需要别人的谅解和可以信赖的爱情,但是当爱来临的时候，你又猜疑它。

选 E：承受压力指数为 7 分。

你有帅气十足的性格，活泼、浪漫、天真，像未失童心的人，永远能陶醉在欢笑声中，快乐时会欢呼或手舞足蹈，你不会让痛苦或枯燥的生活打扰你欢愉的心情，是典型的适者生存者。

选 F：承受压力指数为 5 分。

你的个性孤独又不能被他人肯定，使你不喜欢了解自己的缺点，像被丢掉的石头，不知道它的价值何在。别人欠你的钱，你也懒得去追讨，以不变应万变的心态应付许多生活难题。

选 G：承受压力指数为 4 分。

容易为生活琐事担心，不在乎物质生活，只强调生活品位的重要，能理性分析事情，但又因缺乏感性生活而十分无奈。你需要同时兼具理性和感性的人生，才能感到满足。

选 H：承受压力指数为 3 分。

你喜欢简单朴实的人生。诚恳的生活态度，使围绕在你身边的人，有自信和安全感。你会全力以赴地去照顾和体贴心爱的人和所有好友。多愁善感是你的致命伤。

选 I：承受压力指数为 6 分。

个性细致、敏感度很高，适合从事有创意的工作。工作能力很强，能主动关心许多事物，即使相貌平凡也能露出纯朴实在的气质。你永远都会把感情和事业放在非常重要的位置。

选 J：承受压力指数为 2 分。

你将创造一个适合自己的可爱人生，使别人不了解你真正需要的是什么。其实你是会编织梦的人，不喜欢制造麻烦和引来烦恼的人，而喜欢能帮助你编织梦想的朋友。

四、酝酿效应看招难题

转眼间，新学期已过去了一半，大家逐渐地适应了初中的生活，每天按部就班地上课、写作业，单调的校园生活像平静的湖面，没有一丝波澜。

又是新的一周，晚自习的铃声响了已经两分钟了，教室里还是闹哄哄的，像进了菜市场。

"刘老师来了。"负责通风报信的学生发出了警报，教室里顿时鸦雀无声。班主任刘老师走了进来，满意地看了一眼装模作样看书学习的学生，清了清嗓子说："同学们，根据学校的安排，下周我们要举行期中考试了。"

一听到考试，教室里一片哗然——

"啊，这么快就要期中考试了啊，感觉才上了没几天课啊。"

"不是吧，又要考试了，苍天啊，大地啊！"

"哎呀，等我做了教育部长，首先要做的就是取消考试。"

……

刘老师拿着板擦拍了拍桌子："同学们请安静！这次的期中考试是对你们半学期来学习的一次检验，希望同学们认真复习，取得好成绩。晚自习后请韩修鹏来我办公室拿一下考试安排表。"

说完，刘老师走出了教室。

大家安安静静地目送刘老师走出教室，直到老师的身影消失在走廊的尽头。这时，几个调皮的男生开始大呼小叫起来，其他同学也跟着天南地北聊起天来，教室里好似有千万只小鸟叽叽喳喳。韩修鹏眼见情势不妙，连忙大声喝止，但大家如脱缰的野马，根本听不进去。

正当教室里闹得不可开交的时候，突然教室门口发出一声怒吼："吵什么吵！你们真是无法无天了啊！"教室里顿时安静下来，大气都不敢出，一个个正襟危坐，装模作样地看起书来。原来是学校里出了名的黑脸法西斯——训导主任。

他狠狠地把大家批评了一顿，内容无非是无组织无纪律之类，持续了十多分钟。直到阎罗王走后，大家的心才如一颗大石头落了地。

训导主任走后，大家都蔫儿了，谁都知道，他准会找班主任刘老师告状。果不其然，十分钟后，刘老师便来了，一进门就板着脸："怎么我刚一出门你们就放羊了？都这么大的人了，一点也不自觉。"

"好了，我也不多说了，你们自己反省一下吧。"说完，刘老师又出去了。

这次，同学们没敢再放肆，而是乖乖地看书学习，教室里十分安静。

下了晚自习，天空中繁星点点，丝丝凉风吹来，赵玲玲不禁打了一个寒战，她拉了拉领口。初冬时节的滨海市虽然不太冷，不过早晚气温还是低的。

离开教室时，赵玲玲看到徐小芳还在做习题，喊她一起回宿舍，她头也不抬，答应着，让她先回。徐小芳是305寝室出了名的书虫，到哪儿都不忘抱着一本书啃。

早晨，赵玲玲睡得正香，迷迷糊糊中听到有人窸窸窣窣起床的声音，她拿起枕头底下的闹钟一看，才五点半，她揉了揉蒙眬的睡眼，看到穿衣服的是徐小芳。

"小芳，现在才五点半啊，你是不是看错时间了？"赵玲玲压低了声音。

"没有啊，我想早点起来去楼道里背背书，这不马上就要考试了吗？"小芳很小声地回答。

"哦。"赵玲玲翻了个身，继续睡。

临近考试，教室里气氛沉闷。赵玲玲的成绩属于中等生，她天性温和稳重，平静祥和，不是那种积极努力的，属于被动型，补习班也是妈妈强压着去上的，她的目标是不要太差，每一科能及格就好。

虽然这次的考试成绩并不理想，但是赵玲玲还是松了一口气。晚自习上，语文老师在上面喋喋不休地总结着这次考试，赵玲玲在下面开小差。她把手机放在试卷下面，在偷偷地看微博，看到有几个小学同学更新了微博，都是跟考试有关的。

我有一个梦想：一张试卷只有5个填空题，学校、科目、班级、姓名、学号。每空20分。

考试就像得了病一样：考前是忧郁症，考时是健忘症，考后病情开始好转，拿回卷子时，心脏病就发作了。郁闷！

赵玲玲看了之后忍俊不禁，偷偷乐了起来。

正当赵玲玲看得入迷的时候，突然同桌洋洋捅了她一下，赵玲玲刚要发脾气，抬头看了一眼讲台，语文陈老师正瞪着自己呢。

赵玲玲赶紧装模作样地摆好试卷和课本，假装在认真听讲。第一节晚自习后，赵玲玲感激地对洋洋说："谢啦。"

"哎，你的难关是顺利渡过了，可是我还备受煎熬呢！"洋洋愁眉苦脸地说。

"咋了？"赵玲玲关切地问。

"前段时间《滨海日报》公开招募小记者，我报了名，下个周末就要去面试了，现在一想到这个事情我就发愁，我好担心自己通不过面试。从小到大我的梦想就是当一名记者，可越是临近面试，我就越紧张。"

"哦，这样啊。你也别太紧张了啊，越紧张到时候发挥越不好。"赵玲玲也不知道该如何安慰洋洋。

课间的时候，洋洋趴在桌子上，右手不停地转动着一支笔，赵玲玲看见了，从背后拍了他一下。

"嗨，发什么呆呢，这么入神？"

这一拍倒是把洋洋吓了一跳，回头看了一眼："原来是你啊，吓我一跳。"

"你怎么这么没精打采的，发生什么事情了吗？"赵玲玲问道。

"哎，"洋洋说，"还不就是那个记者面试的事情嘛，再有 6 天就要面试了，我现在连做梦都梦到自己面试没通过，害得我这几天老失眠。"

"哦，你还在为这个事情发愁啊，我也不知道该怎么帮你。"赵玲玲有点丧气地说。

"哎，我都想放弃了。"

"你别啊，去《滨海日报》不一直是你的梦想吗，你现在放弃了多可惜啊。"赵玲玲安慰他。

"可是现在这样实在是太折磨人了啊。"洋洋垂头丧气地说。

赵玲玲不知道说什么好，干脆默默地坐在一旁。

下午在食堂，赵玲玲碰到了李老师。其实赵玲玲是有些怵李老师的，因为她这次考试没考好，很担心老师问自己的成绩。但是李老师已经看见了她，跟她打招呼，她只好硬着头皮问好。

"呵呵，怎么了？你好像很怕见到我哦。"李老师笑眯眯地说。

赵玲玲心里一惊，这都被他看穿了啊。她摸了摸自己的脑袋讪笑着说："哪有啊。"

"呵呵，没有就好。其实考试没考好也很正常，总有偶然失手的时候。"李老师似乎早就知道她考试没考好，听了老师的这番话，赵玲玲的脸红到了耳根，其实这次考试并非失手，是自己没有认真学习，考出那样的成绩是必然的。

赵玲玲突然想起了同桌的事情，连忙岔开话题："李老师，我想请您帮一个忙，不知道您有没有时间。"

"可以啊，是什么事情？"

"是我的同桌洋洋，他最近遇到了点麻烦……"赵玲玲将洋洋的情况告诉了李老师，望着他，将希望都寄托在李老师身上。

"好，我知道了。你今天第一节晚自习后到我办公室来一下，到时候我告诉你怎么做。"

"嗯，好的。谢谢李老师。"

第二天一早，洋洋就来到了教室，他这几天因为面试的事情寝食难安，早早地就醒了，索性起来到教室看书。当他翻开英语书的时候，从里面掉出一封信，洁白的信封上写着：洋洋（收）。这是谁写给自己的呢？现在大家都用电邮了，谁还会用这么老土的方式啊。难不成是别人写给自己的情书，所以特意用手写的？一想到这，洋洋的心跳加速了，脸也不由自主地红了。他按捺住激动的心情，撕开了信封。

洋洋同学：你好！

看到这封信你一定很好奇我的身份，其实你不用费尽心思猜我是谁，我只是一个关心你的朋友。我知道你的梦想是当一名记者，而最近你在为面试小记者的事情烦心。

原来不是情书，虚惊一场！只是他怎么这么了解自己呢？不仅知道自己的梦想，还知道自己的烦心事。洋洋定了定神继续往下看。

据我观察，你属于九型人格中的完美型人格，善良、努力进取、有责任心、计划性强、自我要求高、追求完美、过分服从、过于追求细节。

看到这里，洋洋不由自主地点了点头。天啊，想不到这个人分析得太对了！恐怕连爸爸妈妈都没有这么了解自己吧。洋洋心里对他敬佩得不得了。不过心里的疑问也越来越多：他是谁？为什么会这么了解自己？带着一脑袋的疑问，洋洋继续看信：

> 我觉得你是由于过分追求细节和完美，所以导致神经紧张，你越这样，反倒越不利于你准备，还不如放松一下心情，我相信凭你的能力，面试是没问题的。而赵玲玲却与你恰恰相反，由于过于疏忽怠慢、自得其乐，考试前与平常一样，该吃吃，该喝喝，睡到早自习还不起床。
>
> 你过于追求完美，赵玲玲过于疏忽怠慢，如果你们两个人中和一下就好了！
>
> "允撅择中"，恰到好处，是亘古不变的真理，放置四海皆为准。就拿这次的面试来说吧，就是这个道理的具体运用。

洋洋看得激动，好像不经意间突然发现一个金矿，偷偷看了一下左右，生怕别人察觉。他深深吸了口气，努力让自己平静下来，继续往下看：

> 在古希腊，国王让人做了一顶纯金的王冠，但他又怀疑工匠在王冠中掺了银子。可问题是这顶王冠与当初交给金匠的黄金一样重，谁也不知道金匠到底有没有捣鬼。国王把这个难题交给了阿基米德。阿基米德为了解决这个问题冥思苦想，他起初尝试了很多想法，但都失败了。有一天他去洗澡，他一边坐进澡盆，一边看到水往外溢，同时感觉身体被轻轻地托起，他突然恍然大悟，运用浮力原理解决了问题。不管是科学家还是一般人，在解决问题的过程中，我们都可以发现"把难题放在一边，放上一段时间，才能得到满意的答案"这一现象。心理学家将其称为"酝酿效应"。
>
> 日常生活中，我们常常会对一个难题束手无策，不知从何入手，这时思维就进入了"酝酿阶段"。直到有一天，当我们抛开面前的问题去做其他的事情时，百思不得其解的答案却突然出现在我们面前，令我们忍不住发出类似阿基米德的惊叹，这时，"酝酿效应"就绽开了"思维之花"，结出了"答案之果"。古代诗词说"山重水复疑无路，柳暗花明又一村"正是这一心理的写照。心理学家认为，酝酿过程中，存在潜在的意识层面推理，储存在记忆里的相关信息

在潜意识里组合，人们之所以在休息的时候突然找到答案，是因为个体消除了前期的心理紧张，忘记了个体前面不正确的、导致僵局的思路，具有了创造性的思维状态。因此，如果你面临一个难题，不妨先把它放在一边，去和朋友散步、喝茶，或许答案真的会"踏破铁鞋无觅处，得来全不费功夫"。

另外，还可以给你一点面试小技巧的建议，如何给初次交往的人（考官）留下一个良好的第一印象：

1. 自信、乐观、热情、友善、不卑不亢。

2. 与人初次相识，要穿着得体、整齐。

3. 面带微笑，表示友好、热情。

4. 保持与别人的目光接触，表示你的专注和对别人的重视。

5. 用自己的身体语言展示出自信的态度，保持自己的仪态，保持上身挺立。

你试试先将自己烦乱的心绪平静下来，然后好好准备吧，预祝你旗开得胜！

你的朋友：L

洋洋看完，觉得信上说得挺有道理的，焦虑的情绪缓解了大半，于是抓紧时间学习准备面试。终于，他顺利通过了《滨海日报》小记者的面试，这也算是对神秘人物的一个交代吧。

五、化繁为简的大嘴巴对策

每年一到冬天，赵玲玲就很盼望下雪，她喜欢在雪地里走，听着在雪地里行走时特有的"咯吱、咯吱"声，别提多美了。

终于，一场大雪翩然而至，来得无声无息。早晨，赵玲玲从睡梦中醒来，突然发现外面白茫茫一片，整个大地银装素裹，这可是今年的第一场雪。她欣喜万分，一骨碌从床上爬起来，穿好衣服，洗漱完毕，蹬上自己最喜欢的雪地靴出门了。路上行人很少，也许是天气的缘故吧，人们都不愿意出门。

赵玲玲来到附近的公园，公园里几乎没什么人，空荡荡的。溜达了一圈，赵玲玲回家了，再过一段时间就要期末考试了，还得回去好好复习功课呢，妈妈给她下了最后通牒，如果这次考试考不到全班前十五名，那寒假就别想玩了，要天天给她补课。为了有个舒心愉快的假期，赵玲玲不得不努力学习。

回到家，妈妈正在拖地，见她回来，正要开口，赵玲玲心虚地说："妈妈，您别骂我，我这就去复习。"说完，一溜烟地跑进了自己的房间。关上门的瞬间，传来妈妈的大嗓门："早饭在桌上，先吃了再看书。"

赵玲玲只好折回来，把早饭拿到自己的房间，磨蹭着吃完，已经半小时过去了。赵玲玲计划着先看一小时语文，接下来再看一小时数学，接着是英语、地理、历史、生物……

看了十多分钟，赵玲玲就泄气了，天啊，有这么多要背的，真想回到幼儿园去。"算了，还是先看会儿数学吧。"赵玲玲把语文书扔到一边，翻开数学书和练习册，看了半小时，又晕了，这道题算来算去怎么就是跟答案对不上呢？到底是哪儿出错了呢？又看了十来分钟，还是没看出所以然来，赵玲玲快要崩溃了……

一上午的时间，她一会儿看语文，一会儿数学，一会儿又是英语……要吃午饭了，她才惊觉两个多小时已经过去了，自己却什么都没看进去。其实，赵玲玲之所以这么心神不宁是因为周五的一件事情。

课间休息时，赵玲玲和同桌洋洋聊得正开心时，罗小倩转过身来，一脸严肃："赵玲玲，听说你昨天把我告诉你的秘密给葛怡她们讲了？"

"谁说的啊？"赵玲玲有点心虚。

"还有谁，她自己知道！"

那是前一天发生的事情，晚饭的时候，赵玲玲跟葛怡等几个女同学八卦地聊天："喂，我告诉你们哦，听说初一（5）班的一个女孩在暗恋我们班的范小林，早上给范小林塞了一封情书。"

"啊？不会吧。"徐小芳惊讶得张大了嘴巴。范小林平时油嘴滑舌的，没想到居然也会有人暗恋他。

"嘿嘿，人不可貌相嘛。"苏洛洛打趣地说。

77

"好像挺多人都有暗恋的对象呢。"顾盛凌在一旁插嘴。

"嗯，是呀，好像小倩……"话到嘴边了，但赵玲玲意识到不对劲，立马捂住了嘴巴。

没想到事后葛怡立马向罗小倩求证了。

"小倩，对不起啊，我是无意中说漏了嘴，其实我也没说什么，我只是说了你的名字，然后就再没说什么，是葛怡她们瞎起哄。"赵玲玲急忙向罗小倩赔礼道歉。

但是罗小倩根本不接受："我看你就是故意的，你就是一个大嘴巴，以后有事再也不跟你说了。"说完扭过头去不说话了。

看到好朋友生气了，赵玲玲一下子慌了，她最怕与别人发生冲突了。而且，刚才罗小倩说自己是"大嘴巴"，这让赵玲玲有点难过。这会儿她知道无论说什么罗小倩都听不进去的。

周日晚上，赵玲玲主动与罗小倩说话，可罗小倩还是不理她，赵玲玲一个劲地埋怨自己：怎么那么不小心呢。

已经是学期末了，好多课程都已经结束了，上课的时候老师大多是在带着大家复习，也有的老师干脆把课堂变成了自习课，让同学们自己复习。赵玲玲一个字也看不进去，看着罗小倩的背影，十分自责。

考试越来越近了，赵玲玲的心里越来越不安，一方面是担心考试，另一方面她担心从此失去罗小倩这个好朋友。一天晚饭后，赵玲玲独自来到操场上，爬上高高的攀缘架，这是赵玲玲第一次来到这里，以往经常能够看到有同学在这里，她也只是远远地看着。此刻，当她自己也来到这里的时候，心中涌起一种莫名的悲哀。不知在上面坐了多久，似乎听到了一阵脚步声，赵玲玲转头一看，原来是李老师。

"李老师，您怎么来了？"

"呵呵，难道我不能来这里吗？"说着，他也爬上了攀缘架，坐在赵玲玲旁边。

"嗯，这里的景色确实不错，难怪你们这么喜欢来这里。"顿了一会儿，李老师又说："怎么一副闷闷不乐的样子，你也变得多愁善感了吗？莫非是遇到了感情问题，暗恋上了哪个帅哥？"说完，李老师爽朗地笑了起来。

赵玲玲哭丧着脸说："李老师，您就别挖苦我了。我现在哪有时间谈情说爱啊，这不，马上就要考试了，而我和罗小倩之间又产生了点小误会，她这几天都不理我，我好担心失去她这个朋友。"

"哦，听起来问题还蛮严重的。这件事情你别想那么多，还是先专心复习吧，马上要考试了。"

"嗯，李老师，其实道理我都懂，但是做起来挺难的。"

"这样吧，我给你讲一个故事：

有一家杂志社曾举办过一项奖金高达数万元的有奖征答活动，内容是：

在一个热气球上，载着三位关系着人类命运的科学家。

第一位是一名粮食专家，他能在不毛之地甚至在外星球上，运用专业知识成功地种植粮食作物，使人类彻底脱离饥荒。

第二位是一名医学专家，他的研究可拯救无数的人们，使人类彻底摆脱诸如癌症、艾滋病之类绝症的困扰。

第三位是一名核物理学家，他有能力防止全球性的核子战争，使地球免于遭受灭亡的绝境。

由于载重量太大，热气球即将坠毁，必须丢出去一个人以减轻重量，使其余的两人得以存活。请问，该丢出去哪一位科学家？

征答活动开始之后，因为奖金数额庞大，很快吸引了社会各界人士的广泛参与，并且引起了电视台的关注。在收到的应答信中，每个人都使出浑身解数，充分发挥自己丰富的想象力来阐述他们认为必须将哪位科学家丢出去的'妙论'。

最后的结果通过电视台揭晓，并举行了热闹的颁奖仪式，高额奖金的得主是一个 14 岁的小男孩。"

讲到这里，李老师故意顿了顿，他问赵玲玲："你知道他的答案是什么吗？"

其实在李老师讲述的过程中，赵玲玲也在认真思考，不过没有得出结果，她只好摇了摇头。

"其实男孩的答案很简单，就是将最胖的那位科学家丢出去。"

"啊？！原来如此！"赵玲玲恍然大悟。

"是啊，很多事情解决起来很简单，并没有看上去的那么复杂，只是我们把它想得太复杂了。其实，你跟罗小倩之间并没有太大的问题，据我观察，她是一个大大咧咧的女孩子，她现在还在生气，所以不理你，等她气消了，就会理你了。"

"真的吗？"赵玲玲像是抓住了一根救命稻草。

你的交往"死穴"

每个人的性格爱好不尽相同，因而每个人的处世方式中总有别人不习惯或者无法忍受的一面，可称之为你的"交往死穴"。那么我们一起来找找，你的"死穴"在哪里？

你在学校度过的时间里，特别是心理上极度叛逆的时期，你觉得老师身上最不能让你忍受的是什么？

A.情绪不稳定，容易"歇斯底里"，对学生实行精神压迫。

B.专制，不听取学生的意见。

C.不公平，偏袒所谓的好学生。

D.对学生使用暴力。

测试结果：

选择 A：

这个选择其实就是自我缺陷的自然暴露。你一有什么不如意的事就会"歇斯底里"，不是四处大声叫嚷，就是突然大声哭泣……你这种自我表现的方式也许太过幼稚，而且很容易引起别人的情绪疲劳。为了使人际关系更加融洽，你必须对周围的人多一分爱心，同时要注意克制自己的情绪。

选择 B：

你具有站在阵列前沿将周围人猛推向前的统帅能力，在集体中往往起到决定性的作用。但是你需要有多吸取一些周围人意见的谦虚态度，否则，最终有可能谁也不会再顺从你！

你的缺点就是很少听取他人的意见和建议。

选择 C：

你可能有一些心理恐慌症的表现。你的交际范围容易往纵向深入，而很难向横向扩展。你往往把自己讨厌的人彻底排除在外，似乎只愿意与某一个特定的人建立更好的关系。所以，你属于不善于扩大交际圈的一类人。你甚至会要求与你关系亲近的友人"不要与不喜欢的人交往"。你要懂得博爱的内涵。

选择 D：

你这样的处世方式是很危险的。你的缺点是动辄变得粗暴无礼，你的问题不仅表现在行为上，而且语言暴力也很激烈。假如是因为对方态度恶劣导致你正当防御还情有可原，而你往往却是稍不如意就出手或出口伤人。一定要注意控制自己的情绪，你很容易会和不了解你的人产生激烈的矛盾。

"嗯，当然了，老师什么时候骗过你啊。"李老师说完，做了一个鬼脸。

经过李老师的一番开导，赵玲玲的心情畅快了许多。

考试前一天，赵玲玲独自坐在食堂的角落里吃晚饭，这时，罗小倩走了过来："一个人吃饭很香啊？也不叫我？"

赵玲玲诧异地看着她，嘴里含着的一口饭差点把自己噎着。

看着赵玲玲滑稽的样子，罗小倩哈哈大笑起来。

"那个，你不生气了啊？"赵玲玲喝了一口汤，小心翼翼地问。

"生什么气？为什么生气啊？"罗小倩的眼睛骨碌骨碌转着。

见罗小倩这个表情，赵玲玲知道她是真的不生气了，嘿嘿地笑了起来。

"嗯……那个……"罗小倩突然变得结结巴巴起来。

赵玲玲盯着她，不知道她哼哼唧唧地要说什么，便问她："怎么了？"

"我那天一气之下说你是'大嘴巴'，你也别往心里去啊。"

"呵呵，这个啊，我没在意。"

"那好！来，为咱俩和好如初干杯！"说着，罗小倩端起了汤碗，赵玲玲也照做了。

李老师在远处看到这一幕，会心地笑了。

六、念念不忘的留白效应

盼星星盼月亮，终于放寒假了。妈妈早就给赵玲玲报好了辅导班，在赵玲玲的软磨硬泡下，妈妈同意只报英语和数学两个辅导班，每周只有一节课。赵玲玲知道后，从沙发上跳下来，抱着妈妈直呼"万岁"。

姥姥看着赵玲玲疯疯癫癫的样子，笑着说："瞧你这孩子，学习是洪水猛兽啊，至于那么害怕吗？"

"比洪水猛兽还可怕呢。姥姥你不知道我们现在学习有多累……"

赵玲玲开始向姥姥诉苦。

姥姥是妈妈特意请来照顾赵玲玲的，放假期间，爸爸妈妈都要上班，他们不放心赵玲玲一个人在家，于是去邻市把姥姥接了过来。姥姥六十多岁了，身体还硬朗得很，眼不花耳不聋，退休前是一名历史老师，说起历史典故来那是如数家珍。姥姥是一个很开明的老人，乐于接受新事物。

每天晚饭后，姥姥都会拉着赵玲玲一起去散步。刚开始，赵玲玲还十分不乐意，懒得动。一周后，赵玲玲变得主动起来，吃完饭便催着姥姥出去。原来，姥姥在散步时会给她讲一些历史故事，渐渐地赵玲玲听上了瘾，每次都缠着姥姥多讲一点。

这一天，赵玲玲家里有点不平静，妈妈和爸爸为了一点小事闹了矛盾。

起因是爸爸下班回家后把衣服和包扔在了沙发上，引起了妈妈的不满，开始责怪爸爸："跟你说了多少遍了，衣服和包要放在衣帽间，你怎么一点记性都没有呢？"

爸爸脸色挺不好的："哎呀，我都累了一天了，你少啰嗦几句不行啊？"

一听这话，妈妈的脸色变得更难看："你累了一天，难道我闲着了啊，我不仅要上班，回来还要收拾屋子、做饭，你体谅我了吗？整天脏衣服臭袜子到处乱放，我还得给你洗干净，叠起来……现在说你一句你就不耐烦了，还嫌我啰嗦……"说着，妈妈开始抹眼泪了。

"你这女人怎么一点都说不得啊……"

"我为这个家牺牲了那么多，你一点都不体谅，还嫌我……"

眼见着两个人吵起来了，正在看电视的姥姥和赵玲玲赶紧过去劝架。吃晚饭时，虽然赵玲玲极力找话题想逗他们俩笑，好让他们和好，但是收效甚微，一顿饭吃得十分沉闷。吃完晚饭，收拾好，妈妈出去了，爸爸一个人坐在沙发上看电视。

赵玲玲和姥姥两个人面面相觑，不知道怎么办才好。散步时，赵玲玲一直打不起精神，她小心翼翼地说："姥姥，爸爸妈妈不会一直都这样冷战吧。"

姥姥安慰她说：“不会的，你别担心。两口子吵架是很正常的事，他们俩明天就好了。”

“姥姥，你说这事怪我爸还是怪我妈啊？”赵玲玲问。

“一个巴掌拍不响，他们两人要有一个少说一句，多听一句，就不会吵起来了。”姥姥说。

“嗯，也是啊。希望他们明天就能和好。”其实，赵玲玲还是挺害怕父母冷战的，记得小学五年级时有一次父母吵架了，两个人冷战了一个星期。那一个星期，赵玲玲觉得比一年还长，干什么都小心谨慎，稍稍出一点点差错就会引起父母的责骂，而且还是两个人轮番上阵。不过这次有姥姥在，赵玲玲心里没那么害怕。

第二天早上，赵玲玲正睡得迷迷糊糊的时候，听到外面挺大的动静，她赶紧从床上跳了下来，生怕父母又吵起来了。打开门一看，原来是妈妈和姥姥在收拾东西。

赵玲玲揉了揉惺忪的睡眼：“妈妈，这么早你们这是要干什么去啊？”

“玲玲，昨天半夜你舅妈来电话了，你舅舅生病住院了，舅妈要在医院照顾他，表妹一个人在家，姥姥得回去照顾她。”

听到舅舅住院了，赵玲玲的睡意一下子没了，急忙问道：“舅舅生什么病了？严重吗？”

“也不是什么大病，急性阑尾炎，昨晚上已经做了手术。”

“哦，那还好。”

很快，妈妈收拾好了东西，叮嘱赵玲玲：“玲玲，妈妈可能要下午才能回来，早饭你自己吃点，冰箱里有面包和牛奶，中午你叫外卖吧。”

“那爸爸呢？”犹豫了一下，赵玲玲还是问了一句。

“他啊，都那么大的人了，不管他。”显然，妈妈还在生爸爸的气，赵玲玲还想说什么，可妈妈和姥姥已经出门了。赵玲玲无奈，回房继续躺下，才7点半，她却一点睡意也没有了，索性玩起手机来。

一直在床上赖到8点钟，赵玲玲听到爸爸起床的声音，于是她也起来了。

"爸爸，你今天不用上班吗？"

"今天公司里没有太多事情，晚点去也没关系。"

爸爸洗漱完毕，就出去了，出门前又是一番叮嘱："玲玲，你一会记得吃早饭啊。中午也要按时吃饭。别总上网玩游戏，你的假期作业也该抓紧时间做了。"

"嗯，我知道啦。"赵玲玲无奈地说。

最终，赵玲玲担心的事情还是发生了：一连几天，爸爸妈妈都互相不说话，都把对方当透明人，而赵玲玲则成了他们的传话筒，有什么事情，都让她去传话，赵玲玲心中暗暗叫苦，每天过得战战兢兢、小心翼翼。

这天下午，赵玲玲把自己的 QQ 签名改成了求和平：神啊！！！快来救救我吧！！！

签名改了没多久，QQ 企鹅就开始不停地闪，赵玲玲点开一看，原来是李老师。

李老师：咦，你怎么了？看你签名好像很郁闷的样子。

赵玲玲发了一个叹气的卡通表情，然后说道：爸爸妈妈前两天因为小事吵架了，这几天正在冷战呢，谁也不理谁，我夹在中间好难受。

李老师：哦？他们因为什么吵呢？

赵玲玲将事情的来龙去脉说了一遍，然后告诉李老师：

其实妈妈比较喜欢唠叨，一件事情总是反反复复地说，我有时候也觉得她烦，说实话我也能理解爸爸的感受，爸爸可能也是听多了，厌倦了。

李老师：听你这么说，我也挺同情你爸爸的。其实人与人相处，最重要的就是要学会包容。我准备交给你一个艰巨的任务。

赵玲玲：什么任务？

李老师：做你爸爸妈妈的和事佬。

赵玲玲：这个……难度好大啊，我恐怕做不了。

李老师：不试试怎么知道做不了呢？

赵玲玲：那好吧，我试试看。

李老师:呵呵,我发现你是九型人格中和谐型的典范,你与世无争,渴望人人能和平共处,很怕引起冲突,是不显眼的一个。由于从不试图突出自己,你会比较怕羞、怕事,也很容易躲懒。你很容易了解别人,却不是太清楚自己想要什么,会显得优柔寡断。相对地说,你的主见会比较少,宁愿配合其他人的安排,做一个很好的支持者,所以你是比较被动的。因为你比较喜爱和平,不喜爱辛劳,所以你也不会给自己压力!若你想干一番大事,则要好好鞭策自己啦!

赵玲玲:哇!李老师您怎么这么了解我啊?对得不能再对了,分毫不差。

李老师发了一个得意的表情,然后说:嘿嘿,那么多年的心理学可不是白读的哦。

赵玲玲:啊,对了,老师,您刚才说要我做和事佬,其实我也想让他们和好,可是我该怎么做呢?

李老师:有一个这样的故事,可能对你会有启发:著名作家马克·吐温有一次在教堂听牧师演讲。一开始,他觉得牧师讲得很好,他很感动,就准备听完以后捐款,并掏出自己所有的钱。

过了十分钟,牧师还没有讲完,马克·吐温有点不耐烦了,就决定只捐一些零钱。

又过了十分钟,牧师还没有讲完,马克·吐温很不满意,马上决定一分钱也不捐。

等到牧师终于结束了长篇的演讲开始募捐时,马克·吐温由于气愤,不仅没捐钱,还从盘子里偷了两元钱。

马克·吐温为什么最后会气愤,不仅没有捐钱,反而偷钱呢?

看着李老师的问题,赵玲玲想了想,然后回复:可能是他嫌那个牧师太啰嗦了。

李老师:对,就是因为牧师讲得太久了!牧师的话无论如何动听与感人,若一而再、再而三地唠叨个不停,那么再有耐心的人也会心生厌烦。这种因刺激过多、过强或作用时间过长,引起心里极不耐烦或逆反心理的现象,在心理学上就称为超限效应。

赵玲玲:哦,原来是这样,心理学可真是奇妙啊。

李老师:呵呵,其实心理学上还有一个与超限效应相对的留白效应。

"留白"是中国山水画中的一种技法,即在整幅画中留下空白,给人以想象的余地,后来人们将这一概念运用到心理学当中,称为"留白效应",指的是人们在沟通或者人际互动中,如果能够适当地给对方留出一些空间,保持适当的距离,也许会起到意想不到的效果。

赵玲玲:老师,我懂了。我想我知道该怎么样让爸爸妈妈和好如初了。

李老师:呵呵,你真聪明,一点就通。

赵玲玲:谢谢老师夸奖。要不是您的指点,我现在还在干着急呢。

李老师:今天晚上你先构思一下,然后再行动吧。预祝你成功。

赵玲玲:谢谢老师,我会加油的。

晚饭时,爸爸妈妈还是一句话也不说,气氛很压抑,赵玲玲赶快将碗里的饭扒拉完,就回到了自己的房间。过了半个小时,她听到妈妈收拾完厨房进了卧室,她也跟了进去,手藏在背后,妈妈正坐在床边收拾衣服,看见她,略带疲惫地问:"玲玲,怎么了?"

赵玲玲将一个精美的信封交给了她:"妈妈,这是给您的信。"

"你写的?"妈妈将信将疑。

"是啊。"说完,赵玲玲挨着妈妈坐下。

信上写的是下午李老师讲给他的马克吐温的故事,还有超限效应和留白效应,信的最后,赵玲玲写道:"妈妈,我知道您白天要上班,晚上回家后还要给我们做饭、做家务,很辛苦。只是爸爸他也挺累的,您的'唠叨'对于他来说就像那个牧师的演讲一样,所以爸爸才会那么说,有时候,给爸爸留一点空间,也许会更好呢。这几天,您与爸爸一直冷战,我夹在中间好难受啊,我希望你们两个能够和好如初。"

看完信,妈妈感触万分:"女儿真是懂事了。我以后会注意说话方式的。"

赵玲玲从裤兜里拿出另一封信晃了晃,"我这还有一封给爸爸的信,我现在去交给他。"说着,便蹦蹦跳跳地走开了。给爸爸的信上,赵玲玲请他多包容妈妈一点,爸爸看后,很有触动,指着赵玲玲的鼻子说:"你这个鬼精灵,爸爸知道你的想法,放心吧,我会处理好的。"

晚上,赵玲玲躺在床上,心里想着明天要早起给父母准备爱心早餐，越想越兴奋，结果辗转反侧，怎么也睡不着了，不知过了多久，才迷迷糊糊睡着了。

丁零零——

听见闹钟在震天地响，赵玲玲半梦半醒地想着："我要赶快起床才行……嗯？已经放假了我干吗还要起这么早啊？对了，给爸爸妈妈的惊喜礼物！"

为了这顿早餐，赵玲玲在前一天特地打电话向姥姥请教。考虑到赵玲玲在厨艺方面是一个"白痴"，姥姥决定教她做最简单的三明治。

赵玲玲从冰箱里拿出偷偷准备好的材料，将火腿小心翼翼地切成薄片，生菜洗干净，然后开始煎鸡蛋，这可是赵玲玲第一次做饭。赵玲玲站得远远的，生怕油溅到自己身上。由于是第一次，第一个煎蛋以失败而告终——火开得太大，煎蛋变成了黑乎乎的一片，只好倒进垃圾桶。

好在有了前面的经验，后面的几个还煎得不错。

然后，赵玲玲把果酱涂在面包上，分别夹上火腿片、煎蛋、生菜等，三明治终于做好了。再从冰箱里拿出牛奶，加热倒好。一切准备妥当，赵玲玲便去叫爸爸妈妈吃早饭。爸爸妈妈先是一脸不可置信地来到餐厅，接着又是一阵目瞪口呆。

读书虫

讨人厌的"超限效应"

生理学家和心理学家的研究都表明：对于任何刺激，包括能够给机体带来巨大满足的刺激，机体的接受性都是有限的。当刺激量超过一个最适当的水平后，刺激对于机体的意义就会由带来满足转向造成伤害，此时机体就会做出反应来逃避这种刺激。这就说明，适当的刺激是增强积极心理活动的重要手段。但是，刺激过多就容易使人产生消极的心理反应。

心理学家米勒的研究很好地印证了超限效应。他把广告画贴在大学生宿舍公共场所的墙上，每隔15英尺贴1张，共贴30张，这样贴了两天；之后他又把另外一些广告画贴在墙上，每隔5英尺贴一张，一共贴了90张，也贴了两天。之后，他开始询问大学生比较喜欢哪一个广告画，结果表明，大学生比较喜欢第一次张贴的广告画，这就说明，数量过多反倒减少了大学生们对广告画的喜欢。

一个刺激过多、过强或作用时间过久，往往就会引起人们的厌倦、极不耐烦或逆反心理。一种美食，再好吃，如果天天都吃，吃多了也会感到讨厌；一首歌再好听，如果反复听，也会感到厌倦；一部电影，看多了也会没有感觉。此时，开始时的享受就会变成了一种痛苦。

"这是玲玲做的早饭啊？"

"我们家玲玲真是长大了，追着她的屁股喂饭好像还是昨天发生的事情呢。"妈妈感慨万分。

"妈，你怎么还提我小时候的糗事啊。"赵玲玲嗔怪道。

"好好好，不提了。"

摔不碎的安全感

你是不是经常觉得自己被孤立？是不是经常觉得每一个人都对你有敌意，每个人的眼光都充斥着轻蔑、嘲讽和不快？

如果你的朋友不小心弄坏你心爱的东西，你会

A.要求对方照价赔偿。

B.宽宏大量，不会生气。

C.算了！自认倒霉，只能气在心里。

D.大发雷霆，把对方骂得狗血淋头。

测试结果：

选A：

你觉得你和所有的朋友都是处于对等的状态的，没有谁该怕谁，谁该让谁的说法，因此，你的态度就会很客观，也很中立，不会预设立场，把自己的敌我意识先摆出来，或者是先设定自己的受害意识。你这样的处理方式，应该是可以让大多数的人接受。不过，要是遇到一些自我意识较强烈的人，你就会被认为太不讲人情，而得罪对方。基本上来讲，你的这种做法不会伤害你的人际关系，但也阻隔了进一步的人际关系发展。

选B：

你是一个老好人，好的地方是你很尊重对方的自尊和价值，让对方受到你的暗示，觉得他自己是一个很受重视的人，因此，除了感谢你之外，还会以对等的态度回报你，将你当成最好的朋友。你在处理事情的时候，会不自觉地从别人的立场来考虑利害得失。就是因为你重视朋友、给朋友面子，所以你的人际关系应该是很圆满的。

选C：

你是一个怕得罪人的人，在表面上你只能自认倒霉，但在心底你却会愤怒不已，只是你不敢表现出来。你在处理人际关系的心态上有点委曲求全，像你这种压抑自己来成全你的人际关系的做法，对你自己是一种伤害，为了怕得罪人而压抑自己，如此一来，你可能会渐渐地脱离人群，自我封闭起来。到时候，全天下的人都是你的敌人。

选D：

在你的观念中，朋友是不会比你所喜爱的东西更重要的。也因如此，你的朋友到最后都会成为你的敌人。你总是认为朋友都是暂时的关系，真正可以给你安全感的，是摸得到、看得到的财富或物质。如果你的这种观念还是不改，你的敌人会越来越多。

赵玲玲把爸爸妈妈推到餐桌前坐下，一本正经地说："今天我准备这个早餐主要希望父母亲大人能够和好如初，别再闹别扭了。"说完，赵玲玲望着父母。

其实，从昨天晚上看过赵玲玲分别写给他俩的信之后，赵爸爸和赵妈妈都意识到了自己的错误，只是碍于面子都没有主动认错。现在赵玲玲这么一说，都不好意思地互相看了一眼。

爸爸先开口了："老婆，我错了。我之前总嫌你啰嗦，嫌你烦。其实我应该多一点耐心，听你说话。"

听到爸爸这么说，妈妈也开口了："其实我也有不对的地方，你在外面累了一天了，回到家里该放松放松，我还不停地跟你唠叨，你想休息都不成。"

听到爸爸妈妈互相"检讨"，赵玲玲在一旁偷乐，见时机差不多了，赵玲玲端起牛奶："来，为我亲爱的老爸老妈和好如初干杯！"

第三章

烈马何日千里

——管理你的情绪

　　一滴蜜比一加仑胆汁能够捕到更多的苍蝇,人心也是如此。假如你要别人同意你的原则,就先使他相信:你是他的忠实朋友即"自己人"。用一滴蜜去赢得他的心,你就能使他走在理智的大道上。

一、冲动：闹钟不给力，带走谁的快乐

在一个安静的地下车库内，一个小男孩正在鼓捣着一块电路板，只见他小心翼翼地用电焊枪蘸取着融化的松香，仔细地涂在另一路金属板的表面，眉头微蹙，显得特别认真。一会他又将一根金属线轻轻放置在两块金属板之间，深吸了一口气。他扳动了开关。

然而金属板外面的信号灯却没有如他想象的那样亮起来。

"又失败了！真烦人！"这个男孩来不及擦汗，嘴里先嚷了出来。他就是丁晓磊，不高的个，配上稚气未脱的脸颊，再辅以严肃认真的表情，让人觉得他就是一个"小大人"。

丁晓磊，善于思考，喜爱钻研，能够以超乎寻常的知觉力和洞察力去观察每一件事情，并能预见一连串事件如何发展。他热爱学习，为拥有知识而兴奋，却常常贪多求快。满脑科学幻想，图纸、设想一大堆，被同学们称为"科学怪人"，实际行动却很少。理解力强，什么课一听就懂，但难题还是做不出来，一知半解，数学基础计算不精确。他系统智能思维强，但不善于内心情绪的表达，经常引起别人误会，并且由于常常在各种活动中抽离自己，让同学们看起来"难以捉摸"，甚至有些"冷冰冰"的感觉。

"晓磊！一会出去玩吗？"隔壁家的小朋友此时不合时宜地在外面喊了一嗓子。

"不去了，我现在烦死了，实验又失败了，你自己去玩吧！"丁晓磊大声回应着他。

"去玩呗，你都忙了这么久了！"那个孩子依旧劝着他。

"哎呀，说不去了，我现在没心情说这些啊！"丁晓磊不耐烦地嚷嚷了一句，外面那个小伙伴脸色一变，气愤地走了。

丁晓磊不高兴地把手套重重地扔在了桌子上，本来就不爽，别人还一直来打扰他。

正当他准备进行重复实验的时候，肚子咕咕地响了起来，一看墙上的时间，丁晓磊自己都惊讶了，都快 12 点半了。

想起妈妈的唠叨，丁晓磊赶紧脱下实验时的大褂——这可是丁晓磊爸妈专门去定做的，从车库里匆匆地向家中跑去。

"丁晓磊啊，丁晓磊，你每次一做实验就忘记时间，你是想饿死你爸爸和我啊！"一看到丁晓磊胖乎乎的脸颊，妈妈就开始唠叨起来。

"记住要劳逸结合。不要太累了，"爸爸走过来叮嘱道，"你现在年纪还小，不要总是想着急于做出一些成绩。"

"您不是常说时不我待么？我得赶快把这个小发明做出来，这样，我就可以参加下一次的发明比赛了。"丁晓磊一边大口吃菜，一边不耐烦地说。

爸爸一看晓磊这样说话，也埋头只顾吃自己的饭。

"对了，12 点 30 有《海贼王》的动画片播出！"丁晓磊赶紧打开了电视。"这样对胃不好，你不能吃完饭再看吗？"妈妈又开始唠叨了。

"好吧，我抓紧时间吃。"不想和妈妈争吵，丁晓磊于是埋头吃起饭来。"慢点吃，慢点吃……"妈妈又有新的话题了。

看完动画片，又稍微休息了一下，丁晓磊继续开始自己的攻坚之旅，只见他仔细地拿出了一个小本，在上面工整地写下了几行字：

"今天的验证实验再次失败，原因是焊接点出现问题，下午继续实验解决。"

"下午，一定要把这个实验做出来！"他咬了咬牙，稍微舒展了一下筋骨，就继续开始了自己的实验。

"搞定了！ Yes！"欣喜若狂的丁晓磊叫了起来，"哈哈，我成功了！"

"晓磊！该睡觉了！"丁妈妈一边唠叨，一边走进丁晓磊的房间，嘴里继续碎碎念："又玩电脑这么晚，上课迟到可怎么办……"

"哎呀，真烦，我知道啦！妈妈！"丁晓磊回头嚷着，很想把手指塞进耳朵里佯装没听到，却又不敢。平时住校，宿舍没电脑，没法上网，刚好这个周日不用提前返校，好不容易在网上看《Discovery》，正看得津津有味，却被妈妈的"如来大悲咒"念叨得头疼，"好啦，我马上睡觉！"晓磊无奈地对妈妈说道，然后依依不舍地关掉电脑，洗漱以后就爬上了床。

不过，躺在床上的晓磊望着天花板，一时半会还睡不着，《Discovery》里那些神秘的黑洞，光怪陆离的海底世界，恐怖的未知生物，渐渐汇成一幅幅画面，交织出现在他脑海里，终于让他沉沉地睡了过去……

"咚咚咚！咚咚咚！"急促的敲门声让丁晓磊几乎是从床上弹了起来，他烦闷地瞄了一眼闹钟——才五点二十分啊，还没到起床的时间，妈妈叫自己做什么呢？"七点半了，你怎么还不起？"妈妈的高分贝穿透了薄薄的门板，显得特别刺耳。

什么，七点半？闹钟上不才五点二十分么？还有些糊里糊涂的晓磊再端详了下枕头边的闹钟，天啦！指针，指针居然是停止的！

早春的季节，微风拂面，早起的老年人正在街上牵着狗，遛着弯，享受着晨练的乐趣，上班的年轻人，则是疾步前行，满怀希望地开始着新的一天。

这时，一个男孩背着大书包，额头上的汗顺着脸颊流了下来却都顾不上擦。风驰电掣般骑车狂奔。站在滨海市第七中学学校门口的值周老师看了看手表，又瞄了瞄眼前这个满头大汗的男孩，略微皱眉地说："同学，现在早自习都已经开始十分钟了，你是几班的？"一听到值周老师要记名字和班级，丁晓磊有些急了，央求道："老师，您看我这是初犯，您就别记我名字吧。"原来，今年第七中学实行了一项新的制度，学生考勤和班级文明集体评选挂钩了，丁晓磊的这次迟到可是给班级拖了后腿。

"不行，迟到了就是迟到了，你这个同学，想着说情，就没想到早起来十分钟么？"没想到这个值周老师挺认死理，对丁晓磊的哀求大为光火。

"老师，您这么说，好像我是故意想迟到一样！"

"别说了，快拿出你的学生证登记了去上自习。"

看着时间一秒一秒地流逝，丁晓磊放弃了，只好拿出自己的学生证，垂头丧气地在迟到登记簿上写下了自己的名字和班级，心中非常郁闷。

"该死的闹钟，怎么电池会突然没电！唉！"想到自己那关键时刻掉链子的闹钟，晓磊可谓是气不打一处出，还有刚才不通人情的老师！

此时班上的同学有的在阅读课文，有的在复习老师昨天讲过的内容，有的则在奋笔疾书，丁晓磊悄悄地走到了自己的座位上，打开书包，拿出今天需要的课本。

同桌罗小倩探过头来："小科学家，怎么迟到了？""别惹我，烦着呢！"丁晓磊头也不抬，硬生生地这么回了一句。本是想关心一下的罗小倩看着怒气满面的丁晓磊，吐了吐舌头，对这位经常莫名其妙生气的同桌早已习以为常。

"星期一就这么倒霉，气死我了啊！"丁晓磊嘟哝着，烦躁地翻着课本，此时纸张的摩擦声都似乎异常刺耳。

自习结束以后第一堂课是唐老师的英语课，唐老师瘦高的个子，戴着一副金丝眼镜，工作非常严谨和认真，对于她来说，让学生学好英语，既是对他们的人生负责，也是对自己辛苦备课的一种正面回馈。不过唐老师这个人太喜欢照本宣科，让不少同学感到英语学习可谓是枯燥无味。

"现在同学们翻开第15页，这个知识点是必考点，我来给大家分析一下……"

虽然讲台上的唐老师讲得很认真，可台下的丁晓磊早就心不在焉了，一方面他觉得老师讲的内容索然无味，另一方面他还纠结于早上的迟到呢。这次迟到不仅被妈妈狠狠批评了一顿，下个星期回家肯定是不能再痛痛快快地上网了；而且值周老师还记下了自己的名字，实在是太丢人了！

想着想着，丁晓磊忽然感到一道闪电划过自己的大脑，他立刻打开自己的小本子，上面画的是各种各样的机器人，这都是他储存自己奇思妙想的小宝库。"嗯，我一定要造出来这样一台机器，它可以储存睡眠，这样我晚上睡觉前把睡眠取出来，设定好睡眠长度就可以马上睡着了，而早上也可以准点醒，闹钟什么的，都不需要了。"

"丁晓磊同学，你在做什么呢？"身旁一个声音冷不丁地响了起来，紧随着的是自己的小本子被一只大手拿了起来。晓磊一抬头，唐老师严肃的脸孔正看着自己。

"丁晓磊同学，上课的时候不认真听讲，居然画小人！"

"老师……我……"丁晓磊想辩解一下，但是却又不知道说些什么。

"你这个小本子，我没收了，看你上课还乱画不？"

一听到老师这句话，丁晓磊感觉自己的血液一下涌上了头，大声说道："老师，这里面可不是画的小人，这是我的百宝书！"

此时整个班上的同学都看着丁晓磊发怒的样子，不禁都为他暗暗捏把汗，这样顶撞老师，简直太冲动了。

唐老师看着憋红脸的晓磊，扶了扶眼镜，留下一句"下课后来办公室找我"，便转身走向了讲台。

晓磊依旧直直地杵在那里，一动也不动，罗小倩急了，偷偷地扯着丁晓磊的衣角，悄声说道："你快坐下啊！"一连扯了几下，晓磊才重重地坐到椅子上，只见他握住小拳头，眼里似乎要喷出火一样，罗小倩看到丁晓磊这个样子，也不敢再说什么了，扭过头继续听自己的课。

"好的，我们接下来看这个句型，如果你和一个外国人第一次见面，常常是会讨论天气的，比如：What is the weather today？"

"唐老师，您说的这个不对。"一个手臂高高地举了起来，唐老师循声一看，是丁晓磊，不等老师发话，丁晓磊接着大声说起来，"英国人才会有时候说起天气，大部分欧洲人和美国人才不会这么无聊呢！他们可以什么都谈，只要不谈个人隐私就行了。"

唐老师自然知道这个道理，可是她一直认为这种问题不用给学生讲得太细，没想到丁晓磊忽然这么来一下，实在太出乎她的意料了。

"丁晓磊，如果你有问题，我们可以下课交流。"唐老师努力地维护着课堂秩序，而这个时候心中憋着一团火的丁晓磊可顾不上这么多了，在后面的大半堂课里，他一直有一句没一句地打岔，直到课堂的气氛十分尴尬，才满意地停下来。

由于晓磊的英语底子很好，平时又爱看一些课外书籍，他每次发言的内容某种程度上来说都有一定道理，因此到最后居然也有几个同学开始附和起来。"安静一下,同学们,我知道大家有许多疑问。这样,我们下课以后再交流,现在不要影响其他同学的正常学习。"唐老师提高了嗓门,才让有些喧闹的教室安静下来。

下课铃声终于响了起来,唐老师走到丁晓磊面前,朗声说道:"丁晓磊,和我去办公室一趟,谈谈你的问题。"

"去就去呗。"丁晓磊脖子一拧,满不在乎地跟着唐老师去了办公室。不过让唐老师想不到的是,丁晓磊特别犟,面对自己的训斥,简直有点油盐不进的感觉。

一回到教室,丁晓磊却受到了英雄般的拥护,因为他居然敢给老师挑错,实在是太有男子汉的气度了!陈超润几个人甚至为丁晓磊欢呼起来。而教室角落的其他几个同学则扭头看着丁晓磊,小声议论着什么。

……

一个星期转眼过去了,又到了回家过周末的日子,不过这个星期对丁晓磊来说,实在是太漫长,太郁闷了。

唐老师的训诫对丁晓磊没有起太大的作用,在丁晓磊看来,自己的机器设计居然被老师说成画小人和不务正业,本身就是对自己梦想的一种侮辱。更别说在他看来唐老师的水平一点也不高明,特别是英语发音,和自己平时看《Discovery》里那些标准的美式英语实在是差太远了,因此他继续时不时地在英语课上故意和唐老师抬杠,让她下不了台。

回到家打开QQ,他忽然发现有一个叫作"狮子先生"的好友申请,嗯?丁晓磊可不想加一个陌生人,正准备直接忽视掉这个请求,发现这个人的申请内容写得比较有趣:

我是会月读的宇智波一族,读懂你的内心。

"哈哈,居然是《火影忍者》的'忍者'啊,"晓磊自言自语地说道,点了确认,"好吧,不过如果你太讨厌,我就拉黑你。"丁晓磊的QQ名字叫作"爱因斯坦",因为他也想成为爱因斯坦这样伟大的科学家,能做出一些改变人类文明的大发明大创造出来。

狮子先生:爱因斯坦,根据我用写轮眼观察你,你今天心情可有点不好哦。

爱因斯坦：哈哈，你的瞳术这么厉害呢，这得从一台不给力的闹钟说起……

狮子先生：哦？这么悲剧？说来听听？

……

于是乎，丁晓磊把这几天的故事又详细地说了一遍，出乎意料，狮子先生听得也很认真，这让晓磊有种找到知己的感觉。

狮子先生：嗯，事情的来龙去脉我基本清楚了，你想听听我的看法吗？

爱因斯坦：好，你说呗。

狮子先生：在非洲草原上，有一种不起眼的动物叫吸血蝙蝠。它身体极小，却是野马的天敌。这种蝙蝠靠吸动物的血生存，它在攻击野马时，常附在马腿上，用锋利的牙齿极敏捷地刺破野马的腿，然后用尖尖的嘴吸血。

野马受到这种外来的挑战和攻击后，马上开始蹦跳、狂奔，但却总是无法驱逐这种蝙蝠。蝙蝠却可以从容地吸附在野马身上，落在野马头上，直到吸饱吸足，才满意地飞去。而野马常常在暴怒、狂奔、流血中无可奈何地死去。

爱因斯坦：难道这蝙蝠有毒？不然野马怎么就会这么快死去呢？

狮子先生：不是，动物学家在分析这一问题时，一致认为吸血蝙蝠所吸的血量是微不足道的，远不会让野马死去，野马的死亡是它自己的狂奔所致。对野马来说，蝙蝠吸血只是一种外界的挑战，是一种外因，而野马对这一外因的剧烈情绪反应，才是导致死亡的真正原因。

爱因斯坦：野马居然这样就死掉了！实在也太脆弱了吧！汗。

狮子先生：人也是一样，在生活中难免会遇到不顺心的事，如不能宽容待之，一时情绪激动，甚至暴跳如雷，大发脾气，会严重危害自身健康。动辄生气的人很难健康、长寿，很多人其实是"气死的"。于是人们把因芝麻小事而大动肝火，以致因别人的过失而伤害自己的现象，称之为"野马结局"。

其实你这个星期就不经意地陷入了"野马结局"之中，我用简单的一个图示给你说明一下吧。

爱因斯坦：你这么一说我忽然有些懂了。

狮子先生：周一闹钟电池没电→迟到→被值周老师记名字→心情烦躁→和老师发生争执→自己的心情更加不愉快。

"确实如此，导火索就是那个该死的闹钟啊！"想到这里，丁晓磊苦笑了一下。

狮子先生：可是你有没有想过，因为闹钟引起的坏情绪也在传播中伤害了其他人，从校门口值周老师到同桌罗小倩，最后到英语课上的唐老师，都或多或少受到了你坏情绪的伤害，也同时伤害到了你自己。

听完狮子先生的分析，丁晓磊忽然有种茅塞顿开的感觉，原来自己竟然不知不觉地被情绪所控制了，想到这里，他飞快地继续在键盘上敲着。

爱因斯坦：原来如此，不过我该如何做才能避免这个"野马结局"以及这些情绪上的波动呢？

狮子先生：这个问题你自己也可以想一想，一会我们可以再交流一下，看看你想的到底对不对，好不好？

看到狮子先生的回复，丁晓磊忽然感到有一些好玩——这个人还不想直接把答案告诉自己呢！不过自己平时就喜欢研究，想必这个问题也一定难不住自己。

爱因斯坦：好的，一会我再M你！和你聊天很愉快！

和狮子先生聊完天，丁晓磊也开始反思。的确，如果能控制自己的负面情绪，不这么冲动的话，自己和值周老师、唐老师的冲突完全可以避免，实在是太不冷静了。

下午，丁晓磊准时上线，一上QQ，发现狮子先生也在线，他于是发了一个笑脸过去，很快，狮子先生也给他同样一个表情作为回应。

爱因斯坦：狮子，我想我找到控制情绪的"奥义"了。

狮子先生：呵呵，说来听听。

爱因斯坦：我想，就是在遇到一些破坏我们心情的事情时，要努力不被情绪控制，发生了事情就不要去想它！像鸣人那样乐观！

狮子先生：很好，你说得很对，情绪是自身选择的结果，外在事物并不能伤害我们。倒是我们自己对这些事物的信念与态度让自己受到了伤害。

不要让愤怒主宰了你的行为，因为恶劣的情绪不仅伤害了别人，也伤害了你自己。要知道，很多成功的人之所以成功，就是因为他们能够控制自己的情绪，比如美国总统林肯就是一个很好的例子。

一看狮子先生要讲成功人士的例子，丁晓磊便迫不及待地想要继续往下看。

狮子先生：当上总统后，林肯由于是鞋匠的儿子，受人侮辱。在一次会议上，他的一个手下在纸条上写了"笨蛋"传给林肯。林肯看后，不但没有生气，反而幽默地说："我们这里只写正文，不记名。而这个人只写了名字，没写正文。"引起了全场的哄堂大笑。

一天，林肯和他的大儿子罗伯特乘马车上街，街口被路过的军队堵塞了，林肯开门踏出一只脚问一位路人："请问这是什么？"林肯的意思这是哪个部队，那路人以为他不认识军队，便答道："联邦的军队呀，你真是个大笨蛋。"

林肯说了声"谢谢"，关上车门，然后严肃地对儿子说："有人在你面前说老实话，这是一种幸福。"紧接着他又说："我的确是个大笨蛋！"

爱因斯坦：哈哈，林肯原来这么大度和幽默啊，我发现你懂的真多，狮子大大。

狮子先生：哈哈，因为我有万花筒写轮眼啊！

爱因斯坦：嗯，我以后一定要成为自己情绪的主人，不要再被闹钟君给击败了……汗。

……

聊完QQ以后，丁晓磊感到心中轻松许多："我要尝试控制住自己的脾气。"晓磊了

读书虫

嫉妒的猴子

医学心理学家用猴子作嫉妒情绪实验：把一只饥饿的猴子关在一个铁笼子里，让笼子外面另一只猴子当着它的面吃好吃的，笼内的猴子在急躁、气愤和嫉妒的负面情绪状态下，产生了神经症性的病态反应。

实验表明：恐惧、焦虑、抑郁、嫉妒、敌意、冲动等负面的情绪，是一种破坏性的情感，长期被这些心理问题困扰就会导致身心疾病的发生。

解到生气对健康的危害，一个人大发脾气或生闷气时，人体生理上会产生一系列变化和反应，致使人体各部损伤，甚至危及生命。因此，一定要少生气，做到快快乐乐，开开心心。

二、道歉:枪打出头鸟,还你窗明几净

又是一个星期一，丁晓磊起了一个大早，边吃着妈妈做的早餐边盘算着自己这个星期的"大计"。

和老师唱反调绝对不是什么轻松愉快的事情，之前"支撑"他这么做的动力也已经消失殆尽，"狮子先生说，要做情绪的主人，如果我继续和唐老师这么抬杠下去，实在是过得太憋屈了。"晓磊啃了一口面包，接着想到，"唐老师虽然没收了我的百宝书，但是那天确实也是我不对，不该脾气那么大……要不，去给唐老师道个歉？不行，这样的话，岂不是太丢人了？"

这边丁晓磊的脑子里还在乱糟糟地想着，这边他已经骑车来到了学校，也真巧，守在校门口的老师还是上周的那位。

本来丁晓磊是准备假装没看见，头一低就走过去的，但狮子先生的话似乎又响在了自己的耳朵边："调整心态的最好办法，莫过于给他人一些微笑和温暖，你收获的一定比付出的多。"想到这里，丁晓磊定了定心神。

"老师，早上好！"

"哦？你不是上周的那个同学嘛？"

"是啊……上周我语气有点不合适，对不起，老师。"

"没事没事，说明你集体荣誉感强，不用说对不起，这是一个小事情。"

丁晓磊发现，这位值周老师没有他想象的那么讨厌，在他临走的时候，甚至还慈祥地摸了摸他的小脑袋。并且，和值周老师说完这些话以后，丁晓磊心中似乎丢掉了一块大石头，整个人都轻松起来。

"今天上课就不和唐老师作对了，下课的时候一定去给唐老师认个错。"丁晓磊捏了捏了拳头，暗暗地对自己说。

上课的铃声很快响了起来，丁晓磊坐直了身子，拿着笔，准备认真地开始记录老师所讲的内容。

"老师，你这个单词中少写了一个 n！"一个不合时宜的声音忽然在教室里响了起来，丁晓磊愕然回头，只见陈超润高声说道，边说还对着丁晓磊挤眉弄眼了一下。

"我晕！"丁晓磊暗暗地想，陈超润是自己在班上最好的朋友，不过平时上英语课挺安静的，这家伙居然也会在课堂这么大大咧咧地提问题？

"对不起，刚才写太快了。"丁晓磊看了一眼唐老师，发现唐老师脸上居然浮现了一丝无奈与无助，而随着唐老师话音刚落，班里某个角落里居然发出了不屑一顾的一声"哼"。就连罗小倩都摇摇头，偷偷地对丁晓磊说："唐老师水平可真低，以前还没注意，我爸爸说英语可重要了，不知道唐老师教得好我们么？"

看到这一幕，丁晓磊心里却没有以前那种胜利者的感觉，而是感到了一丝难过，为什么现在大家都开始说唐老师的不好了呢？这难道是自己之前做"出头鸟"的原因？

下课了。讲台上的唐老师默默地收着教案，而丁晓磊却一直在犹豫，现在去道歉，是不是有些太晚了？就在这么犹豫的几秒钟，唐老师走出了门外。

中午，学校机房里静悄悄的，丁晓磊打开电脑，登录上了 QQ，想问问狮子先生自己应该怎么办，于是把今天发生的故事一股脑儿地发给了狮子先生。

没想到，狮子先生的头像却闪动了起来，"啊，原来狮子先生在隐身。"丁晓磊高兴地说，他还以为狮子先生不在呢。

爱因斯坦：情况就是这么些，狮子大大，这个事情怎么会变成这个样子呢？

狮子先生：这个在心理学上，被称之为"破窗效应"。

爱因斯坦：呃？这个效应是什么意思呢？

狮子先生：看来你对心理学十分感兴趣呢。根据"九型人格"的划分，你应该属于"探索型"的性格。我先给你说说这个"破窗效应"。一个房子如果窗户破了，没有人去修补，隔不久，其他的窗户也会莫名其妙地被人打破；一面墙，如果出现一些涂鸦没有被清洗掉，很快的，墙上就布满了乱七八糟、不堪入目的东西；一个很干净的地方，人们不好意思丢垃圾，但是一旦地上有垃圾出现之后，人们就会毫不犹疑地乱抛，丝毫不觉羞愧。这样的现象，被心理学家称之为"破窗效应"。

爱因斯坦：你这么一说，我忽然觉得现实生活中真有这样的事情发生，我们小区门口的垃圾箱本来干干净净的，结果有一天，不知道谁把垃圾扔到了箱口外面，结果后面的人都扔到了外面。

狮子先生：的确如此，一个恶劣的行为示范，带来的结果是很严重的，美国斯坦福大学心理学家菲利普·辛巴杜于1969年进行了一项实验，他找来两辆一模一样的汽车，把其中的一辆停在加州帕洛阿尔托的中产阶级社区，而另一辆停在相对杂乱的纽约布朗克斯区。停在布朗克斯的那辆，他把车牌摘掉，把顶篷打开，结果当天就被偷走了。而放在帕洛阿尔托的那一辆，一个星期也无人理睬。后来，辛巴杜用锤子把那辆车的玻璃敲了个大洞。结果呢，仅仅过了几个小时，它就不见了。

爱因斯坦：实在是太可怕了，那面临这样的问题时，我们应该如何解决呢？

狮子先生：我们继续回到你和唐老师的问题上来，在上个星期，你一直跟你们唐老师捣蛋，挑战了老师的权威对不对？

看到狮子先生打出来的这句话，丁晓磊感到脸有一些微微发烫，有一些不好意思。

狮子先生：在班级这个封闭的小环境中，你一下子做了一个不好的示范，让同学都形成了"老师的课讲得不好"、"唐老师不敢拿我们怎么样"的坏印象。于是乎，其他人也开始效仿，以至于你这个最先带头的以后都不用出马，其他同学都会在课上捣蛋了。

爱因斯坦：哎，都是我惹的祸，现在我有什么办法可以弥补吗？

狮子先生：你也不要着急，咱们中国有一句俗话："解铃还须系铃人。"这个事情只有你去补救，才能解决。

……

和狮子先生聊完 QQ，丁晓磊感到如释重负，有了狮子先生传授的"锦囊妙计"，他信心百倍。

下午上完课以后，丁晓磊深吸了一口气，便大步流星地走向了唐老师的办公室，唐老师正在备课，看到丁晓磊进来，略微有些愕然。

"唐老师，我是来给您承认错误的。"丁晓磊诚恳地说，"当时我不该上课做其他的事情，后来又顶撞您，造成全班同学对您的误解。"

唐老师扶了扶眼镜，看了看丁晓磊，然后柔声说道："晓磊同学，我自己也在反思我的教育方法与教学质量问题。我总是以我的想法来限制我的学生，没想到现在你们的知识眼界已经和我当年读初中的时候大大不一样了。"

唐老师打开抽屉，将晓磊的笔记本拿了出来："我仔细翻了翻你的笔记本，看到了很多有趣的点子，这个本子是你的心血，老师错怪你了。"

听到老师真诚地道歉，丁晓磊的眼睛忽然有一些湿润。

"我没有想到我的行为给课堂纪律带来这么大的影响，我一定会想办法补救的。"丁晓磊低下头，轻轻地说。"没有，晓磊你也不要心理压力太大，你们的意见也说明我备课准备上的不足。"唐老师拍了拍丁晓磊的肩膀。

"如果你是第一个打破那个窗子的人，引起后来者争相效仿的话，你解决的办法就是做第一个修补窗子的人。"这是狮子先生告诉丁晓磊的话，也是丁晓磊即将要去做的。

又是一堂英语课开始的时间，唐老师夹着教案匆匆地走进了教室，一抬头，正迎着丁晓磊炯炯有神的眼睛，于是微微地点了点头，不料丁晓磊"噌"地一下站起来，当着全班

读书虫

"破窗效应"的正能量

这是一个很有趣的实验。一九五〇年代初期，京都大学灵长类研究所的一群科学家，在研究日本九州宫崎县幸岛上的猴子，他们给猴子一种从来没吃过的洋芋。起初那群猴子一直在观望——该不该吃那些沾满泥巴的洋芋。后来终于有一只猴子，把洋芋带到海边洗干净之后吃了。其他的猴子看到这只猴子这样做之后，也纷纷加以仿效。更奇妙的是，当到了第一百只猴子在模仿清洗时，却发生惊人的变化——从来没有学习过洗洋芋的猴子，突然在一夕之间，几乎都学会了这种新的方式。

所以，"破窗效应"也可以正面利用，指导我们更睿智地认识自我，体验生活。

同学的面对着唐老师大声说："我要郑重向唐老师说一句：对不起！"说罢，还郑重地鞠了一个躬。

"要想修补你打碎的'窗户'，你就必须付出极大的努力和诚意来，因为你不仅要为第一扇被打碎的窗子负责，还要为其他被跟风的人打碎的窗子负责。"在此刻，丁晓磊脑中浮现的是这句话。

丁晓磊铿锵有力的几个字说完以后，整个教室都安静了，唐老师愣了愣，径直走到丁晓磊的桌子边，按住他的肩，示意他坐下，然后用激动的语气对其他目瞪口呆的同学们说："这几天，我一直在反思我的教学方法，同学们的意见让我感触颇多，我希望大家继续给我提意见，可以举手提问，或者下课再来问我。"

丁晓磊的死党陈超润等人张大了嘴巴，似乎对眼前突然发生的这一幕感到有一些不敢相信，因为丁晓磊的执拗他们太了解了，现在居然会这么正式地道歉，实在让人意外。

接下来的这堂课，课堂纪律出奇的好，唐老师脸上也洋溢着久违的笑容，并且她的讲课风格也悄然发生了改变，常常与孩子们进行互动，甚至在讲到某些谚语的时候，还会讲一段典故，让大家听得心驰神往。

丁晓磊和罗小倩会心一笑，一如往常。

三、泄愤：别把坏情绪踢给塔底的猫

正是初春好时候，一幅"春色满园关不住，一枝红杏出墙来"的美景。一边听着歌，一边骑着车的丁晓磊看着路边开始变绿的树木，绿化带开始破土而出的小草，感到心旷神怡。

一进入小区，丁晓磊就敏锐地发现了崭新的变化——小区里的垃圾桶被重新用水冲洗干净，表面上也再没有令人恶心的污渍，而每个垃圾桶周围都有一块小牌子："保护社区环境，请将垃圾扔到垃圾箱内。"

"这就是'破窗效应'的一种弥补吧，"丁晓磊仔细一想，"相信只要定期清理，就不会再有那么多人把垃圾到处乱扔了。"

走到电梯口等电梯的时候，正好看见唐晔满头大汗地跑过来，"唐晔，好久不见，干吗去了？"丁晓磊挥了挥手，给唐晔打招呼。

唐晔是他的邻居，也是他的好朋友。

"刚才去报刊亭买了最新的游戏杂志，里面带激活码，还好我抢到了最后一本，喏，你看，暴雪的这款神作快公测了。"唐晔有些炫耀地说道。

"哇，一本杂志要15块钱啊！你可真敢花钱！"丁晓磊吐了吐舌头，两个人进入电梯，有说有笑地聊着，临近门前，唐晔让晓磊下午来他家踢踢实况。"行，我吃完午饭就过去。"丁晓磊爽快地答应了。

实况足球是男生中风靡的一款竞技游戏，想到好久没有和唐晔较量过，丁晓磊在吃中饭的时候就开始有些跃跃欲试了，休息了一会，便迫不及待地给唐晔打了一个电话："唐，准备好了吗？我马上就去你家。"

"快来受死，我可是等着虐你呢！"那边唐晔也学电视剧里嚣张的反派夸张地说道。挂了电话，丁晓磊便兴冲冲地赶到了唐晔家中，一进屋，唐晔已经打开电视，拿好手柄了。"万事俱备只欠东风，快来，快来！"唐晔兴奋地说，于是两个人痛痛快快地玩了起来。

时间过得飞快，正当两个人玩得兴高采烈之时，门锁旋动的声音传了过来，两人抬头一看，原来唐晔的妈妈回来了。

"阿姨好！"看到唐晔的妈妈，丁晓磊赶紧暂停了手中的游戏，从沙发上站起来，打了一个招呼。

"哦，是晓磊啊。"唐妈妈阴沉着脸，似乎有一些不高兴，和丁晓磊简短地寒暄了一下后，便对着唐晔说道，"怎么又在玩游戏？作业写完没有呢？"

"不好，要训人了。"心里这个念头一动，丁晓磊顿时觉得有一些尴尬，不过唐妈妈却似乎当丁晓磊是一个透明人似的，继续毫不留情地批评着唐晔。

"天天就知道玩，不是玩游戏就是看漫画，你怎么这么让爸妈不省心呢？"

"爸妈上班辛苦挣钱，为的是什么？不就图你好好学习么，自制力却这么差！"

……

这暴风骤雨般的训斥让整个房间的空气都凝固起来，而唐晔也低垂着脑袋，一言不发，好不容易等唐妈妈余怒未消地走进了卧室，丁晓磊尴尬地对唐晔说："那个，唐，我先回家了。"唐晔默默点了点头，收拾着游戏机和手柄。

"唉，也不知道该说什么，早知道，今天就不和他玩游戏了。"丁晓磊有些懊恼地拍着脑袋，刚关上门，就听到唐晔家里传来激烈的吵闹声，显然是唐晔和唐妈妈对吵起来了。

回到自己家的丁晓磊受到刚才情绪的感染，有一些败兴的感觉。"我要调整一下自己的情绪。"想到这里，他决定找一些事情来分散自己的注意力，忽然想起狮子先生曾说自己是九型人格中的"探索型"来着，他于是立刻打开电脑，开始查询这个词条究竟是什么意思。

> 九型人格（Enneagram），是将人类的个性与心理特征合并分类为九型，具有一般性的规律，为了让我们更好地了解自己，了解他人。九种性格，是婴儿时期人身上的九种气质，包括活跃程度、规律性、主动性、适应性、感兴趣的范围、反应的强度、心理的素质、分心程度、专注力范围/持久性。
>
> 探索型：冷眼看世界，抽离情感，喜欢思考分析，想法很多，但缺乏行动，对物质生活要求不高，喜欢精神生活，不善表达内心感受；想借由获取更多的知识，来了解环境，面对周遭的事物。他们想找出事情的脉络与原理，作为行动的准则。有了知识，他们才敢行动，也才会有安全感。

看到这个介绍，丁晓磊边看边点头，仔细回忆分析起了最近和自己有关的事，里面不少特质都是自己性格上的优点或者缺点，"狮子先生可真厉害，一下就知道我是什么样人格的人了。"这个时候，丁晓磊更加佩服狮子先生知识的渊博了。

"你这小孩怎么回事啊？"

"怎么了？又不是你家的猫！"

楼底下一阵阵喧闹。"这声音貌似是唐晔的。"想到这，他赶紧从窗户往外看去，果然是唐晔和楼下打扫卫生的阿姨吵了起来。

丁晓磊急匆匆地跑下楼，拉开了唐晔："怎么回事啊？阿姨？"

"这小孩，也不知道为什么，刚才疯了似的追打院里的几只猫。"

丁晓磊住的小区有不少流浪猫，这个保洁的阿姨看它们可怜，常常给它们喂东西吃。刚才她看到唐晔故意追打这些流浪猫，出来阻止，谁知道唐晔却和她吵起来了。

"阿姨，对不起，可能是他心情有些不好，所以……"丁晓磊挠挠头，一边努力地劝阻着，而唐晔却嘴巴不饶人："第一它们不是你的猫，第二我又没弄伤它们，你总不停地说，烦不烦啊！"

"你这小孩谁家的啊？怎么这么没教养？"这个保洁阿姨也发怒了。

……

丁晓磊费了九牛二虎之力，终于将唐晔拉到了自己家。

"唐，别生气了，来，吃点零嘴。"丁晓磊拿出一些吃的，放到了桌上。

"真烦！我妈妈自己在单位和人吵架了，心情不好，回来却撒气到我身上！"唐晔愤愤不平地说，"今天是周六，我玩会实况又怎么了，哼！"

"不过，你也不应该去打那些可怜的猫咪啊。"

"唉，我心情不好，想下去逛逛，那几只猫咪围着我喵喵叫，我心里一烦，于是就踢了它们几脚，却被那个保洁阿姨给看见了。"

看着唐晔郁闷的样子，丁晓磊想说一些安慰他的话，却又不知道从何说起，忽然灵光一闪，决定去问问"无所不知"的狮子先生。

晓磊赶紧打开电脑，登录上QQ，看到狮子先生的头像亮着，于是心中舒了一口气。

爱因斯坦：谢天谢地，你在线。

狮子先生：呵呵，怎么了？

看到了狮子先生，丁晓磊似乎看到救星一样，赶紧把刚才所有发生的事情都告诉他了。

狮子先生：根据心理专家分析，人的不满情绪和糟糕心情，一般会沿着等级和强弱组成的社会关系链条依次传递，由金字塔尖一直扩散到最底层。而这条清晰的愤怒传递链条，最终的承受者，即"猫"，是最弱小的群体，也是受气最多的群体。

爱因斯坦：原来还真有这样的心理现象，唐晔不就受到了这种影响吗？

狮子先生：是的，生活节奏越来越快的今天，人们在享受现代生活便利的同时，也面临着更大的压力。神经经常处于紧张状态，好像张满的弓弦，稍有裂纹就会崩断。生活在这样的高压下，人的心理承受能力到了脆弱的极限，一点点不顺的小事都会使得情绪一落千丈，怒火会像膨胀已久的火山，喷射而出。

如果周围的人也正处于雷同的状态，这种糟糕的情绪便会像瘟疫一样蔓延。稍不留意，还会带给自己的家人，使他们成为"踢猫效应"链条末端无辜的受害者。

爱因斯坦：我想一想，按照狮子先生你的说法啊，这个事情的来龙去脉就应该是这个样子：唐晔的妈妈在单位和人吵架→回家心情不好→看到唐晔和我在玩游戏→训斥唐晔→唐晔心情不好发泄到猫咪和保洁阿姨身上。我感觉这个效应的造成原因和我之前的"闹钟事件"大同小异啊，都是负面情绪的传递。

狮子先生：不错，你很敏锐地就洞察到了事物的本质。事实的确如此，情绪的污染其实是这些心理效应产生的关键。这个问题你也可以发散地想一想，比如这位吵架的保洁阿姨，是否也是因为你们小区有些人喜欢乱丢垃圾，或者不尊重她的劳动，让她每天都要不停清扫呢？也许保洁阿姨也处于"踢猫效应"中的一环，因此看到一个"弱势"的小朋友在追打自己收养的猫咪时，就会怒不可遏，富有攻击性。

爱因斯坦：哇，你还真是拥有读懂人心的终极忍术"月读"啊，被你这样一说，我似乎一下子就明白了整个事件的发展过程，哈哈。我发现我确实是探索型的人格，怪不得我这么喜欢研究一些问题呢。

狮子先生：果然不愧是探索型人格的人，都会自己找寻答案了。很好，现在我给你讲明了这个"踢猫效应"的来龙去脉，相信你应该有办法来处理这个问题了。

爱因斯坦：哈哈，没错，我也可是"木叶村"的忍者啊，这个S级

Hold 住坏情绪

1.一个朋友想借你新买的数码相机,而你还未曾好好地用过,你会怎么办?

    A.借给他,但是满腹牢骚

    B.提醒他有一次你向他借东西,他不肯借,当时你的心情如何

    C.骗他说你已经借给别人了

    D.告诉他你想先用一个星期,然后再借给他

2.在影剧院里是不准吸烟的,但你邻座的人偏偏吸烟,而你又讨厌烟味,你怎么办?

    A.很反感,希望其他人向这个人提意见

    B.大叫吸烟是令人讨厌的习惯,并声言要叫服务员来干涉

    C.用手捂住脸,露出一副不赞同的表情

    D.问此人是否知道影剧院里不准吸烟,并指给他看"严禁吸烟"的牌子

3.你的父母说你最近胖了,你怎么办?

    A.偏偏吃得多一些

    B.回敬他们几句,不要他们多管闲事

    C.告诉他们如果他少买些鸡蛋、肉,你就不会增肥了

    D.你自己也有同感,希望家人帮助你节食

4.当你正要出去看电影时,你的一个朋友打来电话,让你帮助他解决心中的苦闷,你怎么办?

    A.耐心地听,宁可迟到会

    B.在电话中禁不住埋怨道:喂,你知道我要出去玩呀

    C.告诉他你愿意听他说,不过可能就要耽误看电影的时间了

    D.向他解释你看电影要迟到了,不过答应他一会打电话给他

5.你辛苦学习了一段时间,自以为对这段时间的学习成果相当满意,却不料你的父母还大为不满,你怎么办?

    A.不耐烦地听父母埋怨,心中满是委屈,但不做声

    B.拂袖而去,认为自己不应该受屈

    C.把责任推给他人

    D.注意自己做得不够的地方,以便今后改正

6.在饭店里,你点了一个自己平时很喜欢吃的饭菜,可上来后一尝,饭菜特别咸,你该如何处理?

    A.向同桌的人发牢骚

    B.破口大骂,粗鲁地责备厨师无能

    C.默默地吃下去,然后把碗筷搞得乱七八糟

    D.平静地告诉服务员,然后吃下去

7.一位热情的售货员为了使你买到满意的东西,介绍给你所有的产品,但你都不满意,你怎么办?

    A.买一件并不想买的东西

    B.粗鲁地说这些产品不好

C.向他道歉,说是你的朋友托你买东西,不能买朋友不喜欢的东西

D.说一声谢谢,然后离去

测试结果

多数选择 A 者:你往往属于好战型,动不动就暴跳如雷,甚至粗鲁地骂人,给他人传递负面的情绪,表面看来你颇有权威,其实得不到他人对你的尊重,其结果是使人们憎恶你或者害怕你。

多数选择 B 者:你虽然有好战的一面,但是你善于隐藏它,你善于处理人与人之间的关系,只是有时还不够坦率,使他人不能完全理解你。

多数选择 C 者:祝贺你,你完全懂得如何安排你的生活,你尊重他人,对人坦率、诚恳,从不虚假或装模作样,结果人们都尊重你,愿和你交朋友。

多数选择 D 者:你对一切事物往往采取消极被动的态度,虽然你不会给朋友传递任何负面情绪,但同伴对你的存在也感觉不到。当人们不了解你时,也许会同情你,但后来就有些反感了。

的任务交给我了,到时候等我给你汇报成果吧!

🦁 狮子先生:OK,我等你的好消息。

打完这几句话,丁晓磊感到自己的思路一下子就清晰了。他走到客厅,对唐晔说:"走,我们下去找个游戏厅玩几把去!"

"啊? 还玩? 我现在心情可差得很!"

"没事,就玩几把,最近我觉得我拳皇技术水平下降了,你这个高手就指导指导我呗。"丁晓磊拉起唐晔,推着他向门口走,"别犹豫了,好好玩玩,心情舒畅!"

四、疏导:写轮眼看出你的负罪感

"哈哈,你太厉害了!"随着屏幕上出现大大的"KO",丁晓磊举起大拇指,夸奖着唐晔。

唐晔也有一些得意,眉飞色舞地说:"那是自然,我这游戏天赋加反应速度可是没话说。"

看着唐晔心情渐渐变得不错了,丁晓磊暗想时机差不多了,于是问道:"你最近考试是不是没考好啊,感觉唐阿姨对你的学习很上心啊。"

一提到这个，唐晔的眼神一下黯淡起来："别提了，你知道的，我之前没和你一起考上重点初中，我妈妈就一直埋怨我，现在数学课和物理课我感觉好难，还差点挂科了。"

"没事，以后我周末就去你家写作业，你不懂的可以问我。你真的非常聪明，我估计你只要稍微用下心，学习成绩一定会进步的。"

"真的吗？你就别鄙视我了。"

"不会啊，我看过一些书，书上说，能玩好游戏的人，都特别聪明，上次那个游戏你没看攻略就一个人打通关了，你的天赋绝对比我强。我觉得你现在就是在学习上花的精力太少了。以后我们两个一起写作业，我也可以督促你。"

"你真的这么看好我？"唐晔有些不敢相信地看着丁晓磊。

"肯定的，你游戏都能玩这么好，为什么学习就学不上去呢？你一定可以的！"丁晓磊攀住了唐晔的肩膀，给他打气。

"可是，你不是每个周末都要做自己的小实验吗？"

"没事，我到时候自己安排好时间，我们是好朋友啊！"

看着丁晓磊真诚的脸庞，唐晔忽然感到心中有一些莫名的感动，他握拳打了下丁晓磊的胸膛，感激地说："那就谢谢你了！"

两人又继续玩了几把游戏，不知道真是唐晔的技术好还是丁晓磊故意放水，大部分时间都是唐晔获胜，唐晔的心情也好了很多。

在回家的路上，丁晓磊和唐晔又聊起了最新的《海贼王》和《死神》的连载，"我看黑胡子现在是四皇里最强的。""我觉得应该是红发！"两个漫画发烧友就这么"互不相让"地逗着嘴，之前的阴霾一扫而去。

"我跟你上楼去吧。"

"啊？我妈现在还在家里黑着脸呢，之前是我自己赌气跑出来的。"

"就是因为这个，我才要跟着你回去啊。好好跟阿姨说下我们的学习大计，不然阿姨总认为我们一天到晚就在玩，不如就光明正大地告诉她吧。"

一进屋，唐妈妈似乎心情比先前平复了许多，看到丁晓磊的到来，也亲热地让他坐下来吃水果。

"阿姨，我和唐晔说好了，从明天开始，每个周末我都会来和他一起做作业，可以互相交流下学习经验，有的科目我比较擅长，也可以帮他好好补习一下，我们已经制订好了整个的学习计划。"

"那太好了，哎呀，我们家唐晔有你一半懂事和听话就好了，你学习好，又是个小发明家，一定要多帮帮他。"

"阿姨，其实唐晔比我聪明多了，真的。"丁晓磊诚恳地说道，"我不少科技小发明的点子都是唐晔给我的灵感呢！"

"哦？我家唐晔居然对你有过启发？不过聪明也要放在正道上，他天天脑子里就想着游戏和漫画，连重点初中都没有考上。"

"放心吧，阿姨，我会和唐晔一起进步的，您就放心吧！"

随着和丁晓磊的聊天，唐妈妈脸上笑容也多了起来，与之前黑着脸的她判若两人。

最后唐妈妈还要丁晓磊在家里吃晚饭，不过被丁晓磊礼貌地拒绝了，唐晔感激地送他出门，悄悄地说："晓磊，今天谢谢你了。"

"没事，不过我真心建议你，明天找到那个保洁阿姨给她道个歉吧。人家阿姨有爱心，养流浪猫，真蛮不容易的。"

"一定一定，我当时也是沮丧到了极点，才会那么冲动，现在也非常后悔。"

"好的，明天我就带着作业来你家，共同进步！"

丁晓磊伸出拳头，和唐晔完成了拳碰拳，算是定下了这个约定。

看着自己的整个计划逐一落实，丁晓磊带着满足感回到了家。顾不得疲惫，回到卧室便和狮子先生联系起来。

狮子先生：看你的样子，似乎是办得不错。

爱因斯坦：嗯哼，是啊，我提前就做好了整个事件运行的规划！我先是和唐晔玩游戏，让他把胸中的那股火发泄出来——憋着会出问题的，之前我就是那样才会脾气如此暴躁，后来我又提议和他周末一起学习并鼓励了他，让他彻底消除了"我没好好学，挨骂了还去打游戏机"的那种负面情绪。

狮子先生：这种情绪叫作负罪感。

爱因斯坦：对，对，负罪感，后来我又去和唐妈妈聊了一会，说以后我会和唐晔一起学习的,最后我看得出来,唐妈妈也挺开心的。

狮子先生:真是孺子可教也,办得漂亮。

爱因斯坦:我这么解决的办法在心理学上有什么专业的解释吗?

狮子先生:你真想知道的话,我就来具体给你分析一下里面的心理效应——霍桑效应。

爱因斯坦:我肯定真想知道啊,最喜欢听你讲故事了!哈哈。

狮子先生:霍桑是美国西部电气公司坐落在芝加哥的一间工厂的名称,是一座进行实验研究的工厂。

为了提高工作效率,这个厂请来包括心理学家在内的各种专家,在约两年的时间内找工人谈话两万余人次,耐心听取工人对管理的意见和抱怨,让他们尽情地宣泄出来。结果,霍桑厂的工作效率大大提高。这种奇妙的现象就被称作"霍桑效应"中的一种表现。

爱因斯坦:这个很好理解,把心中的气撒出来,肯定工作会开心很多,效率自然就会提高,不过为什么说是"霍桑效应"的其中一种呢?

狮子先生:别着急,听我慢慢给你说。在1924年11月,以哈佛大学心理专家梅奥为首的研究小组进驻霍桑工厂,他们的初衷是试图通过改善工作条件与环境等外在因素,找到提高劳动生产率的途径。他们选定了继电器车间的六名女工作为观察对象。在七个阶段的试验中,他们不断改变照明、工资、休息时间、午餐、环境等因素,希望能发现这些因素和生产率的关系——这是传统管理理论所坚持的观点。但是很遗憾,不管外在因素怎么改变,试验组的生产效率一直未上升。

经过历时九年的实验和研究,学者们终于意识到了人不仅仅受到外在因素的刺激,更有自身主观上的激励,从而诞生了管理行为理论。总的来说,要想员工效率提高,管理者须做到两点:

1.让员工将自己心中的不满发泄出来;

2.让员工感觉他们受到额外的关注,从而积极努力,使绩效得以上升。

爱因斯坦:原来霍桑效应还包含着两个方面,关于第二点,我记得以前我发明过几个小玩意以后,爸爸妈妈老师都夸奖我,说我是个小小发明家,我感到我的劲头也更加足了,学习和研究起来也更加用心。

狮子先生:是的,因此我们可以看出,鼓励和积极暗示对一个人的重要作用。

狮子先生的旁征博引,让丁晓磊又收获了不少心理常识,他对狮子先生的真实身份更加好奇,犹像了一会,丁晓磊敲下了下面的话:

爱因斯坦:狮子大大,我想问下,你究竟是干什么工作的?你是心理学教授吗?

狮子先生:哈哈,我说过了,我是有写轮眼的啊。

爱因斯坦:……说嘛,别绕弯子啊!

狮子先生:呵呵,你们马上要举行一次月考是吧,如果你这次能进入全班前十名,我就告诉你。

爱因斯坦:你居然知道我要月考!!

狮子先生:是啊,好好加油哦!这也是一个S级的忍者任务,好好去完成吧!

本来丁晓磊还想继续打破沙锅问到底,可发现狮子先生的头像很快变成了灰色,"下线了,玩神秘啊!"丁晓磊嘟哝着,不过刚才狮子先生所说的"霍桑效应"引起了他极大的兴趣,他打开网页开始查询这个效应的信息。

对于爱探索的丁晓磊来说,探寻未知的知识,是最令他兴奋的事情,在网上查完资料以后,丁晓磊最后在纸上写下了这么几段话。

霍桑效应告诉我们的是:

1.从旁人的角度,善意的谎言和夸奖真的可以造就一个人;从自我的角度,你认为自己是什么样的人,你就能成为什么样的人,鼓励与赞扬是世界上最好的药。

2.任何人在一生中都会产生数不清的意愿和情绪,但最终能实现、能满足的却为数不多。对那些未能实现的意愿和未能满足的情绪,不要一味地压制下去,而要想办法让它合理宣泄出来,这对人的身心和工作效率都非常有利。

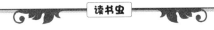

午夜"凶"铃

　　这天晚上,汉斯教授正准备睡觉,突然电话铃响了,他接起了电话,是一个陌生妇女打来的。对方的第一句话就是:"我恨透他了!""他是谁?"汉斯教授感到莫名其妙。"他是我的丈夫!"汉斯教授想,哦,打错电话了,就礼貌地告诉她:"对不起,您打错了。"可是,这个妇女好像没听见,如竹筒倒豆子一般说个不停:"我一天到晚照顾两个小孩,他还以为我在家里享福!有时候我想出去散散心,他也不让,可他自己天天晚上出去,说是有应酬,谁知道他干吗去了!……"

　　尽管汉斯教授一再打断她的话,告诉她他不认识她,但她还是坚持把话说完了。最后,她喘了一口气,对汉斯教授说:"对不起,我知道您不认识我,但是这些话在我心里憋了太长时间了,再不说出来我都要崩溃了。谢谢您能听我说这么多话。"原来,汉斯教授充当了一个听筒。但是他转念一想,如果能挽救一个濒临精神崩溃的人,也算是做了一件好事。

　　第二天的心理课上,汉斯教授对学生讲了自己前一天的遭遇,并且告诉他们,当遇到情绪困扰的时候,要及时地为情绪找一个出口。

　　生活中,我们可能会产生各种各样的情绪,坏情绪如果长期积聚在心中,就会影响脑的功能或引起身心疾病。因而,我们要及时排解。很多时候,只要把困扰我们的问题说出来,心情就会感到舒畅。

　　写完,丁晓磊自己也陷入了深深的思考。

五、放下:幸福就在华丽转身间

　　"再加上一点墨水,我的人造喷泉就快完工了。"汗水从丁晓磊的额头上滴了下来,却在窗外的阳光照射下,闪耀出异样的光彩。

　　妈妈围着围裙从厨房里走出来,看着在桌子面前聚精会神的晓磊,无奈地摇摇头,说道:"我的好儿子,该吃中饭了。"

　　"别催我,妈妈,我的试验马上就要成功了!"

　　这样的事情在丁晓磊家里时不时发生,因为丁晓磊一旦开始做自己手上的事情,就特别投入,不做出满意的结果来绝不罢休。面对执拗的儿子,丁爸爸和丁妈妈也只有退让。

　　不过有一天,丁晓磊可惹恼了他爸妈。

　　原来丁晓磊的大伯一家人准备来滨海市旅游,顺便看看丁晓磊一家，于是丁爸爸对丁晓磊千叮咛，万嘱咐，务必星期五一下课就要赶回家，两家人好在一起吃个家宴。

而在学校这边，为了备战月考，丁晓磊非常认真地在看着书，因为他和狮子先生约定好了，如果他进入班级前十名，狮子先生就告诉真实身份给他。"我一定要了解他的真实身份。"想到自己也许马上就能揭开狮子先生的谜底，丁晓磊就抑制不住地兴奋。

做完一份模拟试卷以后，晓磊一看表，足足还有40分钟才会放学，"那就再做几道题吧，我的立体几何还有点不能融会贯通，做几何题吧！"于是他拿出一本数学资料来。

"丁零零……"下课的铃声平时是如此的动听，但此时却让丁晓磊感到一丝紧张与烦躁，这道题无论怎么重新做辅助线，都感觉做不出来。倘若是在平时，他可以一直研究到解出这道题为止，但今天爸爸说让他别耽误，要准时回家，这种感觉太让人抓狂了。

"算了，看一下参考答案，免得心里别扭。"虽然平时丁晓磊拥有"咬定青山不放松"的精神，但此时时间紧迫，他可不想带着"遗憾"回家。

结果资料书后的答案却让丁晓磊眼珠子差点没掉出来——"就只有一个答案，没有解题过程！"这一刻，丁晓磊心中可谓是百味杂陈，心里像是有一只猫在抓木板一样狂躁。"冷静，冷静！"丁晓磊深呼吸了一下，却发现这次很难平复自己的心绪，"不能再耽误时间了。"他无奈地看着手表，将资料放进书包，便向家中赶去。

街上人来人往，繁花似锦，一副欣欣向荣的景色，可对这一切，丁晓磊都漠不关心，只有那个几何题的模型在丁晓磊的脑海里挥之不去。

"晓磊啊，快喊大伯，大伯母！"一进屋，爸爸就赶紧把晓磊拉到大伯一家人面前。"晓磊啊，几年不见，小伙越来越帅了！"大伯母笑得眼睛都眯成了一条线。

由于大伯结婚晚，要孩子更晚，因此丁晓磊的堂弟还在上小学4年级，看见自己的堂哥，也兴奋地跑了过来："哥哥，一会带我玩游戏啊！"

"晕……"本来丁晓磊是准备寒暄一下，就先回屋做出来这道题再说的，现在一下有了个"跟尾巴"，估计甩也甩不掉了。

一进了丁晓磊的卧室，堂弟更是兴奋："哇！白胡子的模型！""哥哥！你居然有一套正版的《火影》漫画！"男孩子都喜欢看热血漫画，堂弟也不例外，看到丁晓磊的珍藏，眼睛都直了。

"那你先看看漫画吧！"看到堂弟痴迷的样子，丁晓磊一阵窃喜，赶紧从书包里掏出资料，准备把这道题演算出来。

谁知刚演算进入状态，妈妈又开始喊了："开饭了！开饭了！晓磊快带着你弟弟出来吃饭！"

"我这刚开始算呢！"晓磊恨不得把笔给掰断了，莫名的焦虑感充满了全身，"深吸气，深吸气！"晓磊试图调控自己的情绪，放下笔，带着堂弟坐上饭桌，于是丁家的家宴正式开始。

"晓磊以后肯定能上清华北大，人又聪明，又肯钻研。"大伯赞许地说。

"呵呵，大伯你过奖了。"丁晓磊摇摇手，谦虚地说。表面上很平静，可是那道没解答出来的几何题却像一根刺一样扎在他思维深处。

两家人其乐融融地吃完家宴以后，丁爸爸热情地说："一会出去散散步，滨海市现在发展蛮快的。"爸爸说完这句话，就回卧室准备换衣服。

"那个，呃，我这边还有道题没算出来，我就不去了。"丁晓磊走进卧室，靠近父亲，悄悄地说道。

"你不去，谁带你弟弟玩啊？"爸爸显然有一些不高兴了。

"可是，我这个题……"

"一道题你非要今天解出来吗？你大伯一家都三年没过来了，陪陪亲人还不如做题重要吗？"爸爸瞪起了眼睛，"你大伯还专门给你带的衣服和吃的，你不去，人家还以为你故意不去的呢。"爸爸说着话，继续换着衣服。

"好吧……"丁晓磊只好在"大义"面前妥协了，老老实实地回房间去换衣服，出了门，沿着滨海大道，看着美丽的夜景，大伯一家都发出由衷的赞叹。

"哥哥，你说艾斯到底死了没？"（艾斯：动漫人物）

"……"

“哥哥？”

“啊？”丁晓磊被弟弟拉回了现实，“呃，你刚才说什么？”

“哥哥你真烦啊，怎么不听我说话！”堂弟有一些不高兴，走在前面的丁爸爸皱了下眉头，于是对丁晓磊说：“晓磊，陪着弟弟好好玩玩。”

“算了，这样下去，我会得不偿失的。”丁晓磊决定现在不再去想这道题了，专心和弟弟互动起来。

“你是说艾斯死了没有是吧？我的意见是确实死了。”

“不要啊，赤犬真是一个大坏蛋啊！为什么要杀死我的艾斯……”

……

大人们看着他们两个人津津有味地谈论着漫画里的情节，也都不再管他们，开始谈论着属于大人之间的秘密。

将大伯一家送到宾馆以后，再回到自己家已经是晚上9点多了，丁晓磊看了看时间，草草地洗了一把脸，便回到了书桌前，爸爸妈妈看了他一眼，知道孩子还惦记着自己的事情呢，也不好再多干涉，只是悄悄地把门带上了。

清晨，和煦的阳光照进了丁晓磊的卧室，丁晓磊醒了过来，揉着睡意蒙眬的眼睛，伸了一个大大的懒腰，昨天攻关一个多小时，终于把那道题做出来了。

推门出去，丁晓磊准备先洗个澡，丁爸爸坐在沙发上，打趣儿子：“怎么，一会还要做题啊？”

“不了，我中午得去唐晔家里和他一起做作业呢！”丁晓磊没精打采地说道。“你看，昨天睡太晚了吧，其实你不着急，今天早上再慢慢做不也是一样的么？”妈妈走了出来，还端出来一杯新鲜牛奶。

妈妈的一句话，提醒了丁晓磊。是啊，自己昨天做出来这道题，和今天早上再做这道题本质上没什么区别，为什么昨天自己那么心急火燎地非要做出来呢？

这难道也是一个心理问题？丁晓磊暗暗地想：“去问问狮子先生么？算了，月考之前，说过自己不打开电脑的，还是不能违背自己的誓言。”

来到唐晔家，唐晔一看到丁晓磊进来了，便赶紧地说：“快过来，我有几道物理题要问你呢！"

"让我看看。"丁晓磊接过了习题册。

"这是你们学校半个月前的测试题啊，我记得你说你做了接近满分的。"

奇怪的是，丁晓磊却几乎没什么印象了，只记得那天专门花了几个小时来做这套题，"奇怪啊，为什么那么复杂的立体几何图我都历历在目，可是这套卷子里的题大部分我都没啥印象了。"

"我都没什么印象了，没事，你哪道题不会？我现在给你来演算。"丁晓磊看着唐晔着急的样子，也不再计较这个记忆的问题了，而是打开草稿本，开始仔细地演算。

……

时间过得很快，月考转眼间就结束了，成绩出来的那天，丁晓磊有一些抑制不住的紧张，打开成绩单，丁晓磊开心地喊了起来："yeah！"全班第三，这个成绩是丁晓磊进入初中以来，最好的一次成绩排名了。

罗小倩看着丁晓磊的成绩单，羡慕地说："小发明家，你这次考得真好！特别是你的英语，这次居然考得这么好。"

"低调，低调。"晓磊俏皮地回答道，自从唐老师改变教学方法以后，自己对英语考试似乎更有心得了。"回家就去联系狮子先生去，哈哈！"他心里乐开了花。

"先把这个好成绩给唐老师分享一下。"想到这里，丁晓磊准备到英语办公室找唐老师去。在办公室的走廊，忽然一个洪亮精神的声音叫住了他。

"丁晓磊同学！"

"呃？"丁晓磊一回头，只见一个清秀俊朗的年轻老师文质彬彬地站在一间办公室的门口。

"好像是之前给我们上过心理辅导课的老师，"于是丁晓磊赶紧站好了回了一句，"李老师好！"

"呵呵，这次月考考得很不错啊！爱因斯坦。"

"啊？您难道是？？？"

李老师做了一个噤声的手势，示意丁晓磊跟着他走进了办公室，李老师的办公室和其他老师办公室不太一样，一张圆形的茶几旁摆着两张舒适的小藤椅，还有一张宽大的弗洛伊德沙发，柔和的光线照在淡蓝色的墙面上，辅以梦幻似的音乐旋律，很容易让人感到情绪放松，墙上挂了一幅意识流的油画，显得格外的雅致。

"老师，原来您就是狮子先生啊。"丁晓磊有点不好意思地挠挠头，"您为什么也看漫画呢？"

"哈哈，谁说当老师了就不能看漫画啊？特别是优秀漫画里的有一些东西，我觉得不光对你们青少年有很好的借鉴意义，我们大人读起来也深受震撼。"

"对了，李老师，我最近又发现了我身上可能出现的一个心理现象。"

"是吗？我来给你分析分析。"

丁晓磊于是把自己两次面对作业不同的感觉告诉给了李老师，他思考了一下，给他详细地讲解起来：

"这个心理效应叫作蔡戈尼效应，蔡戈尼效应是指：人们天生有一种办事有始有终的驱动力，人们之所以会忘记已完成的工作，是因为欲完成的动机已经得到满足；如果工作尚未完成，这同一动机便使他对此留下深刻印象。"

"怎么听起来好像很绕的感觉？"丁晓磊一时半会还没有领会。

"听我仔细给你说明，1927年，心理学家蔡戈尼做了这样一个实验：他把测试者分成两组，同时演算一样的数学题，这些题的难度并不是很大。在实验的过程中，第一组的演算被确保顺利地完成了，而第二组在演算的中途被突然下令中止了。然后，蔡戈尼要求两组人员分别回忆演算题目。你来猜猜结果，你是否认为两组人的记忆不会有很大的差别？"

丁晓磊点了点头。

"可是，实验的结果却表明，第二组明显比第一组记得更清楚。这是因为，那种没能完成任务的不舒服感觉十分深刻地存留在第二组人的记忆里，久久难以忘却；而对已经完成任务的第一组来说，'完成欲'得以满足，因此就轻松地忘掉了任务的内容。

蔡戈尼认为，之所以会出现这种情况，是因为人们在解决问题或者工作时，虽然全神贯注，可是一旦问题解决了，'完成欲'就会获得满足，人们就会对此松懈而不在意，不久就忘了；但是，对于那些未完成的工作和未解决的问题，人们一般是要想方设法去完成它、解决它，所以就会始终潜藏在脑海中，留下十分深刻的印象。这就是所谓的蔡戈尼效应。"

"原来如此！怪不得我一直对那道没做完的题耿耿于怀呢！"丁晓磊拍了拍脑袋，大声说道。

"是啊，你之前的物理习题，因为在很轻松、很宽裕的环境下做完的，因此你的'完成欲'就得到了满足，反而没有留下太深刻的印象。"

李老师拿起茶杯，轻轻地喝了一口，接着说道："但是，'蔡戈尼效应'把握不好就容易走极端。这两个极端都需要在心理上给予微调。

"如果你经常走到'蔡戈尼效应'过强的一端，那么很有可能你是一个工作狂。面对任务非要一气呵成，有一种不完成就誓不罢休的劲头，甚至偏执地置其他事物于不顾。这样的人通常性格也比较偏执、自主、坚定，忙于完成任务的紧张生活一定充满苦趣，太狭窄，太单一，你不妨试着缓和一下过强的'蔡戈尼效应'。

"如果经常走到'蔡戈尼效应'过弱的一端，你一定时常做事半途而废，很多事情都很难一次性地完成，从而拖拖拉拉。"

丁晓磊手捂着下巴，若有所思地说："看来，我是有些偏执了，如果一个事情一次性完成不了，我就总惦记着，心里很着急。"

"是的，这样很容易形成一种强迫、偏执的心理状态，其实你晚一点做这道题，开开心心地和亲戚家人一起过周末，第二天再去完成这道题又有什么关系呢？而且，因为你这样过度的坚持，经常在各种活动中抽离自己的话，会引起别人的误解。"

"唉，是的啊，李老师，我爸爸就因为我没有好好陪弟弟，对我大动肝火。原因都在我没有控制好度，现在想想都很愧疚。"丁晓磊低着头说。

"明白就好，不用愧疚了。任何事情都要讲究一个'适中'，能在规定时间内完成的就一定完成，也不要刻意留给第二天去处理。对学校、家庭的活动要积极参加，这将为你未来的人生积累重要的经验，这可是你在书本上学不到的。"李老师微笑着说。

"我明白了，李老师，这就需要我合理地编制一个时间表，把必须做的事以及要费的时间都写下来，努力培养出一种较合实际的意识，把期限定在要求办妥的时间以前。另外有时候要敢于放弃一些不太紧急的事情，做到不拖泥带水。"丁晓磊提出了自己的想法。

"很好，就是这样，"李老师笑了起来，站起来走到了窗边，"来，晓磊，你看看春天这美丽的景色，生活是多么的美好和富有活力，掌控你自己的生活，做到'该玩的时候玩，该学的时候学'，积极参与到各种活动中，我相信，你以后会越来越出色！"

看着李老师希冀的眼光，丁晓磊灿烂地笑了。

> **读书虫**
>
> ## 蔡戈尼之圆
>
> 在你的生活中，一定常常发生这样的事情：
>
> 倘若信才写了一半，结果钢笔突然没有水了，你是随手拿起另一支笔继续写下去还是四处找一支颜色相同的笔呢？很多人显然会去寻找一只颜色相同的笔，并且在寻找时思路又转到别的方面去了，从而丢下没写完的信不理。
>
> 或者，你是否被一本精彩的小说迷住了，就算明天早上有很重要的课程，你也会读到凌晨4点仍不释卷？
>
> 蔡戈尼效应之所以出现这种现象，是因为人们天生有一种办事有始有终的驱动力。请试画一个圆圈，在最后留下一个小缺口，现在请你再看它一眼，你的心思会倾向于要把这个圆完成。

六、开放：一滴蜜赢得自己人

上午的功课一结束，去食堂抢到最新鲜、最热乎的饭菜，是每个七中学生必备的"考验"。于是下课铃一响，丁晓磊就赶紧向食堂的方向快步走去。

刚到食堂门口，丁晓磊就碰见了隔壁班的袁征，袁征和他们一个年级，大家都来自同一所小学，不过平时不是很熟悉。

两个人彼此寒暄了一下，便点点头，各自走向了不同的窗口。

"唉。"丁晓磊心中暗叹一声，"袁征这个人感觉沉默寡言的，自己和他在一起都不知道说些什么。"

　　"也许我们真的不是一路人，所以没法聊到一块。"丁晓磊喜欢科学，爱发明创造，学习成绩还一直比较优秀。袁征成绩也不差，但一看他的样子就知道是一个"以勤取胜"的人，个性又比较内向，因此一直属于很低调的那一类人。

　　很快，丁晓磊就不再想这个事情了，因为他看见陈超润几个人坐在一个桌子上，赶紧跑了过去。

　　周末的自由时光又到了，刚好一年一次的漫画展在星期天举行。对于爱好漫画的丁晓磊和唐晔来说，这简直是一个天大的喜讯，星期天一大早，他们便出了门。

　　看完 cosplay，再去同人展……丁晓磊和唐晔两个人兴致勃勃地一个展区一个展区地游玩着，不知疲倦。

　　"咦，这不是袁征么？"丁晓磊心头一动，只见前面一个黑瘦黑瘦的背影，不是袁征是谁。

　　"他也喜欢看漫画？"丁晓磊简直无法把看漫画和冷峻的袁征联系到一起。"你在想什么呢？"唐晔看着愣神的丁晓磊，拍了拍他的肩膀，顺着丁晓磊的视线，唐晔也看到了袁征。

　　"哦，是他啊，叫袁什么来着？小学同一个年级的。"

　　"袁征。"

　　"对对，袁征，他街机特别厉害，我都打不过他。"唐晔撇撇嘴，显然想起了当时和袁征对战的情景。

　　"不会吧？他还玩街机？没听说过他玩这些东西啊！"丁晓磊有一些迷糊了。"也许人家不想和你们聊这些呢，他的技术是真的没话说！"唐晔认真地点了点头。

　　"走，过去打个招呼去，"唐晔说道，"你和他现在不都在七中么？"

　　犹豫了那么几秒钟，丁晓磊和唐晔向袁征走了过去，而袁征正在认真地看着一个漫画的手办。

　　"袁征！又见面了！"丁晓磊轻轻地拍了袁征一下。袁征一回头，有一些愕然："你们也是来看漫画展的？"

　　"肯定啊，我们可是资深的漫迷呢！"唐晔故作成熟地说道。"是啊，我还在惊讶你也喜欢看漫画呢！"丁晓磊笑嘻嘻地说。

　　"肯定啊，我表哥爱看漫画，耳濡目染，我也喜欢上了。"袁征笑了起来，露出干净洁白的牙齿。

"听唐晔说，你街机也很厉害？"此时的丁晓磊还是有点不敢相信，"平时从来没看你和我们去玩过！"

"没多厉害呢，只不过每次考完月考了我都会奖励自己一下，出去玩一个下午，"袁征有一些不好意思了，"平时和你们接触机会比较少，所以也没聊起过这个。"

"别站在这里聊天了，那边有表演，我们一起过去！"唐晔眼睛尖，一下看到了远处展台有表演，立刻嚷了起来。

"走。一起过去！"三个人立即达成了统一意见。

最后三个人越玩越开心，还约定了下个星期一起出去玩游戏机。送袁征上公交车以后，丁晓磊对唐晔说道："没想到袁征这个人还蛮热情的，外表看起来黑黑的，挺冷峻的一个人，没想到也喜欢看漫画，也爱玩游戏。"

"最关键的是，他学习还和你一样，都那么优秀。"唐晔赶紧总结了一句。

"别闹了，你这个月月考不也进步神速么？在你们班上都进前20名了。"

"这还不得感谢我们的丁兄！"唐晔一本正经地摆出一个作揖的姿势，"要不是学习进步了，今天我还能来看漫画展？做梦吧！"

回到家都还有些意犹未尽的丁晓磊兴奋了一会，便开始思考袁征的事情："其实袁征也爱好游戏和漫画，学习成绩也优秀，人也不错。为什么之前我一直觉得他和我不是一路人呢？"

问问李老师吧，想到这里，他赶紧打开了电脑。登录上了 QQ，狮子先生的头像鲜艳地立在那里。

爱因斯坦：李老师，还在线呢？

狮子先生：呵呵，是啊，我在准备一个教案。

爱因斯坦：我给你讲一个我的发现，不知道是不是也属于心理学的范畴。

狮子先生：说来听听吧。

自从知道了狮子先生的真实身份以后，丁晓磊对他多了一份尊敬，他详细地叙述了自己的发现。

狮子先生：你的观察力很好，这确实在心理学上也有相应的说法，这个就叫作"自己人效应"。

爱因斯坦：这个名字有一些"土"啊！

狮子先生：所谓"自己人"，是指对方把你与他归于同一类型的人。"自己人效应"是指对"自己人"所说的话更信赖、更容易接受。

爱因斯坦：这个名字比以前的效应感觉更加通俗化，也更加好懂。

狮子先生：是的，这个效应在我们平时的交际生活中有着很重要的作用。我们要与他人搞好人际关系，就不能不强化"自己人效应"。

一百多年前，林肯引用一句古老的格言，说过一段颇为精彩的话，他说："一滴蜜比一加仑胆汁能够捕到更多的苍蝇，人心也是如此。假如你要别人同意你的原则，就先使他相信：你是他的忠实朋友即'自己人'。用一滴蜜去赢得他的心，你就能使他走在理智的大道上。"

爱因斯坦：您的意思是，之前我和袁征都没把彼此当作自己人，所以就总玩不到一起去是吧？

狮子先生：是的，但没这么简单。人的思考层面总是不开放的，尤其在阶级地位、政治态度、原则立场这个根本问题上的类似性，是确立人际关系中"自己人"的前提，这是公认的。那么除此之外，还应当具体注意些什么呢？

爱因斯坦：让我想一想，是不是还有一些兴趣、爱好什么的啊？

丁晓磊想了想，自己和唐晔关系这么好，不就是因为兴趣相投。

狮子先生：第一是开放的思考，也就是世界观的态度，要有对世界的包容心和理解能力，否则只沉浸在自己的小世界里是无法深入认识别人，更无从认识世界了。

第二是平等观，你要想取得对方的信任，先得和对方缩短距离，与之处于平等地位。

第三是要对别人感兴趣。美国一位名专家说过一段发人深省的话："你要是真心地对别人感兴趣，两个月内你就能比一个光要别人对他感兴趣的人两年内所交的朋友还要多。"

第四是给人以"可信度"。所谓"可信度"，是指使他人相信你的言行真伪的程度。

第五是一个人越有才华，越有能力，人们就越喜爱他。

第六是优化你的个性品质。社会心理学家指出，人的内在品质是产生持久吸引力的关键，有些人的性格特征会阻碍人与人之间的吸引，不利于"自己人效应"的产生与发展。人们一般都喜欢真诚、热情、友好的人，讨厌自私、奸诈、冷酷的人。

看到李老师打过来的密密麻麻的话，丁晓磊都有一些惊讶了。

爱因斯坦：晕，原来这么复杂！

狮子先生：其实也并不复杂，总的来说，你和袁征之所以不熟，是因为你本来就对他不感兴趣，因此你连他的爱好都不清楚。其次他个性比较沉默，大家都喜欢和热情的人交往，因此你和他平时联系交流的也少。

丁晓磊仔细地想了一想，还真是，在学校，自己就和陈超润几个人天天玩，而回到家，自己要么是在做实验，要么是和唐晔待在一块，这样下来和袁征一个星期都能见不着几次面，更别说谈心和了解了。

狮子先生：更多时候，"自己人效应"是一种宣传的武器，因为一旦你认定宣讲者是自己人，你就会不由自主地觉得他的意见和看法是为你着想，是正确的。

比如加里宁是苏联深受广大青年学子爱戴的演讲家。一次，加里宁被一所学校的校方邀请做即席演讲。加里宁的演讲是这样开头的："亲爱的同学们，我曾经也经历过像今天的你们这样的学生时代，我深知作为一名在校学生的追求和梦想。我的想法跟你们现在的想法一样……"

你看，这样是不是很有让你产生"自己人"的感觉呢？

确实是啊，丁晓磊看完这段话都有点心潮澎湃，如果真是在现场，自己不知道会激动成什么样子呢。

狮子先生：加里宁的演讲，一开始就从自己的经历切入，言明自己也经历过"像今天的你们"一样的学生时代，而且理解作为一名学生的所思所想，以此与听众达成一种"自己人效应"，吸引听众的注意，缩短了彼此间的心理距离。接下来，他又换位思考，以"我的想法跟你们现在的想法一样"来鼓励、鞭策同学们好好学习，以优异的成绩回报家人,回报社会,报效祖国,让台下的学生感到亲切,激发了求同感,达到了吸引听众的目的。

爱因斯坦:确实是啊,原来"自己人效应"在人际交往中还有这么重要的作用。

丁晓磊边聊着天,脑子也在飞速地转动着,为什么自己几个星期前能轻松地劝告唐晔好好学习,其实也是因为唐晔将自己看成"自己人"。如果是一个不熟悉的人在这里劝告自己如何如何做事,不烦才怪呢。

狮子先生:总而言之,任何社会,特别是在我们国家,"自己人效应"发挥的作用是不可小觑的,要察觉到这种现象,就要靠你开放的思考和态度,积极主动认识世界,利用这个效应去做一些更加有意义的事情。

看完李老师的点评,丁晓磊感觉自己又成长了许多,"看来其实我周围不知道还有多少个'袁征'没被发现,有多少个'自己人'被我遗失了。以后我也得学会开放地思考,学会关心他人,同时也提高自己的水准,这样我的朋友就一定会越来越多。"想到这里,他的脸上不由浮现了一丝甜甜的微笑。随后,李老师更新了一条微博:

> 林肯出身于一个平民家庭。他在一次演讲中说:"有人问我有多少财产。我告诉大家,我有一位妻子和一个儿子,都是无价之宝。此外,也租了一个办公室,室内有一张桌子,三把椅子,墙角还有一个大书架,架上的书值得每个人一读。我本人既高又瘦,脸蛋很长,不会发福。我实在没有什么可依靠的,唯一可依靠的就是你们。"
>
> 这番话是林肯对"有多少资产"的答复,最后一句话"我实在没有什么可依靠的,唯一可依靠的就是你们"就是利用了"自己人效应"来传情达意,是暗示人们:"你们是我唯一的财富,我离不开你们。"选民们听了,自然会体验到林肯热爱民众的深厚情感。

让我加入你们吧

你能融入他人圈子吗?

1.独自在寝室里,接到一个找你室友的电话,对方以为你就是他要找的人,没等你开口就在那边滔滔不绝,你会——

　　A.礼貌地告诉他你并不是他要找的同学,并且请他留言,稍后你会替他转告。

　　B.告诉他你并不是他要找的人,然后挂掉电话。

2.下晚自习回到寝室时,你恰巧听到同寝室的两个人在抱怨你,你会怎么办?

　　A.不理他们,洗漱完就休息。

　　B.故意问他们:"你们在说什么呢?"

3.你突然听说自己心仪的人有了男(女)朋友,你会有什么样的反应呢?

　　A.很想知道那个人是谁。

　　B.觉得很沮丧,有一种莫名的失落感。

4.你的好友要过生日了,并且邀请你参加他的生日聚会,那么你会如何打扮呢?

　　A.考虑了一下,还是决定和平时一样。

　　B.破费点积蓄,买一件新衣服。

5.好友过生日时,你通常会怎样把礼物送给他呢?

　　A.在大家一起为他过生日的时候,出其不意地拿出礼物送给他。

　　B.把礼物包装得很漂亮,悄悄递给他。

6.生日聚会上唱卡拉OK,大家争先恐后地一展歌喉,你会如何呢?

　　A.心里想反正自己也不唱,于是就和没唱的朋友一起聊天。

　　B.一边为别人的歌声喝彩,一边忙着挑选自己想唱的曲目。

7.深夜,聚会结束后,你独自回家,忽然看到路边有一只小狗,这时候你心里会怎样想?

　　A.只顾赶路,可能没什么感觉吧。

　　B.好可怜的小狗,是不是迷路了?

8.你买彩票中奖了,首先会怎么做?

　　A.当然先把奖金存进银行啦!

　　B.马上请朋友出去痛快地玩一次。

9.你不想借钱给朋友,于是——

　　A.直接拒绝。

　　B.借口说自己正需要钱。

10.病愈出院的同学回到教室,你会?

　　A.向他打招呼,并且询问他的身体状况。

　　B.主动走上前去,帮他拿东西。

测试结果

	1	2	3	4	5	6	7	8	9	10
A	0	0	1	1	0	0	0	1	1	0
B	1	1	0	0	1	1	1	0	0	1

0～2分：你可以很快地融入别人的圈子

因为你性格活泼，想哭就哭，想笑就笑，常常给大家带来欢乐，所以能吸引身边人的目光。如果你想融入某个圈子的话，实在是太容易不过的事情了！虽然你并不喜欢刻意地表现自己，却会让人不自觉地记住你！

3～5分：只要你愿意，你就能融入别人的圈子

你是个全凭心情办事的人，融入别人的圈子对你来说并不是很难，只要你愿意！你的个性鲜明，所以常会成为别人聊天的话题，或许你还不知道，但等你知道的时候，你已经成为他们中的一员了，你是一个很受大家欢迎的人！

6～8分：知己知彼，才能顺利融入别人的圈子

你的性格比较保守，不爱出风头，不容易被别人注意到，却能与每个人和睦相处，算是个高明的社交家！如果你想要接近别人，那么最好的方法就是先了解对方，然后由朋友介绍，这可是万无一失的好方法！

9～10分：你是个很孤立的人，对别人的事你没兴趣

你是个孤立的人，不喜欢被凸显出来，不擅长与人交往，对别人的事你没兴趣，而且你也不喜欢说关于自己的事，所以要不要融入别人的圈子对你来说不是一件重要的事，重要的是你自己能够自得其乐，过得开心。

七、距离：向刺猬学习取暖

丁晓磊的生日就要到了，不过这个时候他却有一些犯愁，为什么过生日会犯愁呢？

原来，丁晓磊的爸妈对丁晓磊的管教很严格的，总认为小孩子过生日不能太铺张，一般就是给他送点小礼物就算过生日了。丁晓磊却不乐意，他提议叫小伙伴去外面吃饭，顺便也可以增加同学之间的友谊。但丁爸爸却不同意，因为如果开了这个先例，以后别人过生日，丁晓磊肯定也要去，空手去人家生日宴会肯定也不行，又会带一些礼物。这样，渐渐地会在孩子中形成"炫富，攀比"的心理，这是丁爸爸最反对的。

既然爸爸这样说，丁晓磊便放弃了。

不过随着小升初，丁晓磊已经把自己当作大孩子来看待了。他的独立生活能力本来就很强，因此对父母在他生日举办宴会这个问题上的管束颇有一些不满。这不离生日还有几天，丁晓磊就开始盘算这个事情了。

"究竟如何说服自己的父母呢？"丁晓磊陷入了深深的思考。其实他只不过想找几个好朋友一起开开心心吃吃烧烤，喝点冷饮，然后眉飞色舞地谈论一下彼此感兴趣的话题，"和炫富，攀比"没什么关系啊！他用手揉搓了一下自己的头发："真是有些令人头疼的问题呢！"

"要不，我用自己的零花钱来请客？这样就不用惊动我爸妈了。"丁晓磊自己平时积攒的零花钱有一些，加上参加过几次发明比赛，也有一部分奖金。

想到了这个点子，丁晓磊感觉自己一下思维开阔了许多："对，周末的时候给爸妈说学校有活动，周六就不回去了，然后叫上几个好朋友，去外面聚一聚。"

"要不要通知下李老师呢？他每次都那么耐心地给我解答心理问题，又那么渊博，我请他去我的生日聚会，也可以给其他同学'炫耀'一下。"抱着这样的想法，丁晓磊来到了李老师的办公室。

"李老师！"

"哦，是晓磊啊，又有什么新发现吗？"

"呃，不是的，我周末过生日，想请您也参加。"

"嗯？生日聚会？"李老师有些意外。

看着李老师充满睿智的眼神，丁晓磊也不想隐瞒："我爸妈其实不同意，所以我决定用自己的零花钱请几个好朋友一起聚一聚，李老师您去的话，一定会很有趣的。"

孰料，李老师沉默了一会，对丁晓磊说："晓磊，不好意思，周末我可能要出门一趟，不能参加你的生日小聚会了。"

听到李老师的回答，兴奋的丁晓磊如同被泼了一盆凉水，雀跃的心一下沉到了谷底，"老师，我是真的很想您去，这几个月来，您给我解决了不少问题，我把您当成了我的知心朋友，所以……"

"晓磊，我真的很抱歉，我确实是没时间。"李老师一脸的遗憾。

丁晓磊走出了办公室，心情有一丝的沮丧。不过既然是因为李老师有事情，这也是没办法，现在自己当务之急是回家先把自己的小金库取出来，然后才能宴请小伙伴们。

第二天中午，给值周老师请了一个假，丁晓磊便溜出了校门，就连蹬自行车踏板，丁晓磊都感觉比以前有力量的多，"爸妈应该都在单位，这个点回去，家里一定没人。"他心里暗暗地想。

但人算不如天算，刚一打开房门，就看到爸爸坐在沙发上在看电视。"晓磊？你怎么回来了？你今天不是在上课吗？"

丁晓磊心中暗暗叫苦，"这个，我想回来拿一个资料，上次去学校的时候忘记带了。"爸爸奇怪地看了他一眼，没说什么。

丁晓磊拍了拍胸脯，心有余悸地走进了自己的卧室，没有丝毫犹豫，他快速地打开了自己的抽屉，翻开了里面的一个钱包。

不料，钱包里却空空如也。里面压着一张纸条："妈妈替你存起来了。"这个消息简直如同晴天霹雳，让丁晓磊几乎喊了出来。

"爸爸，你知道我抽屉里的钱怎么被妈妈拿走了吗？"

"哦，是这样的，上次你妈妈去银行存定期，刚好还差1000块钱就是一个整数，于是就把你的钱也帮你存了，定期存款利率高啊！"

"为什么没给我说一下呢？"

"上个周末，你不是在学校参加课外兴趣班没回来么，准备这个周末给你说的。"爸爸看到丁晓磊都有些急了，淡淡地说。

"你们怎么能这样呢？"丁晓磊感到怒火一下涌了起来。

"你没零花钱了吗？来，爸爸给你20块。"毫不知情的爸爸开始掏钱包，"不用了，我先回学校了。"看到希望破灭，丁晓磊有一些心灰意冷，摆摆手，就离开了家。

在路上，丁晓磊的泪珠就在眼睛里打转了。虽说男儿有泪不轻弹，可是，爸妈实在太干涉自己了！特别是自己已经给不少小伙伴说了，现在没有钱，怎么可能一起去聚餐呢，想到这里，他的泪终于流下来了。

剩下的几天，丁晓磊过得糊里糊涂，就连自己最爱的物理课，都打不起精神。

"丁晓磊，你爸爸找你！"下课的时候，值周老师走了过来。

"我爸爸？"丁晓磊感到有一些不可思议，爸爸怎么会来学校呢？

于是赶紧向传达室走去。

"晓磊！"一看到丁晓磊走过来，爸爸挥起了手。

"爸爸，出什么事情了？"

"哦，我是来告诉你，明天周末你回家，叫上你的好朋友，爸妈给你过生日。不过让你的朋友们不要带礼物，带着小肚皮来就行了。"

不会吧？幸福来得太突然，让丁晓磊一下无法接受。"爸爸，你不是不让我过生日和朋友们一起聚餐吗？"

"你们李老师给我打了一个电话，和我沟通了半个小时。现在我觉得，只要在家里面吃饭，不铺张浪费，你过生日请好朋友聚聚也没什么问题了。"爸爸据实以报。

"是李老师！"丁晓磊激动得一时间说不出话来。

"是啊，他还给我讲了一个心理学上的问题，让我深有感触啊。"爸爸笑着说，"那就这样，我是过来专门给你说一声的。我上班去了，明天记得带着同学们来家里。"

兴冲冲的丁晓磊第一个念头，就是跑到李老师的办公室去，一进去，李老师正在办公室里写材料。

"李老师，谢谢你！"丁晓磊兴奋地说，"您究竟给我爸爸说了一些什么啊？"

李老师笑了，他拉开一把椅子，示意丁晓磊坐下来，然后给丁晓磊讲了这个故事的来龙去脉。

原来，听说丁晓磊准备"偷偷"办生日聚会以后，李老师便给丁晓磊的爸爸打了一个电话，着重给讲了一个名叫"刺猬效应"的心理原理。

"刺猬效应"来源于西方的一则寓言，说的是在寒冷的冬天里，两只刺猬要相依取暖，一开始由于距离太近，各自的刺将对方刺得鲜血淋漓，后来它们调整了姿势，相互之间拉开了适当的距离，不但互相之间能够取暖，而且很好地保护了对方。如果父母过分干涉子女，就势必会影响到儿女的心理的成长与健康。

李老师告诉丁爸爸，既然他担心丁晓磊过生日聚会，大手大脚，那就在家中办聚会吧。

"原来是这样，真的好感谢您！李老师。"丁晓磊跳了起来。

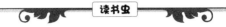

距离产生美

人与人之间的距离可以分为以下几个区域：

亲密距离（15厘米之内）：这是人际间最亲密的距离，只能存在于最亲密的人之间，彼此能感到对方的体温和气息。就交往情境而言，亲密距离属于私下情境，即使是关系亲密的人，也很少在大庭广众之下保持如此近的距离，否则会让人不舒服。

个人距离（46～76厘米）：这是人际间稍有分寸感的距离，较少直接的身体接触，但能够友好交谈，让彼此感到亲密的气息。一般说来只有熟人和朋友才能进入这个距离。人际交往中，个人距离通常是在非正式社交情境中使用，在正式社交场合则使用社交距离。

社交距离（1.2～2.1米）：这是一种社交性或礼节上的人际距离，也是我们在办公室中经常见到的。这种距离给人一种安全感，处在这种距离中的两人，既不会怕受到伤害，也不会觉得太生疏，可以友好交谈。

公众距离（3.7～7.6米）：一般说来，演说者与听众之间的标准距离就是公众距离，还有明星与粉丝之间也是如此。这种距离能够让仰慕者更加喜欢偶像，既不会遥不可及，又能够保持神秘感。了解了交往中人们所需的自我空间及适当的交往距离，就能有意识地选择与人交往的最佳距离，更好地进行人际交往。

"但是，晓磊，这其中也有你做得不对的地方。你当初应该把想法坦诚地和爸爸深度交流一下，而不是背着他们私下取钱聚餐，你说呢？"李老师温和地看着丁晓磊。

"嗯，我可能太想和小伙伴们一起出去聚会，所以没有考虑那么多。"

"人的内心有很多种表达方式，而沉默是最伤害自己的一种，以后遇到这种事情一定要和父母好好沟通，相信老师，父母都会理解你的。"

"好吧，我的确不太擅长于这方面，但我会努力去做的！"

"嗯，我相信你能够成功。不过我也要给你道个歉，其实我明天没什么事情，但是也是因为刺猬效应，我决定不参加你的聚会。"

"啊？为什么？"丁晓磊奇怪地说道。

"教育心理学家根据这一寓言总结出了教育心理学上著名的'刺猬效应'。这一效应的原理是：教育者与受教育者日常相处只有保持适当的距离，才能取得良好的教育效果。当然在实践中，不少老师将这一'效应'误读，教师与学生之间的距离太大，学生失去了温暖感，产生了陌生感，因此，教师的教育效果不可能好。

而我，则担心和你走得太近，最后反而无法取得很好的教育效果。老师在生活中并没有你想象的那么完美，也有自己的缺点。如果和你们走得太近，最终失望的还是对我期望如此高的你们。"李老师语重心长地说道。

"每个人都有自己的缺点，老师也不例外，而现在毕竟你还是一个学生，作为老师，我最重要的任务是让你们个个心理健康，阳光灿烂。"李老师站了起来，脸上洋溢着真诚的微笑，"这是我给你的一个小礼物，希望你能喜欢，等以后你长大了，老师肯定参加你的生日聚会！"

看着李老师递给自己的礼物，丁晓磊心中感到无比的澎湃与感激："李老师，谢谢您！您永远是我最好的老师！"

测试控

你是冷美人吗？

当你和一个陌生的人第一次见面，你最反感的是：

A 跟你很疏远，不够大方。

B 主动靠近你，拍你的肩膀，跟你称兄道弟。

C 抢着说话，油腔滑调，把你当听众。

D 不停地问你个人的问题，像身家调查一样。

测试答案：

A 你是一个性格内敛，但心底又是企图心强的人。你很想有一个圆满的人际关系，很想和陌生人建立起一个好的接触点，不过，你总认为主动去跟人家搭讪是很伤你的尊严的，你就会不自觉地把自己的期待套在别人身上。如果别人不能依你的期待表现，你就会对对方产生反感。因此，你的这种主观期待就很容易得罪人。你还不知道吧？！

B 你的自我保护心理比较强一点，对于陌生人你会不自觉地保持距离，因为你对于自己的应对能力没信心，对于别人的信心也不够，所以你下意识地会拒绝别人一开始就侵入你的私人领域，你会对他产生反感，下意识认为，他不尊重你的想法和观念来和你认识，是一种伤害，在你的心目中会很自然地把他列为不同类的人。

C 你是一个讨厌当听众的人，不喜欢在人际关系互动中，老是处于被动的状态。你对这种人反感也就表现你在气势上不想被别人压过，或者不希望别人不尊重你的发言权。你会对这样的人没有好脸色，你的人际关系中就会失去这类的朋友。

D 你是个自我封闭想保留多一点隐私的人，于是面对这种想控制他人的人，你会觉得压力很大，所以你会远离这样的人。

第四章

燃烧学习小宇宙

——创新第一步

承认错误并不是什么丢脸的事。反之，在某种意义上，它还是一种具有"英雄色彩"的行为。因为错误承认得越及时，就越容易得到改正和补救。正视错误，你会得到错误以外的东西。

这是哪？好漂亮！小芳眼前是一个沉浸在银色的光海中的世界，月色均匀地铺在静谧的湖面上，湖水微澜，一圈圈银色的波纹向四周散去，如闪闪发光的银项圈，一环套着一环。湖边有不少垂柳，烟里丝丝弄碧，随风摇摆。

不过，这是哪呢？

想着想着，她走到了一座红色木桥边，宽阔的桥面有微笑的嘴角那样的弧度，桥栏杆是矮矮的日式设计，一眼看去让人觉得温柔敦厚。在月光的衬托下，这桥更显诗意，如画中之物一般。从桥中央看去，荷花迎着月光，每一朵都独有神韵，原来"水面清圆，一一风荷举"的句子，在月下体会更有味道！正当她陶醉于美景时，突然一声巨响，桥瞬间断掉了！小芳来不及反应，只感觉脚下一空，坠入无底深渊，她想抓住什么，但是两只手来回挥舞却什么也抓不住。她叫喊着，哭出声来，可那四周寂静的地方，完全没有人听见她的哭喊……

然而让她惊奇的是，自己好像并没有掉进湖水里，而是被四块大理石悬空托在湖面上，惊魂未定的小芳不知道接下来会发生什么诡异的事情，"我一定是在做梦！"她这样安慰自己。

"你是徐小芳吗？"荷花深处传来一个深沉的声音，像电视里面的某个熟悉的节目主持人。

"是……你们想要怎样？"小芳听到人的声音，一下子竟然变得冷静起来。

"我们不想怎么样，只是看你自己想要怎样，留在这个湖上欣赏风景，还是回到自己的世界里去？"

"直说吧，你们要我做什么？"

"哈哈，看来还是个有个性的姑娘。那好，其实很简单，你有10分钟的时间回答4道题，做错一道，你脚下的大理石就会消失一块，全部答对，你就平安无事地上岸回家。"

"我凭什么要做你们的题，我不要！"

"10分钟倒计时开始！"水上响起滴答滴答的计时声，这一切都不像是在开玩笑，四道题出现在小芳眼前的石头上。

看着这四道题，都是自己平时从课本上见过好几次，做错过好几次，却又总是记不得怎样解的。错了几次又改了几次，最终连自己也搞不清怎样才是对的了。她额头开始滴汗,有一瞬间好像记起来错误的原因了,但仔细一想又什么都不记得……

"滴,滴,滴,滴……"时间在一秒一秒地流逝,仿佛有一颗定时炸弹在她脚下。

"我……我不会做,能再给我几分钟时间吗?"小芳哭着喊道。

"没有机会了!你没有机会了……"说着,脚下的四块石头开始自动崩溃,她站不稳,来回摇晃,然后再一次跌落下去……

"不要,救命啊,救命啊……"

"小芳,小芳,快醒醒……"小芳哭着睁开眼:"啊!妈妈!妈妈!"小芳扑在妈妈怀里痛哭起来,妈妈知道她一定是做了噩梦,温柔地抚摸着她的头:"做噩梦了吧,没事没事,妈妈在这里。"

"我……梦见自己掉进湖里了,妈妈,那个湖好可怕……因为我不会做题,就把我扔到湖里喂鱼了……"小芳真是吓坏了,哭得说话都直抽抽。

"你这孩子,世界上哪有人会因为不会做题就被扔去喂鱼呢?你看你,每次要考试都会做噩梦,既然是这样,就不要看书到很晚,妈妈不会怪你的。"妈妈一边说着,一边心疼地给小芳擦汗。

"赶紧吃早饭吧!你爸去上班了,我也要去餐厅上班了!吃完后不用你收拾,放在桌子上就行,我下班回来再收拾。"

"嗯。"小芳有气无力地回应了一声。她很快意识到是在自己家里,刚才的梦带来的恐惧,也被妈妈的安慰减轻了许多。爸爸又去上班了,这个月她几乎没有看到过爸爸,因为爸爸是环卫工人,每天起得很早;妈妈在餐馆里打工,也是早出晚归的。她很清楚自己上学不容易,哪怕五毛钱的开支对父母来说都需要计划,所以她从小就告诉自己:我和别人家的小孩不一样,我是父母的希望,一定要好好学习回报父母。

小芳确实是一个爱学习的孩子,她的生活除了学习还是学习,为了改善家境,她别无选择。

可惜,老天偏偏有意捉弄这个顽强的女孩,她虽然很努力,很用心学,但她的成绩却怎么也提高不上去,大考小考都是班上的中下游水平。一次次失败,一次次痛哭之后,擦干眼泪回家笑着对父母说这次考得还行,但是发挥不理想。其实父母也知道女儿成绩一般,可是看她那样用功,还能说什么呢,只怪没把女儿生在教师家庭。每次考试,对小芳来说都是一场内心纠结的惩罚，她怕让父母失望，怕自己落在同学们的后面，怕那些让她头疼的复习题，怕老师批评和安慰……她害怕一次次发现，自己根本不会学习。

也许是由于昨天晚上熬夜做题，本打算睡前看篇课外阅读，谁知做了这样一个噩梦。她现在的头脑里还残存着那四道没做出来的题，心想到底是哪一章出现的……

刷牙，洗脸，吃早饭，鸡蛋还是温热的，粥里已经加好了糖，一滴眼泪落在干净的瓷碗里。

一、不当尾随毛毛虫

都说林徽因是"一身诗意千寻瀑，万古人间四月天"。四月就是这样一个让女孩轻盈又美好起来的季节。学校里的栀子花开了，墨绿的叶子衬托着纯白的柔软的安静的花朵，显得格外清新温婉。栀子的花瓣厚重，香气浓郁，整个校园都弥漫着清香。小芳从小也是一个爱花的人，她最喜欢茉莉和栀子，"越是颜色素白的花，香味越浓，人也应该这样，简单而有内涵……"

"喂，心情不错哦，还有闲情赏花，看来这次考试没问题吧。"

小芳转身一看，原来是班长韩修鹏。这个韩修鹏可以算得上小芳的偶像了，学习好，人缘好，家境也好，她常常想要是她也生在韩修鹏那样的家庭就好了，即使学习不好，也不用担心什么。但她也会对自己有这样的想法感到羞愧，父母给了自己他们所能给的最好的，怎么可以想着不要他们呢？韩修鹏知道小芳学习努力，所以总是乐于解答她学习上的问题，有时候班上的哥们还开玩笑说这个书呆子一定是喜欢上小芳了，但看着她那股认认真真一心扑在学习上的劲儿，韩修鹏从来不让她知道自己被人笑话的事情。久而久之，小芳养成了一个习惯，那就是按照韩修鹏的学习方法去学习，甚至比他还要努力。然而，韩修鹏每次考试都拿第一，但自己的排名一直没有往前的迹象。

"我哪里有闲情赏花呀，只是忍不住过来看看就走了。栀子花开过三五天就变黄了，机会难得嘛。"说来也奇怪，爱哭鬼小芳在班长面前倒是很放松，和那些心怀鬼胎、一见班长就张口结舌不知所云的女生比起来，小芳大方多了。

"啊！考试！"只听到一声哀号，小芳扔下韩修鹏冲往教室。

"班长，你这周末都做什么了，考试前你看的哪套题？"小芳对班长向来采取各种形式的围追堵截，哪怕他上厕所，她也常跟着问到厕所门口才罢休。

"我啊，用了一天的时间温习了老师以前说过的重点，第二天和朋友去动物园了！现在的猴子真是惹不起呀！"韩修鹏兴奋地说，"你呢？不是又在家看了两天书吧？"

"我做了几套复习题，准备考试嘛。哪有时间去动物园，我都快要退化到被关进动物园了。"

"哈哈哈，你被关进动物园，那我们去是不是要算 VIP，给个绿色通道呀？！"

"你烦不烦！把你的书借给我再看看！"

还没有打开韩修鹏的书，老师已经进了教室。

"同学们！咱们今天玩点儿刺激的？"这个外号"不正经"的老师神秘兮兮地问。

"难道要取消考试出去玩？！万岁！！！"

"No, no！"老师咳了咳嗓子说，"今天考这学期所学的全部知识点。"

"What?!老师，说好的最后一单元小测试呢？"同学们一阵惊呼。

"所以说和你们玩点儿刺激的嘛！"

当小芳拿到考卷时，她的脑子顿时蒙了，简直和梦里一样，都是似曾相识的题目，但是却想不起该如何解答。"可恶，人家明明准备的是最后一单元的知识点嘛。周末白复习了！"手里的橡皮差点儿被小芳捏成两半，要不是自己花钱买的，她早就当成出气筒戳得千疮百孔了。

"这首诗的作者是——那个谁来着，白居易还是刘禹锡呀，真烦这些人总写相似的内容；又是作者的用意，谁知道作者有什么用意，也许人家只是突然灵光一闪嘛；什么？作文题目居然是镜子里的笑脸，完全没有思路呀……&*&&%……"

"这回的语文还蛮简单的，没想到老师抽查得不是很严嘛。"

"都快期末了，老师自然出点简单的题给大家打打气咯。"

同学们在走廊上七嘴八舌的时候，小芳一个人缩在角落里，她不想听这些话，她在生自己的气。"烦！教室里里外外都吵死了。"她气哼哼地拿着课本跑到球场的照明灯下看书。

嘟嘟嘟，被称为古董神器的手机来了一条短信息，这款手机是爸爸捡回来的，后面的盖子不知道去哪里了，凑合着能用，她也不介意，总比没有好。

徐小芳同学，你已经被监控了，请往九点钟方向看，不要乱动！

咦，小芳看了看九点钟方向，教室的窗户里面有一面黄色的小旗在冲她摇晃。

我是李老师啦，看到我们班的学习劳模夜深人静跑到操场上，发个短信过来问候一下而已。怎么，考试不顺心出来透气呀。

看完信息，小芳又惊又喜，惊讶的是李老师真的像他说的那样，知道每个人的手机号码，包括自己；喜的呢，自然是老师关注到自己，一下子心情好多了。李老师这个传说中的人物，自从开学的时候给大家上过一次心理辅导课后，自己就再也没跟他打过交道，偶尔也能在校园里见到他的身影，但一想到心理学，总有一种很神秘的感觉。听韩修鹏说这个人不可小觑，有识人读心的超能力，难道这次是盯上自己了？尽管对这个心理咨询老师并不熟悉，但是小芳迫切地想从这个学习怪圈中解脱出来，于是她满腹狐疑地给他回了信息，也期望老师能够给自己指点迷津。

李老师，收到您的短信好开心！我，这次考试又砸了。郁闷中。

没过多久，李老师就回复了她。

一勤天下无难事。不过也要看方法，我听说你努力学习的名声很久了，这次主要是想了解一下为何学习劳模总是在学习上郁闷。这是国外最新研究的一个课题，怎么样，和我一起研究研究？

小芳又想笑又想哭，这是什么课题，找到我了。

老师，我劝你放弃吧，这个课题我已经研究很久了。

五分钟后，手机又响了起来。

短信篇幅有限，晚上发邮件到你的作业邮箱。

小芳，我知你时间有限，就开门见山接着谈谈学习上的付出与收获问题吧。

你的努力是有目共睹的，不仅同学们都知道你是一个学习起来心无旁骛的人。老师也知道，想必你的父母也都看在眼里。这样好学的你，是大家学习上的榜样。但我想，你对自己现在的成绩并不满意，你完全可以拿到更高的分数。

那么，到底是哪里出了问题？

毛毛虫们总是喜欢一个接着一个首尾相连成一长串小火车去觅食的，如果你把它们的首领引到一个环形路线上，那么它们可能会原地打转直到饿死，哪怕不远处就有绿叶供它们享用，但后面的毛毛虫总是跟着前面那个的尾巴走，根本不会注意到旁边的食物。这就是"毛毛虫效应"——你习惯了照搬别人的经验，而不去寻找新的、适应自己的学习方法。想一想，韩修鹏是不是你前面那条毛毛虫？他看什么书你就看什么书，他复习什么资料你也跟着学。韩修鹏的成绩不错，但那套方法、那条路线是只适合他的哦，别人跟在后面，可能不仅不会找到自己的果实，反而很危险！

适合自己的学习方法才是最好的方法，怎么样找到这个方法，这才是我们要一起面对的问题。我很乐意做你的顾问，为你出谋划策。我的QQ是584007，你也可以直接来我的办公室。

你的专属首席顾问：Lion

周末过完，成绩就出来了。

这次考试，韩修鹏还是独占鳌头；号称"偏科大王"的陈超润，这次英语也排上了前十五名；小芳呢，综合名次 23，语文单科排名

40，唯一值得安慰的就是数学还勉强可以。

没有人注意到小芳一脸不高兴地离开，或许在大家心目中，她就应该在 23 这样一个不前不后的位置吧，谁都知道这个学习狂并不擅长学习，就连那些成绩差的人，似乎都同情她，同时又忽略她。经历了一次次失败的小芳其实并不平静，她内心每一次都是抱着希望去，抱着失望回。可是，这样久了，所有人都默认她徐小芳就是个中等生了，她还要折腾什么呢？

万人迷赵玲玲总是比别人多观察到教室里的一点点变化，看到小芳那可怜样，她不忍地上来安慰道："小芳，这次没考好，还有下次呢，一次考试不要太在意啦。"

"每次都考不好，真丢脸。"

"这有什么丢脸的，大家都知道你很用心了。"赵玲玲拍了拍小芳的后背。

"是呀，我很用心了，大家都知道的，可是为什么？"小芳没有接着说，因为她知道，赵玲玲也无法解答这个问题。就在这个时候，她想起自己的首席顾问来，便一副豁出去的架势，径直走到学校的心理辅导室。

敲了敲门，没有人应答，门没有锁，小芳推门而入，一台电脑正在待机屏保状态。

"长期潜伏，有事请留纸条或联系我的 QQ，徐小芳同学如来找我，优先排号。"

这次又扑了个空，真想找人聊聊呀。突然她想起了李老师的 QQ 号。没等几分钟，对方就通过了验证，看来还是手机网络联系最方便。

李老师：小芳同学，找我研讨课题了？

小芳：悲剧。为何我总是悲情女主角，我不想演苦情戏呀。

李老师：哈哈哈，苦情戏都是瘦得像牙签一样的女主角，你一看就是轻松情景剧里面的形象，放心吧。

小芳：老师，我就是你说的那个跟在别人屁股后面的毛毛虫么？

李老师：这个你自己想想，是不是习惯于跟随班长的经验，就像毛毛虫跟随者,无法破除尾随习惯而转向去觅食。其实,如果有一个毛毛虫能够破除尾随的习惯而转向去觅食,就完全可以避免悲剧的发生。

小芳:问题是,我没有适合自己的方法,也算病急乱投医,当然先考虑那些学习成绩好的人的方法了。

李老师:临渊羡鱼,不如退而结网。

小芳:所言极是,我想我懂了。嗯,多谢老师点拨,我晚上好好想想。

李老师:希望看到你的进步。

夜深人静的时候,一个失眠的人正在寻找一条属于自己的学习道路。

读书虫

羊群的代价

有心理学家做过一个心理实验:让五位大学生围坐着一张桌子,实验者请他们判断线段的长度。每次呈现一组卡片,每组包括两张,一张卡片上有一条垂直线段,称为标准线段;另一张卡片上有三条平行线段,其中一条与标准线段一样长,另外两条要么长了许多,要么短了许多,要求大学生们把那条与标准线段等长的线段找出来。按理说,每个人都可以轻易地做出正确无误的选择。

当第一组两张卡片呈现后,大学生们依次大声地回答了自己的判断,所有人意见一致,都做出了正确的选择。然后再呈现第二组,大家又都做了正确的一致回答。就在大学生们觉得实验单调而无意义时,第三组卡片呈现了,第一位大学生在认真地观察这些线段后,却做出了显然是错误的选择,接着第二、三、四位大学生也做了同样错误的回答。轮到第五位大学生,他感到很为难,因为他的感官清楚地告诉他别人都是错的,但是别人都做了错误的选择,他不知道自己该怎么办。最后,他小声地说出了与别人相同的错误选择。

其实,这个实验是事先安排好的,前四名"大学生"其实都是实验者的助手,他们按照事先安排好的程序进行正确或错误的选择,而只有第五位大学生不知道这一情况,是真正的被试者。参加实验的真被试者是具有良好视力及敏锐思维能力的大学生,并且从表面上看,他们可以任意地做出想做的反应,而实质上,也明确要求他们做出他们自己认为是正确的反应。但是,来自群体的压力很大,当绝大多数人都做出同样的反应时,个人就有强烈的动机去赞同群体其他成员的意见,因此有35%的被试者拒绝了自己感官得来的选择,而做出了同大多数人一样的错误的选择。

这个实验说明,当个人的感觉与群体中的大多数人不一致时,个体为了使自己不被人认为"标新立异",常常会放弃自己的看法而接受大多数人的判断。这就是我们常说的羊群效应。初始"羊群效应"使得差错得以形成;而强化"羊群效应",则使得差错得以扩散和放大。

考试也焦虑

　　考试对学生来说是家常便饭。在频繁的考试中,有些学生或因学习压力大,或因成绩不太好而患上了考试焦虑症,以致给自己的学习和生活带来了诸多的烦恼。读到这里,你是不是有点害怕了? 到底你有没有患上呢? 做完下面的测试就知道答案了。

　　下面有 30 道题目,请在与你相符的题目后画"√",在与你不相符的题目后画" "。画"√"记 1 分,画" "记 0 分,然后将各题得分相加,算出总分。

1.在你看来,考试成绩好的人将来必定在社会上获得更高的地位。　　　　(　　)
2.重大考试之前或考试期间,你总是觉得其他人比自己强。　　　　(　　)
3.在你看来,考试过程似乎不应搞得太正规,因为那样容易使人紧张。　　(　　)
4.你认为,如果自己考前能集中精力复习,考试时便能超过大多数人。　　(　　)
5.考试,实际上并不能反映一个人掌握知识的情况。　　　　(　　)
6.你希望不用参加考试就能取得成功。　　　　(　　)
7.某一科目的考试取得了好成绩,但也不能增加你在其他科目考试中的信心。(　　)
8.你的家人和朋友都希望你在考试中取得好成绩。　　　　(　　)
9.在考试期间,你有时会产生许多对答题毫无帮助的莫名其妙的想法。　　(　　)
10.对考试结果的担忧,会在考试前妨碍你准备,在考试中影响你答题。　(　　)
11.重大考试前后,你不想吃东西。　　　　(　　)
12.对搞突然袭击考试的老师,你总是感到害怕。　　　　(　　)
13.考试时,如果监考老师来回走动注视着你,你便无法答卷。　　　　(　　)
14.如果考试被废除,你想你的功课会学得更好。　　　　(　　)
15.了解到考试结果的好坏将在一定程度上影响你的前途时,你会心烦意乱。(　　)
16.面临一场重大考试,你会紧张得睡不好觉。　　　　(　　)
17.如果考得不好,人们将对你的能力产生怀疑。　　　　(　　)
18.你似乎从来没有对考试进行过充分的准备。　　　　(　　)
19.考试前,你无法放松。　　　　(　　)
20.面对重大考试,你的大脑好像凝固了一样。　　　　(　　)
21.考场中的噪音会使你烦恼。　　　　(　　)
22.考试前,你有一种空虚、不安的感觉。　　　　(　　)
23.重大考试前,你会感到胃不舒服。　　　　(　　)
24.考试之前,你感到缺乏信心,精神紧张。　　　　(　　)
25.考试前,你所存在的问题之一是不能确定自己是否做好了准备。　　　(　　)
26.考试前,你常常感到还需要再充实一些知识。　　　　(　　)
27.考试时你常发现,自己的手脚在哆嗦。　　　　(　　)
28.考试时你情绪紧张,妨碍了注意力的集中。　　　　(　　)
29.在某些考试题上你越费劲,脑子也就越乱。　　　　(　　)
30.你希望主考老师能够觉察到参加考试的某些人比另一些人更为紧张,并
　　希望主考老师在评价考试结果时,能对此加以考虑。　　　　(　　)

测试结果:

0～9 分:你患上了轻度考试焦虑症。

10～19 分:你患上了中度考试焦虑症。

20～30 分:你患上了重度考试焦虑症。

二、做好鹤立鸡群的 20%

如果徐小芳将来成为一个名人，写一部自传的话，那么这个初夏的晚上将是她人生中重要的一刻，也可以起名为《关于徐小芳个人学习方法方向的重大决议》，内容就是，她暗下决心：不再做毛毛虫跟随者，要找到适合自己的学习方法。为此，小芳付出了两个黑眼圈的代价，第二天熊猫一样地上了早自习。

"哎呀，我说动物园的门不保险你们还不信，快看这不是有一只国宝跑出来了么？"同桌范小林大声嚷嚷，"号外号外，国宝不满动物园伙食，只身流浪，潜入滨海中学初一（3）班！"说着用手敲了敲小芳的头，周围的同学都笑着向徐小芳看来，确实，黑眼圈很重，加上她的波波头，还真有点儿熊猫憨憨的感觉。

"对国宝客气点儿行吗。"小芳推开范小林，拿出一张白纸来准备写点什么，比如，自己善于什么，不善于什么，但是她还没有构思好从哪里下笔。

丁零零……

这节是班主任的课，同时也是小芳最不喜欢的数学课，小芳怎么也无法集中精神听讲，因为她一直在想怎么找到适合自己的学习方法，自己的学习方法，自己的，学习，方法……没有睡好的脑袋里，就闪烁着这几个大字，想要把精神集中到一个地方，除了下笔写点儿什么，还真是困难。

我以前的学习方法：

周一语文日，做 1 套题，看 6 篇课外阅读。（参考韩修鹏进度）

周二数学日，薄弱科目，做至少 2 套题。（咨询韩修鹏方向）

周三英语日，早上 5：30 起床，练习口语，晚上做题。（请韩修鹏划重点）

……

其实，以前自己的学习方法用三个字概括就是：韩修鹏的跟屁虫！哦不对，是7个字。

我的改进方向：

语文：作文总是写得很干瘪。

数学：不够细致、难题不会、兴趣不高……

这时范小林碰了下小芳："喂，国宝，老师叫你两次了……"

"徐小芳！"班主任刘老师大声地叫道。

"在。"小芳"腾"地起身，糟糕，自己精神太涣散了，肯定要挨班主任老师的批评了。

"徐小芳，我正想表扬你这次数学有进步，怎么自己先骄傲起来了。"刘老师推了推眼镜，看起来很有点不高兴。

"我，我……"小芳紧张得不知道说什么好，看着同学们都在朝自己这边看来，她真想找个地缝钻进去。

"我看你在那边写什么，不过这是数学课，老师讲课的时候就要好好听。下课后拿着你写的东西到我的办公室里来。坐下吧。"说完刘老师继续讲课。

下课铃声响后，徐小芳拿着自己写的计划表，去班主任办公室敲门。

"刘老师。"

班主任看到小芳那可怜兮兮的模样，心也软了下来。

"进来吧。小芳，在我眼里，你是一个很勤奋的学生，平时上课也很认真。你今天是怎么了？在那写什么呢？"

"刘老师，对不起，我错了。我不是故意要走神的，当时我在写学习计划，我想让自己的成绩提高。"说着把自己的学习计划交给了老师。

老师看着这个学习计划，紧锁眉头："给自己制订学习计划是好事，但是你不该在上课的时候做这件事情啊。老师上课时讲的都是重点内容，你上课的时候不认真听讲，那你的学习计划制订得再完美也没有用！你这叫舍本逐末。"

"……"徐小芳自知不对，低头站着，等着刘老师继续批评。

"刘老师，你也是太着急她的成绩，才生这么大的气。不如我们一起帮小芳看看她写的什么计划，给她出出主意？"刘老师对面的王老师笑着打圆场。王老师虽没有教过徐小芳的班，但也差不多都认识他们了，她每次看到刘老师批评班上的学生，都会忍不住搭个台阶让大家好收场，所以人气也很旺。

"谢谢王老师。我的学习计划，其实自己都没有想好。因为我找不到适合自己的方法，所以一直都在做无用功。"

刘老师也感觉到了小芳的局促不安，于是语调平和地说："老师在课堂上讲的都是最重要的知识，如果你把握不住，你想，你的成绩会提高吗？还有，你的计划我也看了，你以前总是把自己的时间安排得满满的，学习也没有重点，这种疲劳战术不仅不会让你的学习成绩提高，反而会让你心力交瘁。看起来自己从来没有休息，一直在学习，但效果很差的。现在你写的这些改进方向，倒是可以重点想一想，有的放矢，才能各个击破嘛。"

"你先赶紧回去上课吧！"

"那刘老师、王老师我走了。"小芳拿着那张画得乱七八糟的纸，离开了办公室。

傍晚是一天中最美的时候，不仅因为落日让世界多了一点温柔，孩子们放学回家心情雀跃，还因为对住校生来说，晚饭是一天中可以自由支配的最长时间段。不少学生这时候喜欢结伴去操场谈心，散步，打球，小芳一般都在教室苦读。不过今天，她想去学校图书馆的计算机房上网，找自己的首席顾问 Lion 聊天。

李老师：听说某人今天上课被班主任批评了？

"这个李老师真是神通广大啊！连我今天发生的事都知道。"小芳由衷地从心里佩服这位心理咨询老师。

小芳：反思中……

李老师：是不是我昨天给你说的自己的学习方法让你一直走不出来呀？如果是那样，我就太罪过了。本意是想要帮你，结果反而让你丢掉了上课听讲的好习惯，这不应该呀。

小芳：是我自己安排得不好，Lion 你不用自责。

李老师：听说你写了一个学习计划，是怎样的计划？

小芳：其实这个计划还不成形，只是列出来过去的，和将要改进的，未来怎么办还没有想好。

李老师：提出改进的方向就是一个好的开始。我们最难认识到的就是自己存在的问题，只有看到问题，才能找到修改的方向。让我看看你都发现了自己的哪些问题？

小芳把上午想到的都发过去，十分钟过去了，老师还没有回复，只显示对方正在输入状态。"看来老师觉得我的问题不止这些，正在长篇大论吧。"

李老师：小芳，你觉得是课堂上老师讲的知识重要，还是课外题海战术重要？

小芳：缺一不可。

李老师：你的问题就在于，你总是认为所有的事情都很重要，这也想要做，那也想要补，结果呢，什么都没有针对性地解决。其实无论什么样的事情，重要的一方面因素往往只占约20%，是其中的小部分；而其余多数的80%常是次要的，只要控制具有重要性的少数因子，便能控制全局，学习也是这样。

小芳有点怀疑，怎么可能重要的因素只有20%？

李老师：20%，这个比例比我们大家都认为的要低得多。你先不要急于否认我说的话，不妨好好想几天，或者你按着你的计划实行一个星期，再考虑我说的话。

Lion 的头像暗了下去。

仿佛徐小芳是一个属驴的，她认准的事情，雷打不动地要进行。接下来的一个星期里，她就想搞清楚一个事情：所有事情都重要，所有事情都去做，是不是没有效果。为了论证这个关系到学习前途的命题，她抱着和时间死磕的决心，没日没夜地学习。用范小林的话来说，她就像被钉了在课桌上一样。这几天哪里是学习，简直就是在集训。休息不够，时间紧张，她强迫自己集中注意力听课，就算困到倒地就能睡，也还是硬着头皮啃书本。满满的学习安排里，吃饭的十五分钟时间都被压缩到了十二分钟。

周五，回家的日子。

本来计划上完晚自习再回去的徐小芳，一瞬间突然很想念爸爸妈妈，好像很久没有见到他们了，现在只想看看他们的脸，在有他们的地方坐着，吃饭，看书。想到这里，小芳赶紧收拾书包，带什么书回去复习呢？毕竟有两天时间，多带一些吧。就这样，她差不多把所有的课本和复习资料都背了回去。好沉的书包呀！

"小芳回来了！"爸爸笑着接过她的书包，好久没有看到爸爸在家了。

"爸，妈，我回来了！"

"先吃饭。买了你喜欢喝的米酒，快来尝一尝。刚从冰柜里拿出来的，凉快着呢……"妈妈笑眯眯地端出一汤碗米酒来。好，那就借酒消愁吧，米酒也是酒呀。

徐小芳虽为女流，但颇有男儿豪气，平时说话也挺幽默的，她总是把自己想象成一个屡败屡战的斗士，不知不觉身上也就少了一些女孩子的扭扭捏捏，多了点男儿爽快。

吃饱喝足，小芳来到电脑前，因为 Lion 的原因，她现在上网的频率比以前高多了。以前她简直视电脑为学习的大敌，所以这台堂姐给的二手电脑，她很少用，现在还使不惯那个键盘。

小芳：Lion？

李老师：恭候多时了。

小芳：老师，您上辈子是不是一个折翼的巫师呀？每次都能找到你。

李老师：你以为呢，没有一点天赋，吃这碗饭容易么？话说，你这几天憔悴了不少，是在论证你的 100% 重要理论么？结果如何？

小芳：老师，您是对的。我认输。快给我说说那个 20% 的理论吧，我急需减负，急需降压。SOS%>_<%

李老师：哈哈哈，专治高压。二八法则就是一个星期前我跟你说的："无论什么样的事情，重要的一方面因素往往只占约 20%，是其中的小部分;其余多数的80%常是次要的,只要控制具有重要性的少数因子,便能控制全局。"这个法则是著名的社会学家、经济学家维弗雷多·帕累托得出来的。

小芳:维弗雷多·帕累托?表示从未听说过,百度一下去。

李老师:简单地说,就是在学习中,20%的时间能带来80%的成绩;在考试中,20%的知识能带来80%的分数。因此,我们把时间和精力放在最重要的事情上,就能用更少的时间做更多的事。无论做什么事情都不能胡子眉毛一把抓,应有主次、轻重、前后之分,做到抓重点、抓中心、抓关键,找到并充分利用为自己服务的有效资源,然后才能获得资源的优化配置。

小芳:我的学习计划就是胡子眉毛一把抓啊!!!!!!!现在我感觉把自己绕进去了。

李老师:对,小芳同学果然领悟能力不错。如果你花费了很多力气做事却只得到一点点成果,学习兴致肯定不高,长此以往,恶性循环,学习就成了苦差事了。

小芳:嗯。

李老师:不管是针对单科还是针对整体的学习,都是要分清重要和次要的,我们每个人都时间有限,特别是当我们面对不少问题的时候。你现在这个情况,想要把每个知识点都抓透,反而因小失大,我建议你开始找重点,可不是老师画的重点都是重点哦,自己薄弱的环节,需要你格外地留心才是。

小芳:我,要学会放弃,是这样吧。

李老师:嗯,放弃是另一种占领!

放弃,从一天到晚只知道学习开始。小芳决定今天晚上先放一放,帮爸妈做点家务,也放松放松,她关掉电脑,走出房门:

"妈,今天我洗碗吧,你们也辛苦一天了。"

"你不是还有功课要看吗?"妈妈笑着说。

"我这脑子里一天到晚都是在想着看书,反而不灵光了,不如洗洗碗,做做家务,这样说不定看题印象更深刻。休息,是为了更好地战斗!"小芳已经系上了围裙,妈妈也就应允了。

爸爸听小芳这么说，马上竖起拇指说："嗯，徐小芳同志是个积极向上的好同志。继续努力，组织上全力支持你！"

"谢谢组织长期以来的信任！"小芳给爸妈像模像样地敬了一个军礼，惹得爸妈哈哈大笑。

这个周五的晚上，简陋的一居室充满了久违的幸福快乐。

三、踩着错误去成功

"林姑娘早啊！"徐小芳周一一进校园就看到林晓梅往教室款款而行，忍不住"调戏"一番。不过今天这个林妹妹的心情也不错，笑着回道："呀，这不是徐大侠么？前儿见你还是国宝级，今儿怎么没带着你那俩黑眼圈？"

"我要总带着黑眼圈，大熊猫们还混不混了？不和你贫嘴，反正我说不过你，先走一步。"说完冲向教室，不过这次书包没那么夸张了。不少复习资料其实根本看不完，留家里了。

星期一是大家的八卦大爆料时间，谁周末逛街看到老师买菜啦，谁从爸爸那听说别人家新闻啦，谁看了什么新电视剧啦，都会攒到周一一起发布。

"丁晓磊，看我买的海报好看吗？"赵玲玲拿起自己心爱的海报问道。

还没等到丁晓磊回答，陈超润就迫不及待地说："你就别在那炫耀了！什么年代了还喜欢杨幂，你能更有出息一点儿吗？瞧瞧我的海报，这次欧洲杯新冠军：西班牙球队，比你的大一倍呢！哈哈哈，大家都看好意大利，结果怎么着，4∶0！欧耶，不得不佩服我的眼光。"

"我也看决赛了，熬夜呀！"不少人开始讨论起最近的欧洲杯来。

"这不看足球的人，聊天都赶不上趟呀！"小芳感慨，现在的女生男生喜欢的热门事件和热门人物，自己都不太知道呢。

"好了，大家静一静，现在开始上课了，把你们的海报都收起来……"随着老师的提示声，大家都安静了下来。

这堂课是班主任的课，小芳格外认真。期间老师提问小芳几个问题，小芳也都答对了。刘老师看起来很满意，每次她回答完问题，都笑着说："很好。"

"小芳同学，你去了一次办公室就进步了不少，大变活人，我这办公室常客怎么就不进步呢？上次老师给你说了什么好办法，分享分享？"

"你真的想知道？那就拿出一点儿诚意来。"

范小林将眼前这个神气活现的徐小芳打量了两遍，从书包里拿出一袋彩虹糖。

"这点儿诚意？好吧，看在你是我好战友的份儿上，给你透露一点：有一种占领叫撤退。"

这不是余则成对忧伤的晚秋说的嘛！

下课了，小芳想对自己上周上课不注意听讲的事向老师道歉，同时还想把自己最新改正后的学习计划给老师看，可是她又觉得害羞。办公室里肯定有好多老师，当着他们的面道歉，自己实在不好意思。思前想后，小芳还是决定去办公室。

班主任看到小芳站在门口，有点惊讶这个无事不登三宝殿的学生怎么没在教室看书，反而主动来找自己。

"刘老师，上周在您的课堂上写东西，是我不对，我是来向您道歉的。"

"你记性倒挺好，还想着这个事情呢。我早忘了，知错就改还是好同学！"

"嗯。刘老师，我还想和您说说我学习上的新想法。"

"好啊，我周末也想了想你说的自己的学习状态的问题，看来我们是想到一起去了。"

小芳把自己周末整理的新方案拿出来给刘老师过目。

徐小芳的学习计划：

1. 劳逸结合。每天除了有学习的时间外，还应当有娱乐活动的时间，回到宿舍要和室友们多聊聊天，总之不能每天只有三件事：吃饭、睡觉和学习。

2. 安排好常规和自由学习时间。常规学习时间就是按学校规定的学习时间，主要用来完成老师当天布置的学习任务，"消化"当天所学的知识。在自由支配的时间内，可以做两件事：补课和提高。自由学习时间应当成为制订学习计划的重点部分。

3. 突出重点，兼顾其他。要多注重自己的弱科，比如数学，要多和老师沟通。

4. 不要脱离学习的实际。由于前一段时间自己制订计划时满腔热情，想得很好，可行动起来却寸步难行，这是目标订得过高，计划订得过死，脱离实际的缘故。

5. 脑体结合，文理交替。以前的学习计划最大的缺点就是，长时间地从事单一活动，其实应该学习和业余活动交替安排。比如：学习了一下午，就应当和同学们出去玩一会儿，再回来学习；在安排科目时，文科、理科也应该交替安排，相近的学习内容不要集中在一起学习。

6. 提高学习时间的利用率。早晨或晚上，或一天学习的开头和结尾的时间，可以安排着重记忆的科目，如外语；心情比较愉快，注意力比较集中，时间较完整时，安排比较枯燥，或自己不太喜欢的科目；零星的、注意力不易集中的时间，安排做习题和自己最感兴趣的学科。这样就可以提高时间利用率。

班主任看着这几条学习计划，欣慰地点点头说："小芳，这个计划很好。你能主动意识到自己错误的学习方法并及时改正，这一点值得全班同学向你学习。希望你能坚持住，同时我也期待看到你的成绩提高。"说着，班主任拍了拍小芳的肩膀。

"谢谢刘老师。"

"玲玲，以后晚饭出去散步，加我一个。"小芳希望自己的课外生活也变得轻松一些，主动约赵玲玲。赵玲玲是班上所有人的交集，和她一起一定能知道不少有趣的事。

"好哇，就怕徐大侠你一天到晚伏案苦读，我等打扰到你呢。"

"哈哈，今不比昔，我已经痛下决心，以后要多多参与集体活动，洗心革面，脱胎换骨，重新做人！"

"哈哈哈……去高丽整个容先！"女孩子们听到笑声，都围过来，小芳也成了这个黄昏的新焦点。突然大家发现，这个男儿气的姑娘，笑声很爽朗，牙齿很整齐，刘海超有型呢。

事情还真是奇怪，你越想得到的东西，总是越难抓住；有时候放轻松下来，事情反而变得顺利了。徐小芳晚饭时间也出去玩球、散步、八卦，周末计划去植物园、动物园以及所有免费公园、博物馆，她知道自己可能学习上不会马上展现出上升苗头，只想先松一松自己脑子里的那根弦，结果听课的效率似乎比以往高了那么一点点。

"对了，小芳，有你一封信。"小芳回家之后，妈妈想起这个新鲜事儿来。这年头还有人写信，而且是写给自己闺女的，爸妈都怀疑是不是情书。

"哦？谁会给我写信呢。"小芳疑惑地接过信封，看到那个狮子头的印章，她笑了起来，爸妈却在旁边一头雾水。

"是我们学校一个很好玩的老师啦，最近他常帮我出主意。"

"老师？"爸爸妈妈异口同声地问。

"嗯！是一个特殊的老师，有点神秘兮兮的那种。我上次在家，就是和他聊的QQ。"既然是老师，父母也就放心下来。

亲爱的小芳：

见字如面。（老师英俊潇洒的形象是不是已经浮现在你的脑海了？字写得好，没办法低调呀！）

这一周我发现你常常笑嘻嘻的，难道你已经掌握了我的兵法秘籍了么？你能及时意识到自己的错误并加以改正，这是一般人做不到的，我很庆幸你做到了。人吃五谷生百病，人不是神，总有自己的缺点，谁都难免会犯一些错误。当我们犯错误的时候，脑子里往往会出现想隐瞒或继续实行自己错误的想法，害怕承认之后会很没面子。其实，承认错误并不是什么丢脸的事。反之，在某种意义上，它还是一种具有"英雄色彩"的行为。因为错误承认得越及时，就越容易得到改正和补救。正视错误，你会得到错误以外的东西。

下面我来讲个老掉牙的故事吧。

新墨西哥州阿布库克市有一个叫布鲁士·哈威的人，他在工作中犯了一个错误,他核准付给一位请病假的员工全薪,其实这不合规定。在他发现这项错误之后,就马上告诉这位员工并且解释说必须纠正错误,并提出在下次开支时减去多付的薪水。

这位员工说,这样做会给他带来财务危机,申请分期扣回多领的薪水。但如果这样做哈威必须先获得他上级的核准。

心的"石头帮"

英语中,用化石(fossil)一词形容那些不谦虚、老顽固,查一查,比一比,你是什么石头?

1. 你总是不敢大胆批评别人的言行?
   A.是(0分)　　　　B.有时如此(1分)　　　C.不是的(3分)

2. 你的思想:
   A.比较激进(2分)　　B.一般(1分)　　　　C.比较保守(0分)

3. 说谎时,总觉得内心羞愧,不敢正视对方?
   A.是的(0分)　　　　B.不一定(1分)　　　C.不是的(2分)

4. 假如你手里拿着一把装有子弹的手枪,一定得把子弹取出来才安心?
   A.是的(0分)　　　　B.介于A、C之间(1分)　C.不是的(2分)

5. 感到自己确实具备一些别人所不及的优良品质。
   A.是的(2分)　　　　B.不一定(1分)　　　C.不是的(0分)

6. 考虑到你的能力,即使让你做一些很平凡的事儿,你也会安心的。
   A.是的(0分)　　　　B.不太确定(1分)　　C.不是的(2分)

7. 你不喜欢争强好胜。
   A.是的(0分)　　　　B.介于A、C之间(1分)　C.不是的(2分)

8. 如果你的意见与别人不同,你通常____
   A.保持沉默(0分)　　B.不一定(1分)　　　C.当场表明立场(2分)

9. 如果你紧急要借同学的东西,而同学却不在家,你认为不告而取也没什么关系。
   A.是的(2分)　　　　B.介于A、C之间(1分)　C.不是的(0分)

10. 你常打抱不平。
    A.是的(2分)　　　　B.介于A、C之间(1分)　C.不是的(0分)

测试结果:

10~20分:白垩纪化石。你好强固执非常武断,时常驾驭那些不及你的人,对抗有权势者,送你一句话:物过刚则易折。

6~9分:有个性的花岗岩。你能较妥善地处理好自己与他人的关系,既不自高自大,也不迎合他人。

0~5分:过于圆滑的鹅卵石。你很谦虚,通常行为温顺,做事以别人的意见为主。

哈威说："这件事情一定会使老板大为不满。我了解到这一切的混乱都是我的错误，我必须在老板面前承认。"

于是，哈威找到老板，说了详情并承认了错误。老板听后大发脾气，指责人事部门和会计部门的疏忽，这期间，哈威则反复解释说这是他的错，与别人没有关系。

最后老板看着他说："好吧，这是你的错误。现在把这个问题解决吧。"自从这件事以后，老板开始注意到哈威这个年轻人，并给了他一些机会锻炼，结果发现这个人确实可以委以重任，是个人才。就这样，哈威从一个小错误中获得了职业新平台。

美国田纳西银行前总经理特里有一句管理名言："承认错误是一个人最大的力量源泉，因为正视错误的人将得到错误以外的东西。"其实这个美国人也就是说了咱们中国常说的"过而能改，善莫大焉"。心理学还专门将这个法则命名为特里法则，希望这条法则，也可以给你带来启发哦。

小芳读罢，暗暗庆幸自己没有走进误区，同时也庆幸自己遇到了一位优秀的心理咨询师。

四、搅动胜利的鲶鱼

"大家静一下。现在有一个通知。"

班主任拿出一张 A4 纸，念道：

"为了提高同学们的思想理念、文化知识和表达能力等综合素质，同时也为了活跃校园文化氛围，丰富同学们的业余生活，增强学生们的竞争能力、自信心和自豪感，给同学们构建一个展示自我的舞台，提供一个互相交流的机会，学校特将举办'我爱班级'为主题的演讲比赛，每班出一个代表。你们说咱们班出谁为代表呢？还是有人主动请缨？"

"班长去。""大作家林晓梅呗。"

"范小林上！"

同学们总是喜欢第一时间推一个垫背的去，虽说演讲很锻炼人，但当着全校师生发言也蛮需要勇气和魄力的，搞不好脸就丢大了。

一时间，教室里叽叽喳喳的很热闹。

"喂，赵玲玲，要不你去吧！"陈超润说了一句。

"我？我要是上台肯定紧张到忘词了，丢不起那个人！"

大家这个时候都不会想到一个人——徐小芳。虽然说她已经开始改变了，但"冰冻三尺非一日之寒"，长期形成的学习狂人的形象已经根深蒂固，小芳怎么会成为那种当众发言口若悬河的人呢，即便是改变了，开朗了，也离演讲者的距离还很远呢。虽说只是一个简单的演讲，但照样是一次代表班级出征的机会，论成绩、论口才，怎么也轮不到她徐小芳。

"这次的演讲比赛，我希望看到那些从来没有表现过自己的同学站出来，这是锻炼自己的机会，难得有全校师生陪着你练习，想一想电视上那些领导人当着千万人发言，也是从这种小小的舞台上走出去的，请大家珍惜这个机会哦。考虑好了之后，就到学习委员那里登记，然后我们再内部协调。"

听到班主任这样说，教室更静了，那些从来没有表现过自己的同学都比较害羞，这次的演讲比赛，要面对那么多人，谁还敢自告奋勇啊。

刘老师似乎看出了同学们的心思，接着补充了几句："其实上台演讲也没那么恐怖，那些胆小的同学可以趁着这个机会锻炼一下自己，挑战一下自己啊……如果你们不自动请缨，那我就点名了哦！"

一听老师要点名，同学们立马低下了头，不敢看老师的眼睛，生怕老师点到自己。然而这时小芳却没有低头，因为在她的意识里，老师不会注意到自己的，刘老师的目光在她那停留了两秒，然后离开了教室。

"徐小芳，班主任请你去喝茶。"刚进教室的李银锦笑着通知。

"好。"小芳不知道老师要找她作甚，只管去了。

"徐小芳，你代表咱们班参加演讲比赛吧！"刘老师期待地望着她。

"啊！我……"小芳不敢相信自己的耳朵。

"怎么，你不愿意吗？"

"也不是不愿意，我从来没有参加过演讲比赛，我怕我不行。"

"就是因为没有参加过，所以你才要尝试啊！这是一次难得的机会啊！"

"也许班上已经有人想参加了，还是让那些主动要求的人去吧。"小芳还是要推辞。

"刚才学习委员过来说，这次那些平时积极的人都没有动静，估计是想要给你这样一次也没有参加过的同学机会吧。既然这样，何不锻炼一下自己呢？别担心，老师会指导你的。"

离开老师办公室之后，小芳满脑子都是演讲的事儿，不多久，小芳参加演讲的消息就传遍了全班。

"小芳，你是代表咱们班啊！你真厉害！"

"小芳加油！"

"你这是要全面转型呀！"

"到时候我们给你加油啊！"

这些话让小芳的心里更加忐忑不安，自己根本就没有心理准备，就这样糊里糊涂的去，到时候肯定紧张得连话都说不出来。小芳越想越愁，越想越害怕，早知道，自己当初也跟同学们一起低下头好了，老师一定是误会我了。

晚饭时间，小芳直接跑去图书馆查找资料，晚上就在自习室里写演讲稿。10点钟的时候，小芳拖着疲惫的身体回到宿舍，虽然看了一些以往的演讲稿，但自己还是毫无头绪，她越是着急，越是觉得这活儿自己干不了。突然想起首席顾问，赶紧打开手机 QQ，此时也许只有李老师才能给她出主意。

李老师：不好意思，上次你给我留言赵玲玲的事情，我不在，不知道后来你找到解决办法没有？

这是李老师两天前的留言了。

小芳：Lion，我和玲玲分享了您空间里面糖果的故事，她自己已经意识到自制力的重要性，问题也解决了。现在我有新问题（为何我总是一个问题接着一个问题），班主任让我参加演讲比赛，我也知道机会难得，但是今天看了一晚上的资料，好难啊。

李老师：是不是紧张，怕自己出错？

小芳：是啊，平时在班里发言，我都会脸红，更何况在这么大的场合里演讲。

李老师：哪个运动员上赛场不紧张？哪个战士上战场不害怕？大家不过是表现得镇定，内心都是从恐惧慢慢变化过来的。我给你说说动物学家的发现吧。

一位动物学家在考察生活于非洲奥兰治河两岸的动物时注意到，河东岸和河西岸的羚羊大不一样，河东岸的羚羊繁殖能力比河西岸的羚羊更强，而且河东岸的羚羊奔跑的速度每分钟比河西岸的羚羊要快13米。他感到十分奇怪，既然环境和食物都相同，何以差别如此之大呢？为了能解开其中之谜，动物学家和当地动物保护协会进行了一项实验：在两岸分别捉了10只羚羊送到对岸生活。

小芳：后来怎么样了呢？

李老师：后来，送到西岸的羚羊发展到14只，而送到东岸的羚羊只剩下了3只，另外7只被狼吃掉了。

谜底终于被揭开，原来，东岸的羚羊之所以身体强健，只因为它们附近居住着一个狼群，这使羚羊天天处在一个"竞争氛围"中。为了生存下去，它们变得越来越有"战斗力"。而西岸的羚羊长得弱不禁风，恰恰就是因为缺少天敌，没有生存压力。

小芳：生存压力，我觉得自己亚历山大。

李老师：《孟子》曰：生于忧患，死于安乐。事实上，生活中每个人获得成功的概率都是相等的。而绝大部分人之所以平庸，最主要的原因是周围的环境给人们带去太多的安逸感觉，使他放松自己、满足现状，所以很难成功；相反，那些有着杰出贡献的人，他们每时每刻都会使自己处在一个适度的忙碌紧张状态中，虽然这样会带来紧迫感、危机感，而正是这些特有的紧张、压力，激发出内在的无限能量，助其获得成功。

小芳：这个，不会也是心理学的范畴吧！

李老师：答对了，这种现象叫作"鲶鱼效应"。

小芳：鲶鱼效应？

李老师：这个效应来源于人们日常生活中。有一种鱼叫沙丁鱼，沙丁鱼一出水后在很短的时间内就会死，聪明的渔民们想出一个办法，就是在沙丁鱼群中放入它们的死敌"鲶鱼"，这样沙丁鱼存活的时间就长了，这与我上面给你讲的故事是一样的道理。

小芳：原来如此。现在我生活里简直就是被放了很多鲶鱼，玩不好就要命了。

李老师：总归先要玩一玩才知道自己玩不玩得好嘛。

小芳：我怕呀……

李老师：怕什么？不管怎么，对你来说都是好结果。

小芳：万一忘词儿了，也是好结果？

李老师：是呀，至少你知道自己当众发言需要锻炼，你知道演讲到底是怎么回事，而且大家往往会忘掉说得顺利的，却会记得那些忘词儿的。恐怕这一次演讲下来，全校一半的学生都会认识你了。

小芳：我不想出名啊老师。

李老师：你不要把演讲看成天要塌下来的事。不要烦恼和焦急，也不要急于求成，否则会方寸大乱。首先应该沉着，并做些放松性的自我暗示，"焦急是无济于事的"、"紧张只会让自己出错"，这样你就会放松下来去演讲了。这种内心的锻炼，可不是简简单单的出名两个字就可以概括的。

小芳：嗯。好吧，我觉得您说得很对，我试试。那您能用心理学的观点帮我把把演讲稿的关么？

李老师：可以呀，你写好了发到我的邮箱就可以。

小芳：好，那就不客气了。大恩不言谢！

李老师：好说好说。

其实，任何事情都是真正投入之后就不会觉得很难，徐小芳一开始以为自己根本写不了演讲稿，还想请林晓梅代笔，但自己找了找灵感，也能写出来一篇文章。她修改了两次之后就请李老师润色，李老师给了不少意见，让她的演讲稿更加丰满。

"接下来是初一（1）班的张晓童同学进行演讲，初一（3）班徐小芳同学做下准备。"主持人熟练地报幕。

台下是黑压压的人群，那里有徐小芳的同学们、老师们，操场边还有一个熟悉的身影，那是小芳的爸爸，正好在学校附近检查绿化，听到女儿的名字，他好奇地靠近校门。

小芳轻步地走向演讲台，站在中央的那一刻，她发现被灯光照着的感觉很好，她发现自己一点儿也不紧张了。

大家好，我是初一（3）班的徐小芳，今天我演讲的题目是："成长在集体中。"

……

小芳那天发挥得很好，口齿清晰，声情并茂。虽然谈不上旁征博引，但那些质朴的话语也感染了台下的同学。三分钟时间，她不仅讲完了自己拟好的内容，还补充了一些随机的想法，同班同学都齐刷刷地望着她，这个舞台是真正属于徐小芳的。

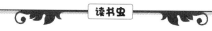

汉斯的鲶鱼

挪威人喜欢吃味美的沙丁鱼，因此鱼的死活便是影响价格的重要因素。每逢挪威人的渔船返回港湾，鱼贩子们都会挤上来买鱼，但是当渔民将捕捞的沙丁鱼运回渔港时，发现大多数的沙丁鱼已经死了，死鱼卖不上价，只能低价处理。

但是，其中有一位名字叫汉斯的渔民，每次上岸时他捕来的沙丁鱼仍然是活蹦乱跳的。

其他渔民都觉得非常奇怪，就跑去问汉斯："路程那么远，你用什么办法使沙丁鱼活下来呢？"

汉斯说："你们去看看我的鱼槽吧！"

原来，汉斯的鱼槽里有一条活泼的鲶鱼到处乱窜，使沙丁鱼们紧张起来，加速游动，因而它们才活下来。鲶鱼放进鱼槽后，鲶鱼因其活力而四处游动，偶尔追杀沙丁鱼，沙丁鱼呢，则因发现异己分子而自然紧张，四处逃窜，把整槽鱼扰得上下浮动，也使水面不断波动，从而氧气充分，如此这般，就能保证沙丁鱼活蹦乱跳地运进渔港。

五、秒杀高原反应

教学楼的天台常常是关着的，老师不让学生上去，害怕推推攘攘出什么意外。但是同学们总是对高处有着向往，站得高看得远，那些恋爱的、闹矛盾的、心情不好的，都喜欢跑去楼顶。徐小芳很少去，她是个多一事不如少一事的人。不过，这几天天气都好得很，她猛然间也想到天台去吹吹风。

已经是 10 月中旬了，太阳也没夏日那么刺眼了，小芳他们已经升到初二了。呵，时间过得真快。

站在教学楼的天台上，可以看到海边。红顶小房子在落日的照射下宛如童话世界，即使是班上淘气的男孩子，看到这一幕也会安静下来吧。

突然，小芳听到角落里的哭声。

那不是二班的尖子生任诗语么？她在那里哭什么？

"你还好吧？"徐小芳小声问，"是不是打扰你了？"

任诗语抬起泪眼，看到徐小芳之后，没有作声。大概觉得尴尬。

"你怎么了？"

"没什么，我考得不理想，上来哭会儿。"

"不理想也比我强多啦。"

"我已经连着三次测试都没有拿到第一了。也许你听着觉得可笑，第二名还在这里哭，真矫情。"

"啊，不会。每个人对自己的要求不同。不过第二也真的很厉害。"

任诗语摇摇头，不再说话。也许她只想一个人静一静，那我就下去吧。想到这里，徐小芳自觉地下了楼。不过任诗语的话倒是让小芳想起自己最近一段时间的表现。

"小芳，你怎么了，今天好像不高兴啊！我特意来谢谢你的，由于你这段时间的帮助，这次的考试我进步了很多。谢谢你。"晚饭后，赵玲玲过来找小芳。

"这么客气干什么，我们是朋友嘛！朋友之间互相帮助是应该的。"

"既然是朋友，那就和我说说你的心事呗。下课了还在发呆，一看就有问题。"赵玲玲关心地问。

"玲玲，我感觉最近我的学习状态到了一个瓶颈期，上学期期末考试加上这次测试，我的成绩一点长进也没有，而且还有下降的趋势。"

"也许，这次考试的题没有在你复习的范围内吧！没关系的，我相信你，你看我，自制力那么弱，不也有所提高了吗？"

"但愿如此吧！要是能像班长一样该多好，每次考试都能拿第一。"小芳羡慕地说。

说曹操曹操就到，这时班长走向讲台，大声说道："同学们，大家静一静，这周五下午开家长会，刘老师让我通知大家一声。"

"啊！不会吧！噩耗啊噩耗！"

"这次我考得不好，怎么向家里人说呀！"

"哈哈，这次的进步名单里有我，这回老爸肯定会带我去玩。"

"开完家长会，回家要男女双打了！"

顿时，教室里炸开了锅，只有小芳沉默不说话。虽说自己的成绩还可以，但是她觉得自己还需要做得更好。上学期的时候有进步，可是现在却没有什么动静了。家长会的时候，老师恐怕也不会提到自己，父母好不容易来参加一次家长会，自己不能给他们脸上添光，还耽误他们的工作，真是不应该。

回到宿舍，小芳就想立刻找李老师。

小芳：呼叫李老师。

李老师：吼吼。

小芳：老师，最近一段时间，无论我怎样用功学习，成绩却没有任何提高，阶段性考试成绩甚至出现下滑。这周五我们就要开家长会了，父母该失望了。

李老师：小芳同学，恭喜你进入进步的另一个阶段：高原区。

小芳：高原？不会是青藏高原吧，太大了我扛不住。

李老师：发一个图你看一下。

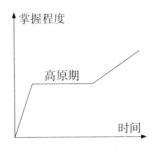

小芳：收到。

李老师：技能学习的练习曲线显示，练习者开始进步快，曲线中间有一个明显的或长或短的进步停顿期，后期进步慢。中间的停顿期叫高原期或高原现象。这是学习过程中出现的一种学习成绩与学习效率停止不前的时间，心理学称为"高原现象"。

李老师：停顿不代表止步，只要你保持良好的学习心态，循序渐进地学习，相信你一定会渡过这个高原期的。

小芳：嗯。是我自己太心急了，想一直往上走。

李老师：哈哈，人在江湖，起起伏伏，正常。

小芳：老师的心态总是这样好，羡慕。

时间过得可真快，转眼就到周五了，对于今天的家长会，同学们有人期待，有人惆怅，真是几家欢喜几家愁啊！自从跟李老师聊完天后，小芳没有以前那么紧张了，她觉得自己应该坦然面对。虽然同学们都在外面自由活动，但是没有几位同学玩得踏实，因为开完会后，每个人都不确定自己今晚的结局是什么。

一个小时的时间对于同学们来说真的是太漫长了，家长会结束后，家长们陆续出来了，有的家长脸上露出了欣慰的笑容，有的家长则面色凝重。

"小芳，小芳！"爸爸大老远地喊道。

小芳小心翼翼地来到爸爸身边："爸爸。"小芳不知道，接下来迎接她的是暴风骤雨还是和风细雨。

"小芳！爸爸先回去了，我只请了两个小时的假。"

"哦，那个，老师没有批评我吗？"小芳疑惑地问。

"没有啊！老师不但没有批评你，而且还表扬了你，说你学习勤奋认真，爸爸很高兴。"

小芳终于放心了，但她希望自己可以尽快渡过这个高原期，学习如逆水行舟，不进则退。

"哎，今天有人在微博上@我，看看是谁。"

小芳点开，原来是李老师的一篇长微博。网速很慢，就在缓冲的时候，小芳看到李老师的微博已经有接近一千条了，看来微博这个东西还真的能积累不少东西。

心理学研究表明，学习者在学习各种新的知识和技能的过程中，其能力和水平的发展并不是直线上升的，一般要经历以下四个阶段：

1. 开始学习阶段：这个阶段由于要了解、摸索新规律，所以提高较慢。

2. 迅速提高阶段：学习者初步掌握了学习规律，成绩明显提高，信心十足。

3. 学习高原期：学习者这时已经掌握了一定的知识，水平也提高了，剩下的多是疑点、难点，加之心理等因素的影响，进步速度比较缓慢甚至停滞。

4. 克服高原阶段：学习者坚持学习，不断探索、改进学习方法，学习成绩又开始逐步上升，能力水平达到新的高度。

一般来说，"高原现象"是学习过程中迟早都要面临的，当进入高原阶段，如能认真诊断，坚持下去，就能更上一层楼，反之则徘徊不进，难以突破旧有局限。

在这里给困惑中的人一些建议。

1. 打好基础。

在学习的某一阶段出现"高原现象"，原因在于原有知识基础有欠缺，支撑不了更高层次学习的需要，这时需要回过头来补一补课,这样学习起来就不会那么辛苦。

2.优化自己的学习方法。

根据不同阶段的学习任务和进度及时调整自己的方法和策略,这样才会有事半功倍的效果。

3.劳逸结合。

注意脑力劳动与体力劳动的平衡,使疲惫的身心松弛下来。

4.有良好的心态。

不管现在的学习如何不理想,都要意识到这是学习过程中的正常现象,要不气馁、不退缩,保持锲而不舍的学习精神。这样才能渡过"高原期"。

小芳:受教了! 李老师这里真是有求必应,我就不留言了。

读罢这条,小芳继续看了李老师的不少微博,有笑话,也有生活中的点点滴滴,可惜一张李老师的照片都没有,好久不见,不知道他是怎样的状态呢。

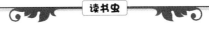

探秘学习高原

布瑞安等曾经研究了收发电报中动作技能的进步,结果发现,在收报练习15～28天之间,成绩一度停顿下来,虽有练习,但成绩却不见提高,这就是练习进程中的高原时期。弗兰克斯等也曾经在研究中发现了高原现象,他的实验任务是追踪物体,每天练习105次,共10天。结果发现,在最初的4天中,进步十分明显;在第5、6、7三天中,学习没有提高,呈现高原现象;而7天后,学习成绩进一步提高。其他技能如弹钢琴、射击、打太极拳等的练习中,都存在类似的高原现象。

高原现象是学习成绩一时性的停顿现象,它与生理的极限和工作效率的绝对顶点是不同的。而且,并不是所有的人在学习过程中都必然存在高原现象。具体来讲,当学习一段时间后,好奇心已满足,学习兴趣不如刚开始的时候那样强烈,学习动力随之下降;也许目前使用的学习方法已不再适应这一阶段学习的要求;也许是生理状况欠佳,精力不够充沛;也许是原来形成的知识结构网络不适合进行新的学习……诸多因素,致使我们的学习停滞不前。

六、跳出失利怪圈

期末将至。

经过一系列调整，小芳的心态已经变了很多，可马上就要面临整个学期的考验，自己是可以如愿进步，还是期待惊喜迎来惊吓？大概每个人心里都在想，这次考试的结果直接决定着假期的生活质量，所以她格外慎重。同桌范小林这几天一直在看英文，他的对策是，与其死记硬背，不如多阅读，培养语感这种捉摸不定的感觉，到时候看谁顺眼就选谁，命中率比自己根据有限的语法选的要高多了；赵玲玲最近开始猛攻数学，自习总是在做数学题，而小芳选了一些自己觉得尤其需要补的知识，反复复习。

黑板的左上角是同学们自发写的放假倒计时，这也是期末考试的倒计时。

20

19

……

7

6

到第五天的时候，小芳已经是连续第三天失眠了。

"怎么会这样？李老师教我的二八法则我也在用，高原期也已经渡过了，为何自己还是这么不成熟，会失眠呢？"小芳似乎没有感觉到多少压力呀，怎么身体不受自己控制。

失眠第四天。

还是去找找 Lion 吧，不管他有没有时间，毕竟是自己的首席顾问呢。

经过一天的考虑，小芳还是决定去见见李老师一面，她胆怯地来到办公室，轻轻地敲了一下门。

"请进。"一个浑厚的声音响起。

小芳慢慢地走进办公室，想说话却又欲言又止。

"小芳同学，你好。"李老师先开口了。

小芳这时才敢抬头看李老师，他穿着一身休闲服，脸上挂着笑容，还真是好久不见。

"李老师……"话到嘴边了，不知为什么却不好意思说出来。平时通过网络联系，小芳习惯猜测李老师的表情、神态。今天不请自来地当面聊天，她却像有点害羞，一时间语塞，情急之下赶紧找了个理由："一直受您关照，谢谢您！"说完，小芳给李老师深鞠一躬。

"小芳同学，你太客气了！帮助你们是我应该做的事，只要你们有所进步，对于我来说，就是最好的感谢了！"李老师赶紧说道。

小芳站在那不动，想说自己又遇到困难了，但又不好意思开口。这时老师看出小芳有心事，便问道："是不是有什么情况？"

"老师，我这几天总也睡不着。今天第四天了……"

"失眠呀。"

"嗯，挺可笑的。其实我自己也没有给自己什么压力呀？"小芳不好意思地说。

"你这失眠很好治。来，看看这本书。"说完，老师给她递过来一本《牧羊少年奇幻之旅》，"字很大，排得很空，一会儿就看完了。看完还给我哦，也许还可以治疗下一个失眠患者。"

小芳将信将疑地拿走了那本书。好吧，那就抽空看看，估计一两个小时也就足够了。

打开书，小芳陷入一个奇幻的世界：牧羊少年圣地亚哥接连两次做了同一个梦，梦见在埃及金字塔附近，藏有一批宝藏。在撒冷之王的引导下，少年卖掉羊群，历尽千辛万苦一路向南，跨海来到非洲，穿越"死亡之海"撒哈拉大沙漠。这一路上，他的奇遇不断，一位炼金术士指引他克服了意志、心灵上的种种困难，终于到达金字塔前，宝藏究竟是什么，也在最后时刻揭晓。

"你说，让我倾听我的心？"圣地亚哥问带着他前行的炼金术士。这个炼金术士同样作为天命的向导，来助他接近梦想。

"是的。"炼金术士回答。

"为什么要这样做呢？"

"因为心在哪儿，财宝就在哪儿。"

"我的心很不安分。"圣地亚哥说，"它会梦想，觉得财宝才是人间最宝贵的东西。可是它也会激动，会爱上沙漠里的女人，会希望为了爱情而停留。当我思念我的爱人时，它会让我整夜整夜无法入睡。"

"这说明你的心很活跃。你要想办法听听它说什么，而不是关注它给予你的嘈杂的讯息。真相往往掩藏在很多的烦恼之中。"炼金术士说得似是而非，但是圣地亚哥并没有停止他的提问。

"我的心很叛逆，似乎不太想让我继续前行。"

"这样很好。在实现自己的愿望之前，心里总是会有些担心。可是，你不能为此就停止了脚步，因为你的心也会偷懒，它会希望你停下来，这样它就不用再为了你的梦想而烦恼。你做任何决定的时候，都是要用心来判断的。可是，它并不希望为了你而履行任何责任，所以不管你做任何事情，心灵总是会发出阻止的讯息。只要你冲破它的阻碍，它就没办法再跟你抗争了，只会顺从你，从而为你服务。"

我现在不就正在被心中的杂念控制着么？小芳心想，这位炼金术士太厉害了。不过他的话好难懂。"战胜内心的杂念，朝自己期待的方向看齐"，这是小芳从书中找到的一条启示。当然，圣地亚哥途中遇到的不光是导师，也有引诱者、欺骗者，这些困难、阻碍不仅没有让他打道回府，反而让这个单薄的少年内心坚如磐石。

从晚饭前一直到熄灯，小芳都抱着这本薄薄的书爱不释手。读毕，她内心仿佛注入了一股新力量，至于究竟是什么，她还说不上来。也许是连续几天的失眠和阅读后的激动给她带来的综合效应，小芳的头脑里面像涂了一层清凉油，凉丝丝的，整个身体都好像变轻了很多。心中一个巨大的郁结散开了，每一科的条理都很清晰，她觉得安心，安稳。

一夜无梦。

2天。倒计时上清清楚楚地显示，明天就开始考试了。也许，在这之前应该再去检查一下自己的作业邮箱里，有没有遗漏考试安排信息。

有一封邮件，应该是Lion。小芳点开一看，一页深蓝色的信纸，白色的字清晰而神秘。

亲爱的小芳：

　　很高兴这个学期和你一起度过，我们分享了很多心思，也一起解决了不少问题。首先感谢你对我的"研究课题"的支持，就像你猜的那样，我不过是借着这个借口来了解你。

　　这学期你的进步真的很大，不要谢谢我，这都是你自己的功劳。我看到你从埋头苦读变得乐观了，开朗了，还发现你的眼睛比过去更有光彩；我知道你一直把自己视为家里的顶梁柱，你想早点成长，保护父母。所以老师会给你不变的支持。

　　作为这学期的最后一堂"心理课"，我要告诉你的是：不断地给自己积极的暗示。

　　早晨在上学前照照镜子、整整衣服、理理头发。有的人从镜子里看到自己脸色不太好看，这时马上有不快的感觉，顿疑自己是否得了病，继而觉得自己全身无力，觉得自己不能上学，甚至到医院就医，这就是消极的自我暗示。而有的人则不是这样。当在镜子里看到自己脸色不好时，马上用理智控制自己的紧张情绪，并且暗示自己：到户外活动活动，呼吸一下新鲜空气就会好的，于是精神振作起来，高高兴兴去上学了。这种积极的自我暗示，有利于身心健康。

　　当然，暗示对于我们的生活有绝对的控制权。因为生命不是这么单纯，所以我们在遇到困难时应该选择积极的态度，用心去找出问题的起源，然后果断地采取各种措施加以解决，而不是发疯似的在小圈里打转，像一艘在大海中迷失方向的小船。

　　Ps: 了解了解罗森塔尔效应

　　罗森塔尔效应就是以赞美、信任和期待的形式去激励个人，它能改变人的行为。当一个人获得信任与赞美时，他便感觉获得了社会支持，增强了自我价值，变得自信，从而获得一种积极向上的动力。当然这种积极的心理暗示可以是别人给予你的，也可以是自己给予自己的。

有很多心理学家研究表明，当你在潜意识中制造消极的观念后，潜意识便会将制造过的差错想法，不分时候地任意归还于你，因此在你的思绪过程中，极可能会被误导。

在这里我可以教你一些积极自我暗示的方法，早晚睡前醒后的时间进行自我暗示是再恰当不过了，你可以躺在床上，每次花上几分钟，身体放松，进行以下自我心理暗示——描述自己的天赋和能力；想想你成功的景象；用简短的语言给自己积极有力的暗示。如：

我是一个能做大事的人，我的一生绝不能碌碌无为！

我知道我想要的生活是什么，我必须实现它！

我是一个坚定的人，没有什么能动摇我的决心。

失败永远是暂时的，过去的失败只意味着将来更大的成功！

恐慌是顾虑造成的，我只要抛开杂念，专注于我的目标，就不会再恐慌。

我有巨大的潜能还没有开发，但是散漫的习惯影响了能力的发挥，一定要克服散漫。

我越相信自己，我的能量就越大。

我完全可以干得比别人更好。

我只要专心致志，就能考出好成绩。

这些给自己鼓励与赞美的话语就是一种积极的自我暗示，当然事实也许并非如此，但又有什么关系？反复运用、经常暗示，你就会接受这种观点，进而充满自信！

积极的自我暗示就像一种秘密咒语，不仅帮你渡过这次考试的难关，还会在你以后的人生中起到意想不到的作用，希望你牢记这条咒语，继续前进。

邮件真的很长，小芳害怕自己看串行，又反反复复看了几次。

　　李老师，您太有心了。小芳心想，自己从老师那里得到的鼓励，一次比一次更有力量，她希望这种力量不是三分钟热情，不是半学期的还魂丹，她在考试完之后，一定要把这些点点滴滴都整理成文章，将来和更多的同学分享。

测试控

天黑请闭眼……

　　积极的心理暗示对人的发展至关重要，那么，你是一个容易受人暗示的人吗？通过下面的这个小测验你就知道了。注意，这个小测验需要另外一个人的配合才能完成。

　　请你坐在椅子上，双手水平伸出，掌心朝上，闭上双眼。然后在你的双手上系上两根绳子，另一个人告诉你现在他在你的左手上系了一个氢气球，并且不断向上飘；在你的右手上绑了一块大石头，向下坠。

　　3分钟以后，观察双手之间的差距，距离越大，则暗示性越强。

第五章

发动竞争超马达

——补齐你的短板

心有多大，舞台就有多大。你们人生的路很漫长，不会一辈子在考试，不会一直为五分、十分计较。你们学习、考试的目的是学到知识，最终走出校园，成为你们梦想成为的人。

一、失落：心中的金海螺不会被冲走

伴随着清脆的上课铃声，晚自习在同学们的英语朗读声中开始了。

一个诡异的身影在窗外晃动，响声时轻时重，生怕惊动了教室内的英语老师。陈超润偷偷摸摸推着自行车急着要逃晚自习。然而这一切逃不出英语老师的法眼，她定睛一看，出车棚有一道门槛，发现陈超润正忙着逃跑使劲拽车子呢，于是缓缓过去帮忙抬了一把。陈超润抬头一看是英语老师，也不慌，龇着一口白牙嘿嘿笑了。

这滑稽的一幕都被班主任刘老师看在眼里。

看着这调皮的家伙跑远了，刘老师问："今儿英语晚自习，你不逮他回去，还帮他抬车子？"

教英语的唐老师抬抬鼻子上的金丝眼镜，叹口气："这小子就没长学英语的脑袋，由他去吧。"

陈超润的语文也差得有水平。教语文的陈老师喜欢一边改作业一边聊天，每次都能听到她抱怨：

"这个陈超润，他就不会正着写字吗？每个字都能斜成45°，真是服了他。"

"这个陈超润，六百字的作文，他给我写六行就交代了！"

"陈超润这孩子，胆子太大，问答题全空着！"

即使这样，陈超润的数学天赋却很高。一到了数学课，陈超润像变了个人似的，容光焕发，两眼冒光，恨不得立刻举手向全班直接宣布黑板上的数学题目答案，而且还是分别以不同的三种解法公布，正是因为这样，同学们称他为"数学天才"。

陈超润——"数学天才"，文科短板，偏科。思维敏捷、说话直接、适应能力强、做事很讲效率，数理逻辑智能、自然观察智能强。但他经常骄傲自满，固执己见，投机取巧，机灵调皮，刘老师对此是又爱又恨，实属无可奈何。他还是班级N4团体的核心成员，初一(3)班最能折腾的是 N4，他是 N4 中脾气最好的那位，有点厚脸皮，和谁都玩得到一块儿，大家都喜欢他。

N4 的另一大活宝是班长韩修鹏，如童话王子般帅气英俊，走到哪儿屁股后面都跟着一串女生，女生都亲热地叫他"修酱"；而苏洛洛属于腹黑女，不爱吭声但是很有主见，是 N4 的主心骨；葛怡，年龄最小，瘦胳膊瘦腿奈何气场最大，嗓子一拉谁都得听她的。就是四个这样的家伙，成天凑在一起，给初一（3）班带来了不少欢乐。

陈超润一天到晚都笑嘻嘻的，可是今天他笑不出来了。

新学期开学，天气还是冷的。陈超润捧着一堆数学作业本从办公室出来，被冷空气刺激得缩了缩脖子。这摞作业本最上层是三本习题，看着这些习题，他难过得撇撇嘴角，几乎要哭出来。

这是数学竞赛的练习题，班主任刘老师让拿给预备参赛的同学做练习用的。原本，应该有一本是他的。今年暑假，滨海市教委要举办金海螺学科竞赛，这个竞赛每隔两年举行一次，为国家级竞赛输送人才。放寒假之前，数学老师专门找过陈超润，让他利用放假的时间多做习题，年后参加校内选拔赛。

陈超润不是班长韩修鹏那样十项全能的好学生，他偏科厉害，数学特别好，从小学开始就拔尖儿。英语、语文却烂得一塌糊涂，倒也不是说文科基础特别差，而是他对这些科目常常投机取巧，根本不用心，没有像对待数学那样认真。进了初中选数学课代表，他把手举得高高地自荐——他太喜欢数学了，数学课代表这样跟数学老师频繁互动的工作，他当然不想错过。

刘老师负责教数学，她很喜欢陈超润，觉得这孩子脑瓜灵活，喜欢钻研，一个问题他能自己构思出两三种解法。看看陈超润三两笔就涂抹完的语文作业，再看看他齐整、认真的数学本，简直想象不到这是同一个人写的功课。金海螺的学科比赛，一个科目每班要提供四名候选人，刘老师第一个圈定的就是陈超润的名字。陈超润也确实没有辜负老师的期望，寒假期间除了和 N4 的好朋友韩修鹏、葛怡和苏洛洛出去逛了几圈，大部分时间都在做习题，有了不会解答的问题还上 QQ 给刘老师留言，请老师帮忙解答。

开学之后，刘老师一看新发下来的考纲犯了愁。今年金海螺的考纲改动很大，为了促进学生全面发展、不全以竞赛为目的，考试题不再是单纯的数学题，考卷中有30%的内容是语文和英语。如果光考数学，陈超润没得说，他聪明又肯学。可是说到英语和语文，他的成绩真是……刘老师想想就头大。

刘老师最终决定让陈超润退出选拔赛。

上晚自习的时候，参加选拔赛的同学们座位上都空着，他们去参加学校组织的统一培训了。无所不能的美少年"修酱"韩修鹏也参加了英语培训："其实以我的成绩参加哪个科目都可以，不过我有1/4法国血统，我认为参加英语项目跟我的异域风情更相配。"

韩修鹏的说法引发了"'修酱'崇拜团"女孩们兴奋的窃窃私语，而N4的朋友则很不给面子地齐刷刷给他来了一段"鄙视操"，这是葛怡专门为了鄙视韩修鹏编的一套手操——像奥特曼一样挥出左手，然后挥出右手，接着做出扔垃圾的样子，再附上极端鄙视的咧嘴表情——三个人一起做，气势十足，鄙视之气如滔滔江水汹涌而来。

每次做这个操的时候陈超润都很开心，这次他却高兴不起来。他也想去参加培训，要是他像韩修鹏一样学习万能就好了。上天真不公平，一样是造人，把韩修鹏造得那么帅，号称360°无死角美男；帅就帅吧，还让他那么聪明，考试考个95分都是大灾难，要反思好几天。

看着朋友空荡荡的座位，再看看自己桌上那些写了很久的"加小灶"的习题，陈超润难过极了。唉，英语，语文，这都是陈超润最讨厌的东西，可他却偏偏总逃不出它们的魔爪。今天是语文晚自习，陈超润不想学习，偷偷拿出手机上网。

"唔，有邮件。"陈超润打开QQ邮箱，心说："不会又是无聊的中奖信息吧。"

发件人：Lion。

陈超润好奇地点开邮件：

超人，你好！

不用猜我是谁，我打赌你抓破头皮也想不到我是谁，所以还是不要做这种无用功了，还是来说说你的事情吧。

超人，请相信一点，虽然我们彼此并不熟悉，但我是你真诚的朋友，希望能为你提供帮助。今天你得知自己不能参加金海螺比赛的选拔赛了，一定很难过吧？我知道你对数学的热爱，也知道你为这个比赛做出了多少努力。在大家都在享受愉快的寒假，你却在专心致志地做习题，如今被告知不能参赛……如果是我，我一定会难过地哭出来，而你一直笑眯眯的，表现得很坚强，你是个了不起的男子汉！

陈超润回复了邮件：

谢谢你啊，Lion，神秘的你现在安慰不了郁闷的我了。我烦死了。

我现在非常绝望。我那么努力，最后却连上战场的机会都没有。如果是数学方面的不足，我去努力一下还有希望，偏偏是语文和英语，我的两大死穴啊！神啊，要是不考英语和语文该多好，那样我的人生一定幸福多了。

Lion 很风趣，他这样回复的邮件：

我也得说"神啊"！你，乐观聪明，活力十足的小马达陈超人同学，竟然说出了"绝望"两个字。我宁可"绝望"这俩字是从多愁善感的"林妹妹"嘴里说出来的。你若平时多用点心，认真应对，语文和英语对你来说是小菜一碟啊。

"哎呀，这家伙不仅这么了解我，还知道林妹妹呢！"陈超润心说。

超人，你听说过"塞利格曼效应"么？公元 1967 年，塞利格曼和梅尔用狗做了一项动物实验。他们把一条狗关进笼子里，让狗听蜂鸣器，每次蜂鸣器一响狗都要受到痛苦的电击。可怜的狗在笼子里无处可逃，开始的时候还有想出去的欲望，后来就只会默默忍受。

过了一阵子，当蜂鸣器响后，实验人员先打开笼门再对狗进行电击，狗也不会逃跑了——非但不会跑，还没有真的发生电击，它就会倒地做出受到电击的反应，比如身体颤抖、呻吟等。这是因为狗之前一直承受电击的痛苦，它已经"绝望"了，放弃了脱离困境的渴望。

我们看到这个实验的时候，觉得这只狗真可笑，它明明可以从困境中跳出来，结果却自己把自己困在牢笼里承受无尽的痛苦。可是生活中，我们自己往往也不自觉地像这只狗一样做出了愚蠢的选择。比如现在的你，就像那只傻乎乎的小狗一样，让自己没完没了地痛苦却不试着改变什么。

陈超润回复邮件说：

Lion 你太坏了，竟然说我是小狗，还是傻的！不过，你说得没错……我好像真的犯晕了，现在我觉得一切都很糟糕，我感到非常难过，又不能改变什么。

刘老师向我说明了情况，金海螺竞赛的大纲改了，英语和语文占到卷面分数的30%，太可怕了，我这两科烂得丁当响。如果光考数学我是有把握出线的，我做了前年的金海螺试题，得了很高的分数，能在市里排上名次的。如今因为英语和语文，什么希望都没有了。

Lion 似乎没有陈超润那么悲观：

超人，你被一时的悲观蒙蔽住了，其实只要努力尝试，还是有希望的呀。金海螺试题虽然加入了英语和语文的内容，可是难度都不高，只相当于平时考试的程度，如果你把平时课上的内容学好，在这些部分是不会丢很多分的。

出题人的初衷，就是希望参加比赛的学生能全面发展，尤其是初中阶段，正是打基础的时候，如果不能学好一些常规科目，将来进行高难度的数学学习也会遇到障碍。如果你仔细看看组委会提供的练习题就会发现，数学练习题中涉及的语文和英语题目，比语文竞赛、英语竞赛的题目简单多了！

陈超润似乎看到了一丝希望，回复邮件说：

谢谢你，Lion。我的心情已经平缓了很多，被你这样一说，金海螺竞赛好像没有那么复杂了。但刘老师并没有站在你的角度思考，更没有再给我一次努力的机会。这种失落感真的很难释怀！

Lion 又解释道：

失落感之所以存在，是因为你没有正视它，一旦正视它，失落感反而就烟消云散了。有一本人生杂志，上面刊载如下的新闻：

有一位曾在战场上受伤的士兵，当他从手术台上醒过来的时候，军医对他说："你再休息一会儿，你就会痊愈了，唯一遗憾的是，你已经失去一只脚了。"

没有想到，这位伤兵却大声抗议说："不对，我这只脚不是失去的，而是被我遗弃的。"

任何人在读完这篇报道后，都对这位士兵那种毫不沮丧地接受悲剧事实的勇敢，感到由衷的敬佩。他能把失去的，改称为被遗弃的，显然表示他已经越过绝望的深渊。

不管"失去的"也好，"被遗弃的"也好，反正是自己已经没有了的东西，这是一个改变不了的事实。不过，如果你认为它是失去的东西，那么，你的意志与感受便会不断地牵挂在那件失去的事物上了。换句话说，失去的东西具有尚未了结的性质，所以内心一定会万分地惋惜，甚至还会想不开；相反的，如果你把它想象成被遗弃的东西，那就表示它是废物，在这种情况下，你就会以轻松的心情来处理了结的事物，而且对它不再眷恋。

所以，超人你不要灰心，机会还是有的！而且很大。你一定不能轻言放弃，初一目前学习到的英语和语文知识还很简单，距离金海螺校内选拔还有两个多月时间，足够修补你的知识漏洞。

超人，搏一把！

看了 Lion 的信，超人一下子热血沸腾，"我还有机会！"对啊，初中才过去一个学期，而他有两个多月的时间补习英语和语文，这个时间其实是非常宽裕的。金海螺数学卷子里的英语和语文题都不难，也就是说只要他肯补习，就能赚上这 30%的分数，与其他考生在 70%的数学分里争高下……超人越想越激动，他溜到苏洛洛书桌旁："洛洛，才女！亲爱的洛洛！帮我补习语文吧！"

苏洛洛桌上摊着课本，课本上又撂着一本《人间词话》，她惊讶地看着陈超润："超人你没发烧吧？帮你补语文？"

"对啊！我要补语文！"陈超润激动地给苏洛洛描述了自己的补课大计。

"……超人，有志气！不过，语文是靠积累的，不是一天两天就能学出来的，建议你还是以培养语感为主，多阅读，'四大名著'是必须看的，以你的性格，你还是先从《西游记》看起吧。对了，台湾作家挺不错的，最近我在读白先勇的《台北人》……"

陈超润脸都绿了："大姐，我是要应付考试，麻烦你先告诉我怎么提高分数好不？"

"……额……等我找语文书看看，给你弄个学习规划吧……"

苏洛洛虽然对考试没啥兴趣，但是她喜欢文学，对学习语文还是颇有一套的。很快她就给陈超润制订了一套详细的语文补习计划，从字词句到作文全包括了。超人非常感动，盛赞她是 N4 的女诸葛，还附送一个"姐妹情深"的大大拥抱。

韩修鹏回到宿舍很晚，回来就开始背英语。陈超润像个猴子一样从上铺倒吊下来，眼泪汪汪地装可怜："亲爱的修酱，你可回来了！我等你好久了！来，这包薯片给你吃，是你最喜欢的牛排味，牛排唔，最适合你浑身上下每个毛孔洋溢的异国风情……"

韩修鹏一手接过薯片一手用书敲他晃来晃去的脑袋："无事献殷勤，非奸即盗！说吧，你又干啥好事了，是穿脏了我衣服，还是又弄坏我什么东西了？"

"绝对不是！"陈超润从上铺爬下来坐到他身边，"修酱，帮我补英语吧！"

韩修鹏做出和苏洛洛同样的反应："你没发烧吧！"

陈超润正色说："我是真有事，我想补习英语，去参加金海螺的数学选拔赛。"

测试控

"镜子主义"人生观

你是个乐观主义者，还是个悲观主义者？你是透过亮丽的镜子，还是透过灰暗的镜子来看待人生？

1.如果半夜里听到有人敲门，你会认为那是坏消息，或是有麻烦发生了吗？

2.你随身带着安全别针或一根绳子，以防衣服或别的东西裂开吗？

3.你跟人打过赌吗？

4.你曾梦想过赢了彩票或继承一大笔遗产吗？

5.出门的时候，你经常带着一把伞？

6.你会用收入的大部分用来买保险吗？

7.度假时你曾经没预订宾馆就出门了吗？

8.你觉得大部分的人都很诚实吗？

9.度假时，把家门钥匙托朋友或邻居保管，你会把贵重物品事先锁起来吗？

10.对于新的计划你总是非常热衷吗？

11.当朋友表示一定会还时，你会答应借钱给他吗？

12.大家计划去野餐或烤肉时，如果下雨你仍会按原计划行动吗？

13.在一般情况下，你信任别人吗？

14.如果有重要的约会，你会提早出门以防塞车或别的情况发生吗？

15.每天早上起床时，你会期待美好一天的开始吗？

16.如果医生叫你做一次身体检查，你会怀疑自己有病吗？

17.收到意外寄来的包裹时，你会特别开心吗？

18.你会随心所欲地花钱，等花完以后再发愁吗？

19.上飞机前你会买保险吗？

20.你对未来的生活充满希望吗？

计分方法

每道题答"是"得 1 分，答"否"得 0 分。

测试结果

0～7 分：你是个标准的悲观主义者，看人生总是看到不好的那一面。身为悲观主义者，唯一的好处是你从来不往好处想，所以很少失望。然而以悲观的态度面对人生，却又有太多的不利。你随时会担心失败，因此宁愿不去尝试新的事物，尤其遇到困难时你的悲观会让你觉得人生更灰暗。

8～14 分：你对人生的态度比较正常。

15～20 分：你是个标准的乐观主义者。

修酱非常义气，薯片也不吃，开始与陈超润共同研究如何补习英语。

二、挫折：打不死的灰太狼很伟大

经过两个月的努力，陈超润的补习计划进行得非常顺利。苏洛洛和韩修鹏这两位小老师当得可真不错，他俩对功课吃得透、学得扎实，给陈超润提供的都是非常实在的学习指导。当然光是老师使劲，学生不上心也没用的，陈超润拿出做数学题的劲头学习英语和语文，学得虽然吃力，却十分认真。

教语文的陈老师现在一边判作业一边念叨："这是陈超润的作业么？字儿都正过来了，写得规规矩矩。"因为苏洛洛告诉陈超润，语文卷面印象很重要，不管答题对错，字很乱，判卷老师一看就印象不好，这样在作文环节尤其吃亏。陈超润开始工工整整写语文卷子，而且不再三行两行地答题应付事。

唐老师也觉得陈超润变化很大，以前上课他不是拉着同桌说小话就是睡觉，现在可不一样了，每次上课他都坐得溜儿直，眼睛一眨不眨地盯着她的嘴巴，仿佛要把她说的每一句话吞下肚去。而且，过去她布置的背课文，陈超润回回都要滑头，现在他认认真真背诵，连课后习题都会提前写好。

这节课是班会，刘老师进来了："有个重要事情要宣布。"

"看刘老师笑眯眯的，一定是好事。"同学们悄悄咬耳朵。

"下周要举行春季运动会，周四、周五两天不上课。"

跳远、跳高、跳绳、铅球……啊，项目还真不少，大家都觉得很有意思，争先恐后报名。今年还增加了趣味比赛项目：男子运球上篮和女子一分钟投篮，陈超润打球巨棒，他和韩修鹏是球场黄金搭档，两人兴高采烈地举手报名。很多男生都喜欢篮球，想参加这个项目，不过N4出手谁与争锋，最后大家一致同意陈超润和韩修鹏代表初一（3）班出战篮球赛。

四位女将葛怡、苏洛洛和顾盛凌、罗小倩虽然打球不咋地，不过在女生中也算高手了，由她们出战女子一分钟投篮。

接下来要报名的是田径项目，报名的也不少。60 米、200 米、400 米、4 200 米接力都顺利凑齐了人，唯独到 800 米跑的时候，闹腾腾的教室静下来了。800 米，太痛苦了，谁都不愿意报名。

刘老师开始点将："丁晓磊，你跑步最好，你去跑 800 米吧。"

"不要啊老师，我已经报了 400 米和 4 200 米接力，再跑 800 米会累出血的！"

同学们全笑了。

"郭竞，你试试吧，挑战意志力的比赛值得尝试。"

"刘老师不要！你看我多虚弱啊，跑 800 米，我受不了啊，哦！我的小心脏！"郭竞做出虚弱的样子，"啪嗒"一下趴在桌子上，孩子们又哄笑了。

刘老师无奈了："陈超润，你去，就是你了！"

作为刘老师的课代表，陈超润只好苦着脸默认了这个事实。

接下来是女子组比赛，同样是前面的报名，大家兴冲冲举手，到了 800 米没人应征。

刘老师连意见也没征求就在笔记本上记下了葛怡的名字："葛怡，你去跑 800 米。"刘老师心说，女生里最能蹿的就是葛怡了，你不去谁去。

葛怡欲哭无泪。她爆发力好，100 米内无敌，可长跑是她的噩梦。

暖阳高照，杨树垂下了碧绿的穗子，滨海市第七中学春季运动会热热闹闹开始了。

"你们挥舞着充满力量的双臂，将实心球抛出成美丽的弧线，加油体育健儿，抛出你们的最佳水平！初一（3）班来稿。"

"勇敢踏上跑道，是一种选择；毫不留恋离开起点，是一种勇气；在赛场上驰骋吧体育健儿，身披阳光奔向胜利！初一（3）班来稿。"

……

作为初一（3）班的笔杆子，苏洛洛坐在方阵里一篇接一篇写加油稿，葛怡在边上伸头看着："难为你写出这种东西来，看得人起一身鸡皮疙瘩。"苏洛洛无奈地耸耸肩。不过刘老师貌似很喜欢这种风格，一听到广播里念自己班的来稿就笑眯眯的，还跟邻班班主任夸自己的学生文笔好。

篮球比赛安排在开幕式之后，很快掀起了运动会第一个高潮，陈超润和韩修鹏轻松夺下了第一名和第二名，让初一（3）班来了个开门红。女子组比赛葛怡和苏洛洛表现也不差，葛怡表现尤其神勇，她晃着细瘦的身板儿在球场上上蹿下跳，战胜了十几位人高马大的篮球女将得了第三名。

到了下午的 800 米比赛，之前生龙活虎的陈超润和葛怡一下子灰了脸。"这个比赛是要累死人的，"陈超润说着，摆出一个夸张的姿势，"不过岂能累倒我超人？"

"切~"大家异口同声，"看你下午表现再说！"

"哈哈，走着瞧，等我超人计策！"

才四月，滨海市的阳光已经格外灿烂，葛怡刚刚参加了女子 60 米比赛，为初一（3）班捧了个第一名回来。

几个朋友蹿上来又送纸巾又送水，热情赞美初一（3）班的女飞毛腿："壳壳你太神勇了！你应该再接再厉去参加 200 米，再拿个第一！"葛怡的小名"贝贝"，被同学们伟大的想象力发挥成了贝壳的壳，外号壳壳。

"不行不行！"葛怡大口咽下矿泉水，"我的能力范围只有 100米。"

"怎么讲？"

"我小学参加过 200 米比赛，头 100 米我奋勇争先跑在最前面，结果，刚过 100 米就像被针扎破的气球，一下子撒气了。"

陈超润大笑："哈哈哈哈，壳壳你就像奥特曼一样，耗光了能量就闪红灯。"

"就是这个意思……悲剧吧？"

"超人！ 800 米的要上场了！"体委举着名单远远吆喝。

"超人加油！"

"嗯嗯让我们看看你的超人计策、智慧跑法！"

苏洛洛举着圆珠笔说："我马上给你写个特振奋的加油稿！"

"欧科！"超人比画出一个胜利的手势，跑去换衣服了。

滨海七中的橡胶跑道一圈 400 米，800 米要跑两圈。一声清脆的发令枪响后，初中组男子 800 米比赛开始了。

"加油！加油！"葛怡使劲挥动衣服，苏洛洛拉她："超人呢？超人在哪儿？"

是啊，超人在哪儿？大家仔细看运动员编号，超人是 3 号，可是看遍了也没找到 3 号。

韩修鹏眼尖："超人在那边！"

大家顺着他手指的方向看：神啊，大家都在玩命跑，只有陈超润缓缓地在后面以一副满脸不在乎的表情在队伍最后跟着。

"洒在跑道上的汗水，浇灌着成功的花朵；飞扬在赛场的欢笑，让胜利的奖牌闪亮。奔跑吧超人们，你似离弦的快箭、奔驰的骏马在跑道上……"广播里在念苏洛洛专门为陈超润写的加油稿。

葛怡有气无力地说："咱们那离弦的快箭已经泄气了……"

苏洛洛用古怪的声音说："难不成，这就是他的计策？"

事实证明苏洛洛的分析是正确的。

一过了第一圈，陈超润以惊人的速度超越了第七名、第八名……直到第二名，而被超越的运动员们似乎十分卖力，但速度疲软，于是陈超润停止了加速度，紧跟在了第二名背后。

"哇，我们的超人要逆袭啦！"韩修鹏有点开玩笑地喊道。

"他这样跑其实是在赌博。"体委巴雅尔有点严肃地注视着远方的陈超润。

"什么赌博？完全不懂唉。"葛怡对巴雅尔毫无防御力，痴痴地问道。

"他本身并不擅长持久跑，选择中场时间加速冲击，弄不好可能连最后 200 米都跑不下去。"巴雅尔脸上因为紧张，有明显的汗珠落下。

"这是田忌赛马的策略。"苏洛洛补充道，"常规的八百米要求前二百米占据有利位置，再二百米确定中途位置，后二百米保持位置，最后二百米进行冲刺。而陈超润反其道而行之，在前四百米保持体力，中途加速占领有利位置，最后，也是最关键的一步：保持位置到比赛结束。巴雅尔说的赌博，就是怀疑陈超润的体力是否能让他保持位置到比赛结束了吧。"

"要不要这么专业？"韩修鹏惊讶地看着苏洛洛，"平时没看出来嘛！"

"经常在广播站念有关的来稿嘛，熟悉了……"

还没等苏洛洛说完，"你们看，陈超润摔倒了！"葛怡尖叫道。

整个体育场的焦点聚集在了陈超润身上，由于陈超润过度透支体力，摔倒在了跑道上。体育场的嘈杂声早已淹没了广播声音，此时的陈超润涨红着脸，正在缓缓地爬起。

但是爬起的陈超润又以惊人的毅力不顾伤痛向终点"爬"，一步一步，全场观众以热烈的掌声鼓励他"爬"到了终点。

别的班的参赛选手满头是汗喘着回来，只有初一（3）班的选手是全场鼓掌欢呼回来的。陈超润笑眯眯地解释说，反正注定了要垫底儿，不如拼一把，也许能成功呢。

N4 史无前例集体为陈超润按摩，尤其以修酱按摩得大为起劲，一边狠狠掐一边笑着说："超人，你够狠的啊！下次带上我！"

女子 800 米即将开始，老师在起跑线的位置又撒上了雪白的石灰粉，这也是终点线。

葛怡蹲在跑道上做出起跑姿势。她紧张极了，她最怕长跑，体育课上练习跑步也总溜号。800 米，从来就没跑全过。"当是一次挑战，看看跑完 800 米是什么滋味。"她对自己说。

"当——"发令枪终于响了，女孩子们一下子全冲了出去，真像离弦的箭。

葛怡跑 60 米跑得很轻松，因为她知道自己一定会赢。可是此刻她紧张得透不过气来——她心里完全没底自己能否坚持下去。起跑的时候，葛怡是冲在最前面的，果然如她自己所言，她的优势只保持了 100 米，很快她就从前几名中退了下来，混在了中段的选手里。

温暖的风把柳絮从城市的某个角落吹来，将它们汇聚在滨海七中的操场上，葛怡眼中满是轻盈的白絮，她觉得自己像在做梦，明明很累，脚步沉重，却又每一步都踩在棉花上。她听得到自己大口呼吸的声音，听得到心脏在怦怦跳动，除此之外，世界一片寂静，只有无数柳絮飘荡在无尽的跑道上。

第二圈的时候，初一（3）班的方阵变得寂静。葛怡被甩在所有运动员后面，并且越落越远。看得出她很累很累，脚步拖沓而沉重，可她依然在坚持。葛怡即将经过观众席，"壳壳！加油哇！"陈超润带头喊起来。大家仿佛从梦中惊醒，继续为葛怡大吼"加油"。

葛怡没有听见。她在自己的世界中苦挨，仿佛在沙漠中跋涉，看不到终点。

不知过了多久，她终于踏过了早已被踩得模糊的终点线。

N4围过来："壳壳，赶紧擦擦汗。"

"你喝水啊！"

"你们别叫唤了，没看她摇手呢！"

葛怡耳朵里嗡嗡响，心脏仿佛要从喉咙里蹦出来。她从来没有这么累过，想停下来休息，但是感觉一休息仿佛血管会爆开似的，她只好咬着牙坚持慢跑。

"慢点慢点，扶着她跑……"

她完全听不到大家的话，只在拖着灌铅般沉重的腿向前跑，向前跑……

等葛怡完全清醒过来，比赛已经进行到了铅球环节。她坐在跑道旁边的草地上，哭了。

几个朋友愣了："壳壳，你为什么哭？"

"她累坏了！"

"是名次不好吗？"

"呜呜呜呜，别人都跑完半天了，我还在跑，我像个傻瓜……就我跑得最慢，呜呜呜呜呜……"

大家围成一圈，蹲在地上试图安慰她，却想不出什么词。

陈超润灵光一闪：找 Lion！这位老兄最喜欢讲道理安慰人了，请他帮忙一定行。可惜没他电话，陈超润只好掏出手机来一个字一个字给他写邮件。

> Lion 老兄，江湖救急啊！我朋友壳壳 800 米跑累个臭死，还只跑了最后一名，严重伤害了她的自尊心，正哭呢，我们不知道怎么安慰她。

Lion 不负陈超润期望，迅速回复了邮件：

> 告诉壳壳，生活中有晴天也有雨天，有欢乐也有痛苦，有成功也有失败。失败未必是坏事呢，关键是坦然面对失败。因此，平时要有乐观的心态，有随时应付失败的心理准备，要明白任何失败的发生都是有可能的。而且，失败并不能证明自己无能，造成失败的原因有很多，也许是计划上的漏洞，也许是时机的不成熟，也许是一次大意疏忽。学会理智地面对失败，在困境中就不会茫然无措、无所适从。一个不敢面对和承认自己失败的人才是真正的失败者。

陈超润赶紧把 Lion 的话添油加醋对葛怡说了一遍。可是没想到，葛怡哭得更凶了："什么坦然不坦然的，我现在是丢脸好吧？全校都知道我跑得慢，还是特慢，特别慢！"

作为闺密的苏洛洛赶紧上前安慰："别听超人胡说，他自己就够呛的。你不是爱看《喜羊羊与灰太狼》吗？"

葛怡停止了哭泣，开始静静倾听。

"你看啊，灰太狼，于 1924—2000 年以来一直从事捉羊，曾出洞捉羊 10002 次，失败 9782 次，被老婆的平底锅砸了 3821 次，被打飞 7325 次，被丢进河里喂食人鱼 1530 次，被电了 303 次，被包包大人和泰哥打过 65 次，哭过 300 次，被羊群群殴过 205 次，曾大声喊出我一定会回来的，9837 次。"苏洛洛缓缓说道。

韩修鹏和超人都瞪大了眼睛，就连之前哭泣的葛怡都有些忍俊不禁。

苏洛洛继续补充道："正是这一个个鲜明的数字，让我们见证了灰太狼的伟大——他有着惊人的忍耐力和抗击打能力，有着自立自强的品性，且面对失败心理承受能力超强，有打不倒的毅力，有自己的理想——捉一只羊，有着客观自信和永不服输的信念，捉不到羊他伤心但不死心，失望却不绝望。犹如一只打不死的小强，在社会压力和家庭暴力的双重打击下，在一次次的失败中，他始终保持着揉不烂、拍不扁、捶不死、折不断的昂扬斗志。所以啊，不就一个运动会吗，还能打击到我们的壳壳？"

"哈哈哈哈，有道理，有道理。"大家哄然大笑，葛怡终于破涕为笑，笑容淹没了晶莹的泪珠。

三、希望：一支铅笔也有 N 种未来

此时是下午三点钟，距离运动会结束还有三个小时，没有 N4 的比赛项目了，他们决定提前溜号出去玩。

逃跑行动非常成功，一个小时后，他们已经在郊区自由徜徉了。大家都骑着自行车，因为葛怡心情不好，由陈超润用自行车载着她。

阳光投射在杨树油绿的新叶子上，洒下五彩的光斑。这样的好天气，这样成功的逃亡，N4 却并没有觉得心情有多好——郊区正在施工。地面的泥土被翻起，路障横立，空气中尘土飞扬。

终于穿越了工程区，到了外环，这里安静多了，地面干净整洁，偶尔有汽车和公交车开过。前方有一个非常大的转盘，韩修鹏提议："我们过了转盘就休息下吧。"大家一致表示同意。

过了转盘，前面模模糊糊出现了一片白色。四个孩子几乎不相信自己的眼睛：

"那是什么？"

"花，白色的花。"

"不可能，怎么有这么多花……"

连一直在走神的葛怡也觉察出了什么，探头来看。

果真是花，好大一片花海。低矮的树丛，几乎看不到几片叶子，全部是纯白的花朵，那些白色的花朵联结成片，起起伏伏，向远方连绵而去。

"啊啊啊啊啊啊！"孩子们尖叫起来，他们丢下自行车，欢快地向那边花的海洋跑去。

"我从来没见过这么多花呀！"葛怡感慨。

"怎么样，心情是不是好多了！"韩修鹏在洁白的花丛中露出英俊的脸，热情地问葛怡。

"是啊，好多了，多谢关心。"葛怡没有像其他女孩一样被他闪亮的笑容惊得心脏漏跳一拍，脑门上倒挂出丝丝黑线：这个臭美的家伙又在摆造型拍照往微博上发呢。

陈超润手机发出提示音，啊，Lion回邮件了。

没效果啊？真糟糕，那咱们换个道理安慰她！

这回轮到陈超润脸上挂黑线了，这个神秘的 Lion 太有趣了，一定是学心理学的吧，他知道那么多稀奇古怪的道理，之前陈超润都没有听说过。

事情已经发生了，我们就要勇敢面对问题，积极地适应环境。如果一味沉浸在糟糕的情绪中就会像你之前一样，满心绝望，只会让事情更糟。超人，不知道你听说过卡瑞尔万灵公式没有，这个公式可说是解决难题的法宝，它的要旨就是让自己面对糟糕的情境，勇敢接受它，然后才会集中全部力量解决它。

壳壳为自己跑得慢而感到丢脸，首先需要她做的事情就是，平静地接受自己不适应长跑这个现实——告诉她，不擅长长跑不是什么丢脸的事，800米跑大家都不喜欢，不但没人报名，而且即使男生也会坚持不住中途退场。

陈超润心中暗吼："Lion 你一定是我们学校的，你连我比赛半途溜号都知道！"

> 壳壳爆发力很好，她在短跑和一些竞技比赛中表现得都很出色，唯有长跑是其软肋。而长跑对身体素质的要求没有多高，主要是体力问题，只要多加练习就能解决她的问题。
>
> 建议壳壳能鼓起勇气，每天都坚持跑步，几个月坚持下来，身体素质一定会增强，如果再比赛也不会出现今天这种尴尬的结果了。

对啊，如何解决问题才是关键，总不能老是停留在失败痛苦中吧。其实长跑说到底也没什么大不了的，多练练一定行的！陈超润边想边把 Lion 的信又看了几遍，记住了里面复杂的名词。

壳壳在树林里跑累了，坐在一棵花树下休息，拨拉落在草丛里的花瓣玩。大地刚刚返青，地面既有新长出来的细细绿草，还有去年枯黄的草茎，洁白的梨花瓣落在上面格外好看。

陈超润把大家招呼过来，大家围坐在一起，他清清嗓子，问："壳壳，你听说过卡瑞尔万灵公式没有？"

大家集体无语，韩修鹏说："我还以为你有好主意安慰壳壳呢，给我们讲什么数学公式啊。"

陈超润鄙视他："卡瑞尔公式不是数学公式，是能为壳壳解决问题的东西。"

苏洛洛摆弄手机，说："你们别嚷嚷，我搜到了，这个公式还有一个故事呢。威利·卡瑞尔是美国人，纽约水牛钢铁公司的工程师。有一次他帮一家公司安装瓦斯清洁机，虽然安装好了，但是质量不符合公司标准。他郁闷极了，简直觉得世界末日到了。"

苏洛洛说："哎呀，我不念了，后面太长了。"

陈超润一把拿走苏洛洛的手机，说："我来给你们解释。

"这个工程师觉得总这么愁下去不是个事，他想出了一个解决问题的方法，这个方法分为三步：第一步，他自己估算了事情最糟糕的后果是什么。不过就是质量不合格嘛，客户最多说把机器拆掉，这样他的公司会损失两万元钱，然后他丢掉工作。

"第二步，让自己接受这个糟糕的现状。对于他的老板而言，会损失掉两万元，不过如果把这两万块看作是研究费，可算是非常低廉。对于他自己，失掉这份工作可以找一份新的嘛。"

苏洛洛微微点头："确实，两万块，这事情听起来严重，其实也没有什么大不了的。"葛怡若有所思。

"第三步，接受了那个糟糕的现实之后，工程师发现自己可以平静下来，思考问题怎么解决了。他不再失眠，把全部精力投入到了解决问题中去。这样一来效率提高了很多，经过了一些尝试，他发现之前犯下的错误并非无可挽救。他又花了五千元钱加装了一些设备，问题很快解决了。最后机器安装达到了质量标准，他并没有害公司损失掉两万元钱。"

大家都为这位工程师松了一口气。葛怡说："他要是一直为安错了机器而担忧，没心思解决问题，最后这两万块赔定了。"

"对呀，所以壳壳你也要像他一样，先接受问题，然后再琢磨如何解决问题。"陈超润不自觉地模仿起 Lion 的语气。

苏洛洛说："壳壳运动细胞挺多的，800 米跑这么糟，还是练得少。"

葛怡很难过："我确实跑不了长跑。"

陈超润说："长跑是要靠练习的。壳壳，你要是想一雪前耻，就得多练习。你看我，之前语文、英语多差劲，自从我下功夫苦练之后，这两门课都进步了。"

苏洛洛及时给他泼冷水："你是学习认真多了，不过月考一科只提高了十几分。"

"学习是循序渐进的！下次我分就高了！"

韩修鹏拿出好班长的温和姿态，热情地拍拍葛怡的肩膀："总之，努力吧，少年！"

葛怡抬起脸，对另外两人说："咱们给班长跳段'鄙视操'吧。"

"严重同意！哈哈哈哈哈。"

夕阳笼罩了这一望无际的白色梨花林，照在四个孩子身上，他们齐刷刷地像奥特曼一样挥出左手，然后挥出右手，接着做出扔垃圾的样子，再附上极端鄙视的咧嘴表情——哈哈笑着，打成一团，树上纯白的花朵被他们的笑声震颤，悄悄飘落下细小的花瓣。

"喂，你们看，这花原来不是纯白的。"苏洛洛仿佛有了什么重大发现，招呼大家来看。

"确实啊，你眼神真好，之前都没发现呢。"葛怡小心翼翼地拨开一个小花朵，花蕊部分有一点点红色，是暗郁的红，像一滴凝结的血。

陈超润使劲抽抽鼻子："而且它没香味。"

"不对，有的，但是，很淡很淡。"苏洛洛说。

韩修鹏感慨着："它虽然不是真的雪白的花，也没有好闻的香味，可是我们在看到它的时候，觉得是世界上最最美丽的花呢！"

"是呀是呀！"

苏洛洛说："世界上本来就没有完美的东西。张爱玲说过，人生三大遗憾：'鲥鱼有刺，海棠不香，红楼未完'。"

还未等大家细细品尝这句话，苏洛洛又补充道：

"即便世界不完美，每个人的心境却可以补足一切。大家愿不愿听一个有趣的故事？"

陈超润投去鄙视的眼神："又来吊我们胃口，趁热快说！"

"美国有一所小学的毕业生在当地警察局的犯罪记录是最低的，后来一位研究者通过对该校毕业生的问卷调查，得到了一个奇怪的答案——因为该校的学生都知道铅笔有多少种用途。"苏洛洛说。

"犯罪率和铅笔用途有关？真是奇怪的结论。"葛怡和韩修鹏面面相觑。

苏洛洛接着说："在这所学校，新生入学后上的第一堂课就是：一支铅笔有多少种用途。在课堂上，孩子们明白了铅笔不仅有写字这种最普通的用途，必要时还能用来做尺子画线；作为礼品送人表示友爱；当作商品出售获得利润；笔芯磨成粉后可做润滑粉；演出时也可临时用于化妆；削下的木屑可以做成装饰画；一支铅笔按相等的比例锯成若干份，可以做成一副象棋，可以当作玩具车的轮子；在野外探险时，铅笔抽掉芯还能被当成吸管喝石缝中的泉水；在遇到坏人时，削尖的铅笔还能当作自卫的武器……"

"哈哈，原来铅笔还有这么多用途，我也想试试！"陈超润开怀大笑。

苏洛洛感慨道："通过这一课，学生们懂得了：拥有眼睛、鼻子、耳朵、大脑和手脚的人更是有无数种用途，并且任何一种用途都足以使一个人生存下去。这种教育的结果是，从这所学校毕业的学生，无论他们的处境如何，无论环境多么不完美，他们都生活得非常快乐，因为他们永远对未来充满希望。"

葛怡表示同意："是啊，活着就得接受不完美，我们又不真的是超人——超人别臭美，没说你。我觉得之前我干成功过很多事，高兴一下子就过去了，也没觉得什么，倒是这次失败，让我对生活有了更深的认识，我们只要积极地适应环境，勇敢地面对困难，还有很多的梦想等着我们完成呢！"

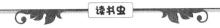

塞利格曼积极心理学

积极心理学是一门关注人的优秀品质和美好心灵的心理学。它是由美国著名心理学家塞利格曼提出并倡导的。

心理学研究表明，具有积极情绪的人比一般人更能忍受痛苦。一个将手伸进冰冷的凉水的实验是这样的：在冰水中普通人伸手，只能忍受 60 到 90 秒，但在积极情绪测量中最出色的人、得分最高的人，或者一个具有积极的情绪的人，往往能忍受的时间要长一些。

世界上大多数人都是悲观的，但他们倾向于认为别人比自己乐观。乐观的人寿命更长，塞利格曼测试了 70 个心脏病人，17 个被测试为最悲观的病人中，有 16 个没有经受住第二次心脏病发作而去世了，而 19 个被测试为最乐观的人中，只有一个人被第二次心脏病的发作夺去了生命。乐观是抵抗疾病的第一道防线。研究表明，具有乐观性格的人在保险公司销售人员中，往往是销售业绩冠军。乐观的小学生将来很少得抑郁症，走向社会后，在工作成绩和社会地位方面均超过悲观的人。乐观可以通过教育而形成，一个悲观的人通过心理训练可以转化成为乐观的人。

塞利格曼的一个博士研究生给老鼠注射了癌细胞，将老鼠安排于不同环境中：第一组老鼠可以通过逃避（如抓碰开关）而成功地摆脱电击(乐观组)，第二组则在第一组成功逃避电击时候被电击，因为前者碰到开关则同时接通了它们的电击线路，它们无论如何也逃避不了电击。第三组老鼠在没有危险的环境中。结果第一组老鼠中患癌症的大约只有四分之一，第二组为四分之三，而最后一组有二分之一得癌症。这个实验说明：积极有效地应对危险可以提升免疫力。

积极的心态能让你远离狭隘、焦虑、猜疑、嫉妒等困扰，能让你快乐、幸福地生活。那么，从现在开始，给自己注入"积极基因"吧。

韩修鹏羞她："壳壳，你跟洛洛似的，越来越深刻！"

葛怡毫不介意，她向着天空高高竖起食指："同志们！今天是个值得纪念的日子，我们一起吃顿好的吧！目标：我家，香辣鸡翅膀，出发！"

孩子们一阵欢呼，他们踏着夕阳的余晖向梨树林边缘走去。

四、冷静：小蘑菇在角落里收获明天

清早五点四十五分，葛怡的手机在枕头下开始震动。她轻手轻脚穿好衣服，去洗手间洗漱。葛怡说到做到，她开始晨跑。每天早晨都跑它800米，长此以往不信自己还会跑最后一名。

这是春末，六点钟天还没有大亮，呈现一种朦胧的红色。滨海市这个季节不怎么冷，风却很大。走下宿舍楼，葛怡望着天空中尚未消失的半片月亮，禁不住打了个寒噤。大风不知从哪里刮来的破塑料袋在空中飞舞，吓了葛怡一跳。她咽口唾沫给自己壮胆："加油跑！一跑步就什么都忘了。"

来到操场，葛怡一下子不害怕了：操场上已经有人做运动，有人在跑步，有人在跳绳，还有人在练习单双杠。原来大家都这么勤快！葛怡赶紧跳上跑道开始跑步。

800米果然要命，葛怡刚跑了半圈就腿软，跑满一圈实在坚持不下去了，改用走的。等到坚持完800米，葛怡那叫一个累，想到还得去上课，她真是欲哭无泪。

葛怡和苏洛洛一起去食堂吃早饭，平时她一杯豆浆一个包子就搞定，今天吃了还觉得不饱，又要了一碗皮蛋瘦肉粥。陈超润和韩修鹏看到了很三八地说："壳壳你吃这么多，你要变猪啊！"

葛怡一边喝粥一边冲他们翻白眼："你才变猪呢，我这是补充体力，我大清早就爬起来跑了800米，累出翔来了！"

陈超润虽然天天都笑哈哈的，可是他最近的心情并不好。就像之前苏洛洛说的，他学习很认真努力，学习成绩却没有什么进步，他不知道问题出在哪里。他很羡慕韩修鹏，韩修鹏并没有整天都扎在书堆里，却能轻轻松松考高分。

这一天上的是英语课，英语老师要小测，陈超润发现很多题都是他背过的，却怎么也想不起来答案是什么。尤其那个完形填空题，搞得他一个头有两个大。

最后一题是作文，哎呀，这个例文他提前背过的，可是只记得一个开头，后面怎么写来着……陈超润灵光一闪，原模原样地把英语阅读理解的小段抄在了答作文的地方，最后一数，满满当当一百五十个字："哈哈，这下唐老师再找我，我就有话说了，免得又说我空着！"陈超润心想。

下一节是音乐课，陈超润心不在焉，给他的"灵魂导师"Lion写了邮件：

> 不行啊Lion，我现在越学越没信心，学了什么都记不住。英语什么的还是太难了！实在写不出来还得靠自己瞎编乱造。哪像数学，一个公式就能解一堆题。英语老师说得没错，我就没有学英语的脑子。
>
> 大家学了都有进步，有人不学就能考高分，只有我，不论多努力，最后还是那点分……

Lion回邮件说：

> 可怜的超人，放弃投机取巧吧！你就像一个小蘑菇静静待在角落里，孤独地在努力。

陈超润起了一身鸡皮疙瘩：

> Lion我非常郁闷，你别开玩笑了好吗，还说这种让人后脊背发凉的玩笑。

Lion回邮件说：

哈哈哈哈哈，其实，我是想给你说说蘑菇原理。现在电脑程序员是非常拉风的工作，可是在20世纪70年代，这个工作还不为人所知，做程序员并不风光，他们经常成为被遗忘的一族，那些做程序员的小伙子们开玩笑说自己"像蘑菇一样生活"。你能想象那样的日子多糟糕。不过，程序员们并没有一直默默无闻下去，如今这是一个多么让人羡慕的工作！

其实，每个人都会过一段"蘑菇生活"，这样的日子并不风光，并不快乐，一个人在角落里默默努力积聚力量。这个时期类似于自我拷问，别人都觉得你不行，更糟糕的是，你自己也不知道自己到底行不行。这个时候，你只需要做一件事：坚持，坚持认为自己所走的道路是正确的，只要挨过这段难挨的日子，就会进入到生活一个崭新的阶段。

还有，虽然这节课是音乐课，希望你也能认真听，音乐老师一定不喜欢自己的课堂里有个张大嘴巴假装唱歌然后偷偷瞄手机的家伙。

陈超润忍不住悄悄看看窗外，这家伙藏哪儿偷偷看着我呢？他怎么知道我上音乐课光张嘴？太神奇了！

陈超润咬牙跺脚要渡过难熬的"蘑菇期"，不过这过程也太艰难了。英语考卷发下来了，他才考了74分。唐老师笑眯眯地把卷子递给他："行啊陈超润，有进步，但是以后作文不许那样投机取巧了！"陈超润可高兴不起来，他心里拔凉拔凉的。74，这冷冰冰的74。他使劲敲敲自己的脑袋，怎么就跟个破瓢一样，装什么漏什么呢？

周三晚上不用上晚自习，陈超润原本周三都喜欢跑去隔壁班找朋友玩，不过今天他心情太糟糕了，一个人孤零零留在教室里生闷气。N4的朋友们很够义气，大家拿了好吃的到教室跟郁闷的陈超润共同分享。

"超人你别郁闷了，给你吃个好东西，保证你吃了一飞冲天，下次考高分！"葛怡搬出一只饭盒丢在一堆饼干、薯片里，分外显眼。

"什么好东西？"大家都好奇地盯着盒子。

葛怡揭开盖子："当当当——是炸知了！"一盒焦黑的炸知了出现在大家面前，散发出一股焦香。

"大家尽情吃，别客气！今儿我爷爷现给我送来的。"

韩修鹏英俊的脸上流露出一种难以描述的复杂表情："这东西能吃么？"

"当然能！这东西营养丰富，给，修酱，给你个大的。"

葛怡热情地把一只最肥大的炸知了送到韩修鹏嘴边，韩修鹏用一种王子范儿的潇洒动作悲壮地把头扭向一边："壳壳我怕了你！这种恶心的东西千万别给我吃！"

葛怡眼睛一亮："原来你是害怕不敢吃！我吃给你看！"葛怡张大嘴巴把知了放在嘴里，边吃边说："嗯，炸得酥脆，哎呀，还能感觉到它带锯齿的小爪爪呢！"

"壳壳求求你别说了，我快吐了。"知了这种闪亮的生物总是格外脆弱的。

陈超润也忘记郁闷了，望着这俩活宝哈哈笑了，乐得张大了嘴巴，葛怡以迅雷不及掩耳之势把一只知了扔到了他嘴里："别人不吃你可得吃，吃东西方面咱俩是一伙的！"

陈超润脸色变了："……壳壳……我最怕……虫……"

N4齐刷刷聚到了男厕所外面，韩修鹏走了出来。

葛怡冲上去紧张地问："怎么样了？"

"还吐呢。"韩修鹏一副幸灾乐祸的样子，"壳壳你惹祸了，超人最怕这种玩意儿，你还给他往嘴里塞。"

苏洛洛叹口气："超人最近是够背了，背了半天书得不了高分，这还被往嘴里塞了恶心东西吐到胃袋都快翻出来了。"

"嗯，"韩修鹏点点头，"金海螺的选拔赛定在这个月底，期中考试的头两天。"

葛怡表示悲观："刘老师都说了不让他参赛了，还折腾什么劲儿。"

韩修鹏说："参赛资格不是问题，只要他英语和语文分数够，分数最有说服力。超人的数学水平绝对够参赛，如果考纲不改，他本来是刘老师心目中的头号人选。"

"可怜的超人……"大家异口同声。

短暂的沉默，葛怡突然问："我说，两位学习指导，如果再给超人两个月的时间，他能不能达到金海螺竞赛要求的那种水平？"

韩修鹏沉思片刻："应该可以。他其实正处于瓶颈期，过了这个时候分数就上去了。"苏洛洛表示同意。

"也就是说，只要超人通过校内选拔，然后努力学习两个月，就有可能在金海螺竞赛拿名次？"葛怡追问。

"差不多。我听超人说过，他自己做了前几年的真题。这个竞赛的满分是 120 分，他的分数基本维持在 110 分上下，这个分数是很可能拿到名次的。"韩修鹏说。

葛怡嘿嘿一笑："那就好办了。修酱，大班长，你知道出选拔赛卷子的是谁不？"

韩修鹏非常骄傲地回答："当然知道！这是初一年级组的几个老师联合出题的，卷子其实已经出好了，等着下印刷厂呢……"

"哇，你真是无所不知——我们去偷题吧！"

"啥？"韩修鹏和苏洛洛大眼瞪小眼。

苏洛洛把手搭在眼睛上，说："要疯你俩去疯，别算上我。"

"也别算上我……"陈超润有气无力的声音传过来。他手捂着胃，看起来十分痛苦。

"啊，可怜的超人，对不起，对不起！"葛怡凑上去想给好朋友一个安慰的拥抱，陈超润非常警觉："别过来！我怕了你了！"

葛怡悲壮地望着朋友："超人我一定会补偿你了，我已经想好怎么帮你了！"

"行了我已经听到了。拉倒吧你。"

过后又是一阵沉默，大家知道，陈超润非常非常想参加金海螺竞赛，但是他不想朋友们为了这种事情为自己冒险。陈超润想通过自己的努力通过选拔赛，而又无从下手。这时他的手机响起，上面传来一封邮件：

超人，先别急着应付考试。冷静下来，给你讲一个故事，希望对你有所启发。

查理到某大公司应聘部门经理，老板提出要有一个试用期。但出乎查理意料的是，上班后他被安排到基层商店去站柜台，做销售代表的工作。一开始查理根本无法理解，但还是毫无怨言地坚持了三个月。后来，他认识到，自己对这个行业不熟悉，对这个公司也不是很了解，确实需要从基层工作做起，才可能全面了解公司、熟悉业务，何况自己虽然做的是销售代表的工作，但拿的仍是部门经理的工资。

尽管实际情况与自己最初的预想有非常大的差距，但是查理明白这是老板对自己的一种考验，他坚持下来了。三个月以后，他开始负责部门的所有工作，结合三个月最基层的工作经验，查理带领团队取得了骄人的成绩。半年后，公司经理调走了，他得以提升；一年以后，公司总裁另有任命，他被提升为总裁。在说起往事时，他颇有感慨地说："当时忍辱负重地工作，心中别提有多委屈，但我也明白要不是那段时间的锻炼，我也不会取得今天的成绩。"

陈超润若有所思，回复道：

Lion，我明白了，成大事者必先做好小事，从细微之处做起。

陈超润脸上闪过得意的一笑，立刻拍板："大家别乱想啦，来啦，帮我研究错题，讲讲以前做过的卷子，修补修补知识漏洞。"

韩修鹏故意做出一副惊讶的表情："超人玩了会手机，就有这觉悟了啊？"

大家被韩修鹏夸张的表情逗乐了，压抑的气氛一下子烟消云散。他们把四张桌子拼在一起，将近两个月来的大考小考随堂考的卷子全部摊在桌子上，一看还真不少。三个人忙着画知识点，只有葛怡啥忙也帮不上，一个人孤零零坐在桌子上看热闹。

"这种笨办法真的管用么？"葛怡往嘴里丢了一只炸知了，很为好朋友的前景担忧。

五、专注：一根钢丝暗藏成败乾坤

金海螺的选拔赛即将开始，N4 全力帮助陈超润备战：韩修鹏负责英语，苏洛洛负责语文，葛怡负责闭嘴别添乱。

开战前三天，陈超润敲响了刘老师办公室的大门，希望老师能给他一次机会参加比赛。刘老师挺惊讶，她以为陈超润早就放弃了比赛。陈超润告诉老师，自己已经认真补习了英语和语文，有信心能出线。"您不过就是多印张卷子，可是要是我真的考得好，那可就为咱初一（3）班增光添彩了。"平时陈超润总是笑嘻嘻的，这会儿，他虽然努力使语气轻松，却紧张得脸上没有了笑容。刘老师同意了。她无法拒绝一个孩子对一个小小理想的追求，而且他还那么努力。

考试日来临，N4 如临大敌——确切地说，是陈超润如临大敌。吃早饭的时候他还在翻错题本和仿真习题。

葛怡和苏洛洛都挺担忧，这次考试超人太紧张了，什么事往往越紧张越干不好。

韩修鹏摆出一副很牛的样子说："放心，这考试你们完全不用担心。我是谁？超人的好兄弟，我已经帮他安排好了。"

葛怡和苏洛洛莫名其妙："你给他安排什么了？"

韩修鹏压低声音："我安排了巴雅尔给他传纸条。"

初一（4）班的体委巴雅尔也去考试了，他是韩修鹏的朋友，一个高大壮实的蒙古男孩。韩修鹏说："我跟他说好了，让他给超人传纸条，光传语文、英语就行。不怕别的，就怕他紧张，跟月考似的，会的题也写不上来。"

葛怡说："算了吧，人家巴雅尔还忙着答题呢，谁有工夫给他传纸条。"

"哎呀你们知道啥，巴雅尔就是去凑人数的。他学习挺好，可是太'全面发展'了，没有哪科特别突出，真出线去了'金海螺'也没用。不像超人，出线了，努力几个月就有机会拿名次……"

"喂喂喂，"苏洛洛打断他，"我说班长同志，重点不在这里，你是班长，你怎么能给人出主意作弊呢？"

"苏洛洛你脑筋别这么死板好不好？超人这么努力，如果为了几道英语题不能去参加比赛，他得多难过。我为朋友两肋插刀，你倒好，想来插我两刀！"

数学选拔赛的考场设在小竹林旁边的音乐教室，陈超润来的时候教室还没开门，他坐在马路牙子上继续看书，能记几眼是几眼。滨海七中是几十年的老学校，校内绿化做得极好，葱葱郁郁，时常有鸟雀出没。这片小竹林是喜鹊们的聚集地，每天清早和黄昏，它们都会聚在竹林里叽叽喳喳闹腾一番再各自散去。平时陈超润挺喜欢这里，觉得鸟儿们喳喳叫着怪有趣的，不过今天他特希望它们统统闭嘴，嫌它们影响自己看书。

手机铃响，提示有邮件。陈超润心说不用想，一定是Lion。打开一看，果然是他。

Lion嘱咐陈超润安心考试，不要紧张，并祝他考个好成绩。"不紧张，说不紧张就不紧张啊？我现在紧张死了。"陈超润忙着看书，邮件也顾不得回。他真希望Lion长着一张皇帝口，说啥啥成真。

学生们慢慢聚集到教室门口，有老师来开门了，是教美术的蒲老师。竞赛选拔的考试，主要是测评学生水平，学校在监考方面没怎么在意，一个教室只有一个监考老师，座位还随便坐。真是阿弥陀佛，陈超润赶紧挑了巴雅尔后面的位子坐下。

陈超润坐在考场里还在看真题，直到老师说准备发卷了才把本子收起来。他觉得自己手心出汗了。"淡定，超人，要淡定。"他深呼吸，希望让自己放松一点："你能行，没问题，你学习那么努力，一定能过关！"深呼吸这法子还是他从网上学来的，遇到事偶然一用还果真有效。他擦了擦手心的汗，卷了卷袖子，高度专注地开始做题。

数学题果然有难度，好在他之前做过许多习题，基本把握了这类赛题的思路，解答起来没问题，不过要花一些时间。此刻，距离开考铃响已经过了半天了，周围一片笔尖摩擦卷子的沙沙声。陈超润赶紧也开始答题，题量太大，足足六页，九十分钟必须精打细算来用。当比较完满地完成了数学试题后，再看看英语和语文——"哎呀，这道题我做过的，是完形填空，填什么来着，明明做了两遍，怎么又忘记了？"本来在题目里看到熟脸陈超润很高兴，可是蓦然发现自己忘记答案了，一下子又有点心慌。

看看黑板上方的表，距离考试结束只剩 20 分钟，可他还有三道英语题、两道语文问答题拿不定主意。咦，对了，还有巴雅尔这个后备军！他怎么还不传纸条？陈超润偷偷瞄了一眼讲台上的老师，蒲老师正看报纸呢，一整张报纸遮住头动都不动。天赐良机！他轻轻踢踢巴雅尔的凳子。巴雅尔拉拉凳子，随后不动了。

他果然是"套马的汉子威武雄壮"，把整张草稿纸团成一团丢到了陈超润的桌子上！那个纸团几乎有拳头大。这时候已经陆陆续续有同学交卷了，老师不再看报纸，陈超润用卷子掩着那个"巨大的""小"纸条却不敢轻举妄动。

正当陈超润一双眼睛滴溜乱转找机会的时候，突然发现窗口有动静：葛怡出现在窗外，不仅如此，她还往窗台上顿了一个暖壶。这个教室挨着水房，这家伙是来打水的。陈超润真是无语了，人家考试你来看什么热闹。

更让他无语的在后面，葛怡咧嘴笑着，冲他挥了挥手！

"大姐，你是生怕老师不注意我怎的？"陈超润心中暗吼，突然他意识到，葛怡不是冲他打招呼，是冲巴雅尔，葛怡喜欢巴雅尔，见面就傻乎乎地打招呼。更糟糕的事情发生了——巴雅尔竟然站起来交卷走人了。

没了巴雅尔的掩护，想取出纸团就更难。监考老师说："没做完的同学抓紧，还有五分钟交卷了。"陈超润看看周围，稀稀拉拉只坐着十来个人。

"蒲老师！听说今儿美术班改地方了？"葛怡不但围观考试，还开腔说话。

蒲老师骨子里是个文艺青年，有点吊儿郎当，不像别的老师那样严格。他也不管是考场，隔着窗户就和葛怡开始聊天："没有啊，你听谁说的？……"

这下子陈超润开始感谢葛怡了，他赶紧把纸团捡起来找答案。

三分钟、两分钟、一分钟……铃声响起。蒲老师这才不聊天了，喊收卷。

陈超润这次终于在 N4 的鼎力帮助下蒙混过了关。他请大家吃冰淇淋，大家都为这次的冒险成功感到高兴，陈超润表面也是开开心心的，还讲了许多感谢的话，但是他的内心并不开心，有一种说不出来的滋味。他给 Lion 回了邮件：

> 谢谢你啊 Lion，我总算"顺利"地考完了。但是还存在许多问题，我自己心里明白，一是太紧张了，二是语文、英语还是不过硬，三是考试作弊。我很郁闷。

Lion 回复邮件安慰陈超润：

> 超人，你不要郁闷，对于自己在意的事情紧张是正常的，不过过分的紧张，会严重影响到你的注意力。
>
> 美国著名的高空走钢索表演者瓦伦达在一次重大的表演中，不幸失足身亡。他的妻子在事后说："我知道这一次一定会出事，因为他上场前总是不停地说：'这次太重要了，不能失败，绝不能失败。'而以前每次表演，他只想着走钢索这件事本身，而不去管这件事可能带来的后果。"后来，人们就把专心致志于事情本身而不去管这件事的意义，没有患得患失的心态，叫作"瓦伦达心态"。
>
> 凡事迅速行动起来就容易达到"瓦伦达心态"。因为一旦迅速进入行动状态后，就来不及多想。逼上梁山，背水一战，绝无退路，这样反而更容易成功。你为考试做了充裕的准备，如果带着一颗平常心去考试，本来出线是没有问题的。可惜你心中杂念太多，而且还采取了作弊的行为，虽说是同学促成的，但也是很不应该的。
>
> 这次考试对你来说是一次难得的人生历练，希望你今后能继续保持凡事努力的斗志，但是亦要保持瓦伦达心态，心无旁骛，这样才能真正实现你的目标。

看完邮件，陈超润的难过里还混进了一些羞愧。打小抄这件事是自己不对，他告诉自己下次无论怎样都不抄了。为了多考几分得多死多少脑细胞啊，还丢人得不得了。

俗话说不经风雨怎见彩虹，如今陈超润可算是 N4 中经风雨最多的人了，他觉得自己一下子成熟了不少，今后可以向另外三个家伙传授人生经验了。这份经验来得真不易，从年前折腾到年后，他努力了好几个月，最终还是通过"打小抄"才达到参加梦想中的金海螺数学竞赛。但是在后面的几个月时间里，他是真正将自己全身心投入到竞赛的复习中去的，结果不出意料，陈超润获得了全市金海螺数学竞赛的第三名，为学校争了光。

后天就要期中考试了，可是陈超润心中的那个阴影总是挥之不去。

苏洛洛用一句话大大安抚了陈超润饱受挫折的心："超人你别难过，你总算没有辜负我们的良苦用心，也为学校争了光，而且通过这次竞赛的大复习，期中考试你的英语、语文、数学这三科都不用复习了。"

陈超润注视着苏洛洛的眼神，似乎她和 Lion 懂的一样多。

苏洛洛说我给你讲一个男子汉的故事吧：

从前有一位神射手，名叫后羿。他练就了一身百步穿杨的好本领，立射、跪射、骑射样样精通，而且箭箭都射中靶心，几乎从来没有失过手。人们争相传颂他高超的射技，对他非常敬佩。

夏王从大臣那里听说了这位神射手的本领，也目睹过后羿的表演，十分欣赏他的功夫。

于是，夏王命人把后羿找来说："今天请先生来，是想请你展示一下你精湛的本领，这个箭靶就是你的目标。为了使这次表演不至于因为没有彩头而沉闷乏味，我来给你定个赏罚规则：如果射中了的话，我就赏赐给你黄金万两；如果射不中，那就要削减你一千户的封地。现在请先生开始吧。"

后羿听了夏王的话，取出一支箭搭上弓弦，摆好姿势拉开弓开始瞄准。

想到自己这一箭出去可能产生的结果，一向镇定的后羿呼吸变得急促起来，拉弓的手也微微发抖，瞄了几次都没有把箭射出去。后羿终于下定决心松开了弦，箭应声而出，"啪"的一声钉在离靶心足有几寸远的地方。后羿脸色一下子白了，他再次弯弓搭箭，精神却更加不集中了，射出的箭也偏得更加离谱。

夏王在失望的同时掩饰不住心头的疑惑，就问手下道："这个神箭手后羿平时射起箭来百发百中，为什么今天跟他定下了赏罚规则，他就大失水准了呢？"

手下解释说："后羿平日射箭，不过是一般练习，在一颗平常心之下，水平自然可以正常发挥。可是今天他射出的成绩直接关系到他的切身利益，叫他怎能静下心来充分施展技术呢？看来一个人只有真正把赏罚置之度外，才能成为当之无愧的神箭手啊！"

陈超润联想起 Lion 给自己的电邮，恍然大悟，原来是自己考虑太多反而不能专注。于是一反常态对苏洛洛大肆赞扬："不错嘛，小张爱玲，有道理，一会请你吃冰淇淋！"

"哈哈，小张爱玲，"苏洛洛大笑，"这个称呼我喜欢。"

读书虫

詹森怪圈

詹森是一名运动员，他平时训练有素，实力雄厚，每次测试成绩都很好，但是他却连一枚奖牌也没有拿到过。这是因为他一到了赛场上就连连失利，根本发挥不出平时的水平。人们借此把那种平时表现良好，但由于缺乏应有的心理素质而导致竞技场上失败的现象称为"詹森效应"。

在日常生活中，有些名列前茅的学生在高考中屡屡失利，有些实力相当强的运动员却在赛场上发挥异常，饮恨败北等等。细细听来，"实力雄厚"与"赛场失误"之间的唯一解释只能是心理素质问题，主要原因是得失心过重和自信心不足造成的。有些人平时"战绩累累"，卓然出众，众星捧月，造成一种心理定式：只能成功不能失败，再加之赛场的特殊性，社会、学校、家庭等方面的厚望，使得其患得患失的心理加剧，心理包袱过重，被如此强烈的心理得失困扰，怎么能够发挥出应有的水平呢？另一方面是缺乏自信心，产生怯场心理，束缚了自己潜能的发挥。

听音乐测抗压指数

你用手机听音乐时会有何习惯呢？
A.将手机挂在胸前
B.将手机放于袋子或裤袋
C.不断操控手机
D.边听边唱

测试结果

选 A　为人豁达型抗压指数：★★★★★

你为人豁达，视压力为人生的磨炼，并以安然的态度去面对及接受，认为考验愈多，人生才会愈有意思。当问题难以独立解决时，你会主动要求朋友帮忙，以及跟亲友倾诉，可谓深懂减压之道，因此你的身心非常健康，压力于你来说反是一股动力。

选 B　压抑情绪型抗压指数：★★★

你为人冷静深沉，喜怒不形于色，能够冷静、理性地面对问题，很少向朋友倾吐心事，在别人眼中，你是泰山崩于前而色不变的强人。然而，理性上知道是怎么一回事，但你的心却未必能放得开，故有压抑情绪的倾向。须知，我们不是机器人，你要学会释放自己的感受啊。

选 C　逃避压力型抗压指数：★★

听歌时不喜欢按歌曲次序去听，总会按照自己的心情心急地"飞"歌，表示你只会专注于自己喜欢的事情，但凡比较麻烦、困扰的事情则统统不理，所以生活于你来说无甚压力可言。而你的抗压能力也不算大，因为你只会任性地"避压"，而非抗压。

选 D　过分忧虑型抗压指数：★

边听边唱，甚至手舞足蹈的人，给人大情大性、乐观开朗的感觉，然而，正因为你连听歌也如此投入，人生中无论大小事，也会全副心思栽进去，情绪随着事情的变化而起伏不定，一遇到难题及困境时，便会忧虑得茶饭不思，难以入眠，抗压能力特别低。

六、坚持：马屁股决定火箭升天

　　几个月的努力学习让陈超润受益匪浅，正如苏洛洛所言，这次期中考试他很轻松，不需要熬夜复习就取得了不错的成绩。考试头天晚上大部分学生都在突击复习，所谓"临阵磨枪，不快也光"。滨海第七中学的宿舍楼每天晚上 10：30 准时熄灯，孩子们为了多看两眼复习资料，有的打手电，有的用微型节能灯，还有的躲到厕所去——因为厕所晚上不熄灯。之前陈超润也是这临阵磨枪的大军中的一员，如今他却优哉游哉，早早上床睡觉了。

期中考试过后，拿着亮闪闪的成绩单，陈超润别提多美了，加上数学竞赛获大奖，陈超润开始有些飘飘然了，学习上也松懈了，上课又开始走神儿，晚自习也开始溜号。

苏洛洛发现了陈超润的问题，课间的时候对他说："超人，你刚认真学习了几天，又开始骄傲了。"

陈超润在玩手机上的"五子连珠"，头也不抬："洛洛你别啰嗦，之前几个月太累了，好不容易考完试我要好好放松一下。"

苏洛洛非常无奈："超人你到底有没有听我们说啊？你这样下去非常危险的，你看看壳壳，她就是个活生生的反面教材！"

"我？扯上我干吗？"葛怡正往语文书上乱涂乱画，给课本插图里所有的人物都添上了墨镜和媒婆痣。

苏洛洛正色说："壳壳，你说要坚持跑步，一共跑了几次？"

葛怡支支吾吾："……五次吧……六次？"

"算了吧，一共三次，我帮你数着呢。"

陈超润不玩手机了，指着葛怡哈哈笑："是谁说的要天天练习跑步来着？还特苦大仇深含着眼泪说的！"

"我……我真是起不来床啊！"

葛怡从小有个毛病，怕听闹钟响，就是那种方块小闹钟。"叽叽"的闹铃响她一听就从后脖颈子开始发凉。

会形成这样的心理阴影，是因为葛怡太讨厌起床了！葛怡喜欢睡觉，从来就没有睡不着的时候。从幼儿园开始，爸爸妈妈把她从床上弄起来就费老了劲。开始是在床上打滚，怎么也不起。然后哭哭啼啼的被拉起来，穿着衣服她的脑袋就又垂到胸口了，弄得爸爸妈妈非常无奈。

上了小学，葛怡起床的问题依然是个老大难。早上 8 点半上课，妈妈安排葛怡七点钟起床，可她几乎就没准点起过。闹钟"叽叽叽"一叫，她就眯着眼睛把时间调后十分钟，继续睡；闹钟再叫，再调后十分钟；还叫，又调后十分钟……几乎每天早上都能见着葛怡抓着包子或者油条往学校冲。还好葛怡家跟学校只有一墙之隔——确切讲，是一道铁栅栏矮墙。要是时间刚够，她就花五分钟绕到学校大门进去；时间不够，她就干脆爬墙。

到了初中开始住校，可怕的小闹钟退出了葛怡的生活，叫她起床这个重任由苏洛洛承担下来。

"壳壳，起床！"

"嗯嗯，好。"应着声，葛怡翻个身继续睡。

"壳壳，起床！再不起来吃不上饭了。"

"哎呀知道了。再睡五分钟。"

"壳壳，我吃饭去了啊。"

"等等，等等，马上……"

春季运动会的时候，葛怡因为缺乏锻炼，累个半死还垫底儿，她下定决心要早起练习跑步。第一天，在充沛斗志的支持下成功起床；第二天，明显就觉得睁眼费劲；第三天……第三天没起来。之后又拖了两天，壳壳依然没起，然后就是放假回家。从家回来，壳壳百般激励自己，终于起了一次床，之后就再也没起过。

韩修鹏问："壳壳，你当时可是下了很大的决心要练习跑步，为什么改主意了？"

葛怡露出苦恼的表情："我没改主意，只是我实在是起不来床，困得我晕头转向。"

陈超润说："我挺理解壳壳的。我这个学习也是一样，不是不想学，就是老想玩，坚持不住了。"

韩修鹏和苏洛洛对视一眼："你们俩要是都不努力，事情可只会越变越糟。"

Lion 很关心陈超润的事情，可是最近几天没有给他发电邮，陈超润发了一封：

Lion 老兄，再次江湖救急！

这次不是紧急的事情，但是事情挺重要。相信你已经知道了，我这次期中考试考得不错，参加金海螺竞赛也得了奖。我本来想那些日子那么累，好不容易考完试了要好好轻松一下，可现在发现轻松过头了，还有点自我优越感（笑），实在无法再集中精神学习。我怕这样发展下去，老也不想学习，好不容易上来的学习成绩又掉下去了。

还有我的朋友壳壳，她跟我遇到的问题差不多，也是想做什么事情坚持不下来。壳壳本来说要每天早起跑步的，她只坚持了几天就放弃了。如果她总不练习，长跑永远都会那么差。

我们都知道自己做得不对，可是忍不住，怎么办啊？

Lion 回复了陈超润的电邮：

哈哈超人，你还真有危机意识呢！你分析得没错，如果你和壳壳都继续"堕落"下去，真是前景堪忧。说起来，你俩的问题都是习惯在作祟，可以称其为"路径依赖"。

美国的铁路据传是由英国工程师设计建造的，电车的轨道标准为 4.85 英尺，这一标准最初又是来源于马车的轮宽。问题是马车为什么要用这个轮距标准呢？因为如果马车用任何其他数值，马车的轮子就会在英国的老路上被撞坏，而这些路上的辙迹宽度就是 4.85 英尺。这些辙迹又是从何而来的呢？这个答案就得追溯到古罗马时期了，罗马战车的宽度正好是 4.85 英尺，而这个宽度，恰恰是两匹拉战车的马的屁股的宽度。

故事到此还没有结束，美国航天飞机燃料箱的两旁有两个火箭推进器，因为这些推进器造好之后要用火车运送，路上又要通过一些隧道，而这些隧道的宽度只比火车轨道宽一点，因此火箭推进器的宽度是由铁轨的宽度所决定的。所以，最后的结论是：路径依赖导致了美国航天飞机火箭推进器的宽度竟然在 2000 年前便由两匹马屁股的宽度决定了。

一个叫道格拉斯·诺斯的人第一个明确将其引入了管理的领域，建立了路径依赖理论，从而获得了 1993 年的诺贝尔经济学奖。路径依赖理论说明，在日常生活中，某项事物的一次选择，或许是历史的偶然，像古罗马战车的宽度，但在这次之后，使用者就会觉得继续这样做是有效率的，于是，过去的选择影响了现在以及未来的选择。

　　你是长期以来懒散惯了，一旦松懈就回到老路，不再努力学习；亮亮也是，常年习惯性赖床，要让她突然早起，她会觉得特别痛苦。你们得明白，如果不打破老习惯，一条路走到黑，一定是前景堪忧。你们需要坚定决心，勇敢改变。我们打个赌，如果不改，到初中毕业你依然会为英语和语文挠头，亮亮依然会为长跑郁闷。

看过 Lion 的回信，陈超润心理就多了分安全感。他继续回复邮件：

　　可是老习惯没有那么轻易能改掉，也总是有"不改好像也没什么关系"这种心态。你有什么好办法吗？

Lion 再次回复了陈超润：

　　关键是你要深刻地意识到问题的严重性。给你举个例子，世界闻名的美国克莱斯勒汽车公司曾经就遭遇了前所未有的灾难。1973 年，世界范围内出现的石油危机严重冲击了依赖石油的汽车制造业。当时，美国所有的汽车公司都受到不同程度的损失，通用和福特两家汽车公司及时从中吸取教训，随机应变，把战略决策来了个 180 度的大转弯，开始设计和制造耗油量小的小型汽车，从而减轻了对石油的依赖。
　　然而，克莱斯勒汽车公司却一如既往，照样生产耗油量大的大型汽车，结果，当 1978 年世界石油危机再度出现的时候，其大型汽车的销量大大下降，每天损失约 200 万美元，企业濒临破产的边缘。
　　正是因为克莱斯勒公司依赖原有的"路径"，没有摆脱传统大型汽车制造对石油工业严重依赖的劣势，研制开发耗油量小的车型，这一失策致使公司损失惨重。

陈超润回复道：

　　好吧，我感到压力山大，不过有多大压力超人就有多大动力！

陈超润仿佛又找到了为金海螺竞赛备战时的那股斗志。他跟 N4 约定，从今天开始认真学习，谁要是发现他上课再玩，就及时提醒他。

葛怡这回特别老实，没吭声。

韩修鹏问："壳壳，人家超人都表态了，你不表态啊？"

"表什么态？"葛怡明知故问。

"早起跑步啊。"

"……我起不来。"

陈超润用少有的严肃目光看着葛怡："壳壳，这是习惯问题。如果你早几年就养成了早起不赖床的习惯，现在早就不为一个起床发愁了。你要是不改掉这个坏毛病，今后过多少年你还是不能早起，并且总为长跑的事挠头。这叫'路径依赖定律'，人们都喜欢按照习惯的方式生活。无论你想改变什么，首先都要改变你不好的习惯。"

陈超润重新振作起来不是难事，难的是如何让贪睡大王葛怡起床去跑步。苏洛洛认为靠她一个普通人类的力量是无法把葛怡从床上弄起来的，陈超润脑袋转得快："我们去网上查查，看看有什么让人早起的办法。"

他们打开第一个网页，有人提问："怎样让一个总是喜欢赖床的人早起呢？"满意答案是："早睡不熬夜，保证自己 8 小时的优质睡眠，买个闹钟定好起床时间，一段时间坚持下来你的生物钟就固定下来啦，每天不但可以早起还可以自然醒，不用闹钟都行。"

葛怡说："这个不行，我最怕的就是闹钟。"

苏洛洛也表示同意："是啊，她闹钟一闹，宿舍的人都睡不成了，这个 PASS 掉。"

韩修鹏往下拉网页，还有别的答案呢。

网友 A：只要自己醒了马上起来……去洗个脸……就清醒了……

网友 B：你算是问对人了！我有偏方：睁眼睡，方便看时间，有利于按时起床……

网友C：让他有动力，给他压力，或是刺激他。

网友D：在床上面安装一个浪漫漂亮的喷泉，定时的……

葛怡说："这一个比一个不靠谱啊……"

第二个网页上是问题是"亲，怎样才能让我不赖床啊，我想早起啊……"

一看答案大家激动了，纷纷表示："这才靠谱啊！"

满意答案：

1.科学安排作息时间。我建议为自己制定一份科学的作息时间表。同时，养成早睡早起好习惯很有必要，在计划中改变自己赖床坏习惯。

2.培养坚强的意志力。早睡早起身体好，早起是必须要做的事，一旦决定要养成好习惯后，就要克服个人个性中原有的消极品质，如懒怠等。有困难需迎难而上，否则就中途而弃了。同时，也应改变日夜颠倒习惯。意识到时间重要性，使其拥有守时、定时的观念，使其自然而然远离赖床恶习。

苏洛洛很专业地审视了一遍答案："这估计是网友自己打字打上去的。"

"不过，你们不觉得他说的都是废话么？有哪句告诉了我们究竟怎样能把壳壳这个懒鬼从床上揪起来？"

还真没有。

韩修鹏合上电脑："壳壳，咱们不要搞这些了，说到底，起得来起不来还靠你自己。"

"修酱说得对，"陈超润说，"你就想想，你要继续懒下去，那就是走上了不归路，一辈子都是懒鬼。壳壳，勇一把！挑战自己！"

朋友的鼓励让葛怡热血沸腾："我……试试！"

苏洛洛拍着她的肩膀："不是试试，是一定行！"

"对，我们共同监督你，洛洛负责叫你起床。"陈超润说。

韩修鹏也摆出一副酷样说："我们N4可是滨海七中最有范儿的，赖床这种丢人事可不是我们的风格！"

朋友们的话让葛怡感动极了，她可以让自己失望，但是不能让这么好的朋友失望。这天晚上，葛怡早早上了床，她对苏洛洛说要"早睡早起"。当苏洛洛早早趴在被窝里的时候，陈超润正躺在床上念念有词地背英语课文。无论是壳壳还是超人，他们都开始走入自己崭新的"路径"。

意志力大比拼

做任何一件事情，我们都有可能遇到或大或小的困难。意志力强的人会想方设法克服困难，把工作做好，而意志力弱的人则可能浅尝辄止，选择放弃，你的意志力究竟如何呢？

下面 A、B 卷共 26 道测试题，请根据你的情况作答。

A.完全符合你的情况；

B.比较符合你的情况；

C.一时难以确定是否符合你的情况；

D.不大符合你的情况；

E.完全不符合你的情况。

A 卷

1.你喜爱体育运动，因为这些运动能够增强你的体质和毅力。

2.你总是很早起床，从不睡懒觉。

3.你信奉"不干则已，干就要干好"的格言。

4.你投入地做一件事，是因为其重要，应该做，而不是因为兴趣。

5.当学习和娱乐发生冲突的时候，你会放弃娱乐，虽然它很有吸引力。

6.你下了决心要坚持做下去的事，不论遇到什么困难，你都能持之以恒。

7.你能长时间做一件非常重要但却无比枯燥的工作。

8.一旦决定行动，你一定说干就干，绝不拖延。

9.你不喜欢盲从别人的意见和说法，而善于分析、鉴别。

10.凡事你都喜欢自己拿主意，别人的建议只作参考。

11.你不怕做没做过的事情，不怕独自负责，你认为那是锻炼的机会。

12.你和同学、朋友、家人相处，从不无缘无故地发脾气。

13.你一直希望做一个坚强的、有毅力的人。

B 卷

1.你给自己制订了计划，但常常因为主观原因不能完成计划。

2.你的作息时间没什么标准，完全靠一时的兴趣与情绪决定，且常常变化。

3.你认为做事不能太累，做得成就做，做不成就算了。

4.有时你临睡前发誓第二天要干一件重要的事情，但第二天却又没兴趣干了。

5.你常因为读一本妙趣横生的小说或看一个精彩的电视节目而忘记时间。

6.如果你学习中遇到了什么困难，首先想到请教别人有什么办法。

7.你的爱好广泛而善变，做事情常常因为心血来潮。

8.你喜欢先做容易的事情,困难的能拖就拖,不能拖时则马虎应付了事。

9.凡是你认为比你能干的人,你都不会太怀疑他们的看法。

10.遇到复杂莫测的情况,你常常拿不定主意。

11.你生性胆小怕事,没有百分之百把握的事情,你从来不敢做。

12.与人发生争执,有时明知自己不对,你却忍不住要刺伤甚至辱骂对方。

13.你相信机会的作用大大超过个人的艰苦努力。

计分方式

A 卷试题中,A、B、C、D、E 依次为 5、4、3、2、1 分。

B 卷试题中,A、B、C、D、E 依次为 1、2、3、4、5 分。

A、B 卷得分加起来为总得分。

测试结果

总得分 110 分以上,意志力十分坚强。

总得分 91 ～ 100 分,意志力较坚强。

总得分 71 ～ 90 分,意志力一般。

总得分 51 ～ 70 分,意志力比较薄弱。

总得分 51 分以下,意志力十分薄弱。

七、梦想:测量馒头与神的距离

N4 的 4 个家伙,是学生里最活泼调皮的,他们一起学习一起玩,形影不离,互相鼓励。葛怡想练习长跑,却为早晨起不来床苦恼,几个朋友帮助鼓励她早起,如今她已经坚持一个多月了。

葛怡早起已经成了习惯,每天早晨到了 6 点钟她会自动醒来,洗漱之后到操场去跑步。跑完步后,她还会在早晨清新的空气中喝掉一瓶鲜牛奶,真是爽极了。"壳壳你脸色好看了。"最近不止一个人这样对她说。原本葛怡身材纤瘦,脸色暗黄,现在看起来结实了一些,脸色也变得红润了。"早睡早起果然好!" 葛怡笑眯眯地对朋友们讲。

之前陈超润努力学习了一阵子就松懈了,在大家的帮助下他重新点燃了斗志,慢慢把最差劲的语文和英语补了上来。从前一上英语课和语文课他就缩头,生怕老师提问。现在上课的时候他敢大大方方把头抬起来,不再回避老师的目光。

马上要月考了,大家开始新一轮的复习。刘老师开班会的时候说,大家都要给自己设定一个目标,比如考十几名的同学可以把目标定为进入前十名，考三十几名的同学可以把目标定为进入前二十名。老师还让大家把自己的目标名次写在小纸条上，贴到铅笔盒里，这样每天都能看到几次，以此激励自己努力学习。

课间，大家都做了小纸条往铅笔盒里贴，陈超润用的是笔袋，他把纸条贴到了桌角上："目标：前十名。"葛怡看到陈超润的纸条，鄙视了一下："你的纸条做得太没有美感了，看我的——"葛怡打开铅笔盒显摆，她把"考进前二十名"几个字写在了一张漂亮的粉色纸上，还用彩色笔勾画了精美的框框。苏洛洛表现得很无奈："你画这么花有什么用。"

"修酱，我看看你的！"葛怡打开韩修鹏那奢华的木质文具盒，一张干净的白纸片上写着三个好看的花体字"第一名"。

"修酱，你本来就是全班第一，这个不算啥目标。"

韩修鹏淡定地回答："我的意思是，年级第一名。"韩修鹏话音一落，立刻引来"'修酱'崇拜团"女生们的惊叹声，N4 则争先恐后地咧嘴。

韩修鹏前阵子学习成绩略有滑坡，他这次悬崖勒马，决定努力一把。他是一个极聪明的男孩子，略略用心就能考出不错的成绩，一旦认真起来更是不得了。他果然将年级第一收入囊中，N4 其他几个人考得也还好，苏洛洛还在十几名晃荡，陈超润进了前十名——他考了第九。葛怡有点惨，二十三名，不过她之前是三十多名的，这个成绩已经让她很满意了。

陈超润建议："我们去吃顿好的庆祝吧！"

"好哇！水煮肉片！"几个人都喜欢吃辣，乐哈哈地往学校外面的小饭馆拥去。

Lion 很久没和陈超润说话了，鉴于自己改变了"路径"，考了不错的成绩，陈超润决定给 Lion 写封邮件报喜。等着上菜的时候，陈超润在手机上编写邮件：

Lion，今天考试成绩下来了，我考得不错呀，进了全班前十名。我成功改变了我的"路径"，多亏你给我的指导。还有，壳壳也表现得不错，她学习进步了好几名，每天早晨也能按时起床去跑步了。我们都很高兴，今天一起来吃好菜庆祝了！

Lion 你不要总搞得那么神秘嘛，来和我们一起吃东西好不好？

Lion 回邮件回得很慢，陈超润这顿饭都吃完了才收到他的邮件：

超人，谢谢你的好意，不过我不打算现身，神秘是我的风格嘛。关于我的事情，你一定要保密哦！哈哈哈！

陈超润十分无奈，他搞不清为啥 Lion 如此热衷保密。

你们的情况我大致了解一些，不过我觉得，你们可以适当把目标设置得高一些。

陈超润回复邮件说：

我们老师说过，做人不能好高骛远，所以我们的目标都定得很谦虚。

Lion 回复说：

你们老师说得没错，好高骛远不好，我们当然不能让一个科科考 20 分的人立志下回考全班第一。不过超人，你记不记得一句话：心有多大，舞台就有多大。你们人生的路很漫长，不会一辈子在考试，不会一直为五分、十分计较。你们学习、考试的目的是学到知识，最终走出校园，成为你们梦想成为的人。

梦想成为的人？这个问题陈超润从来没有想过。

夜幕初降，天气微凉，N4 嘻嘻哈哈地走在回宿舍的路上，道路两侧的梧桐树悄悄绽开了浅紫色的花朵，空气中满是清甜的香味。陈超润停下脚步，问："喂，你们想过没有，将来要成为什么样的人？"

"我三年级想当蓝皮鼠，四年级想当懒羊羊，五年级想当犬夜叉！不过么，嘿嘿，"葛怡做出一个挥刀的姿势，"我现在最想当的是《BLEACH》里的葛力姆乔·贾卡杰克，因为巴雅尔最喜欢他！"

"壳壳，你正经点！说正事呢。"

葛怡不闹腾了："梦想，这个事我没正式考虑过。"

苏洛洛说："我也是。将来成为什么样的人，操那个心干吗？船到桥头自然直。"说着她伸了个懒腰。

韩修鹏双手叉腰摆出一个很帅的造型："你们都太没追求了，我幼儿园就想好将来要当什么样的人了。我要当大明星！"

要是平时，陈超润一定会嘲笑他吧，但是这次他没有："修酱的梦想虽然听着离谱，不过，确实是个很好的梦想呢。修酱很帅气，很受女孩子欢迎，他要是当明星一定很红。你们觉没觉得，修酱长得有点像大帅哥阮经天？"

"好像真有点……"

苏洛洛说："修酱你要当明星还上什么学啊，赶紧出道，张爱玲说，出名要趁早。"

韩修鹏收起他浮夸的造型，正色说："不，我还是要好好学习的。我想当有内涵的明星，当表演艺术家，然后去好莱坞，成为格利高里·派克那样有演技又有魅力的绅士。"格利高里·派克是韩修鹏的妈妈最欣赏的男明星，受妈妈的影响，韩修鹏认为派克是世界上最棒的明星。

韩修鹏问："超人，你的梦想是什么？"

"……其实我也没想过。要不这样，我们回去都想想。"

陈超润给 Lion 发邮件：

> 梦想这个事，大家好像都没正式思考过，除了修酱。修酱想成为一名内外兼修的明星，将来去好莱坞，我觉得这个梦想很棒。想想挺可笑，梦想本来是一闭眼睛就来的东西，我们却谁也没去想。
>
> 壳壳小时候的梦想是做懒羊羊和犬夜叉，我也比她好不到哪儿去，我想当四驱车小子和蜘蛛侠来着。我还真的捉过蜘蛛，不过

那个小蜘蛛不肯咬我，我也没当成蜘蛛侠。我还攒钱买过很贵的四驱车，可我的四驱车总没有动画片里跑得快。

梦想这东西，好像太飘忽，Lion，你为什么要问我关于梦想的问题呢？

Lion 是这样回答的：

人生的精彩源自为理想而奋斗，要想做自己命运的主人，谱写美好的人生，就需要为我们的人生订立一个远大的目标，并且有为实现目标而积极行动的勇气。史立兹说过："理想如辰星——我们永不能触到，但我们可像航海者一样，借星光的位置而航行。"

美国行为学家 J·吉格勒曾经提出过"吉格勒定理"，说制订一个高目标对达成目标来说特别重要。有很多被认为很有天赋的人，并没有成为有成就的人，而是一生碌碌无为。相反，成功者多为天赋平平者，他们之所以成功，是因为心中有一个了不起的目标，这个目标为他们带来了无穷的动力，帮他们排除万难，走向成功。试想一个人即使非常有才华，但是他并不打算用这些才华做一些有意义的事情，他又能达成什么了不起的成就呢？

一个人如果没有明确的人生目标，就不会努力，不会有奋斗的动力，因为他不知道为什么要努力；没有目标，我们几乎会同时失去机遇、运气和别人的支持，因为我们不知道自己到底想要什么，所以也就不知道自己的价值在哪里，对生活失去热情，也就没有了奋斗的动力。对即将到来的机会，我们没有做好准备。要想实现人生价值，就需要给自己设定一个明确的人生目标，思考自己需要的是什么，审视自己存在的意义何在。

看了 Lion 的邮件，陈超润恍然大悟，他决定认真思考，为自己树立一个人生奋斗的目标。梦想这个东西，说起来简单，到认真思考的时候还真难，陈超润一下子茫然起来，不知道该给自己树立一个怎样的梦想。

手机发出声响，提示有新邮件。还是 Lion，整封邮件只写了一句话：

超人，你平时喜欢什么？

陈超润平时喜欢的东西可多了，他喜欢吃东西，喜欢玩游戏，喜欢看电影，喜欢从网上搜集趣味数学题……啊，数学！陈超润知道Lion 问这个问题的用意了。从喜欢的东西里找自己的梦想，有兴趣才能坚持下去啊。

陈超润回复邮件说：

Lion，我知道我的梦想：我将来要当一名数学家，要为这个梦想而努力！

Lion 很快回复邮件说：

恭喜你，超人，你非常聪明，又很喜欢数学，这真是一个好梦想呢。不过你在其他科目上也要努力呀，有丰富的知识才能将数学应用到生活中去，为人类造福。

哇，当了数学家，还能为人类造福！陈超润一下子觉得任重道远，不光有了目标，还感受到了一份责任感。

第二天中午，N4 一起在食堂吃午餐。

"我知道我的梦想是什么了！"陈超润兴冲冲地说，"我要做一名数学家！"

苏洛洛说："超人你还是现实点吧，你参加个数学竞赛还好，要当数学家不太可能。"

陈超润感性地说："不管能不能实现，我要为此而努力。这个梦想会照亮我人生的道路！"

"超人说得好！"葛怡说，"我要成为像久保带人一样厉害的漫画家！"久保带人是《BLEACH》的作者。

陈超润撇撇嘴："因为巴雅尔喜欢久保带人，你才想当漫画家吧。"

"才不是呢！"葛怡认真地说，"没有巴雅尔，我也喜欢久保带人。久保带人是位了不起的漫画家，他的漫画不光画面漂亮，台词也写得很好看，还有人怀疑他'是否是一位不得志的诗人，因为写诗不受欢迎才来画漫画……'"一提到漫画，葛怡就有说不完的话。

苏洛洛淡淡地说："我想当张爱玲——

"她的短篇小说是最棒的，我要试试能成为张爱玲不，不能就算了吧。"苏洛洛一贯有女王范儿，拿得起放得下。

葛怡说："我记下大家的梦想了，我负责给大家做'梦想卡'。"

晚自习的时候，葛怡给 N4 一人一张画得很美的小卡片，陈超润的卡片上写着"数学家"，苏洛洛的卡片上是"张爱玲"，韩修鹏的是三个亮闪闪的大字"大明星"——专门用荧光笔写的。

晚上睡前，陈超润的手机收到最后一封邮件：

很好，超人，你和你的朋友们都拥有了自己的梦想。梦想都是伟大的，即使再简单也不会平凡。在睡觉前，给你讲最后一个故事：28 岁的张立勇在清华大学第 15 食堂卖了 8 年馒头，得了个外号"馒头神"。这样一个外号当然不是随随便便就安在他头上的：英语口语流利，托福考过 630 分，大学英语四、六级考试更是早早过关；在校外兼职英语家教，在清华餐饮中心英语培训班任主讲老师；还在报纸上写了不少文章，一本关于他如何自学英语的书《英语神厨》已经出版——而他的身份，不过是一个高中没有读完、在清华食堂卖馒头的小师傅。也因此，才有清华的学生将他与《天龙八部》中那位深藏不露的少林寺"扫地僧"作比。

张立勇做到了一般人做不到的事情，而他成功的答案只是一句话："专注于做一件事。咬定一个目标，而后进行不懈的努力。"这个高二就辍学的年轻人，在 8 年的打工生涯中，坚持自学英语，并取得了令人瞩目的成绩，这份执着与毅力确实让许多人汗颜。

张立勇正是专注于他心中的目标，并全身心地投入，才创造出了令人赞叹的奇迹。这样的梦想，看似简单，却不平凡；而伟大的梦想正是从脚下一步步完成的，正如你那天感悟的一样。晚安，超人。

陈超润看着这些文字，嘴角露出一丝微笑，沉浸在了美妙的梦乡之中。

幸福魔棒

荣耀、金钱、地位、家庭、感情……哪个是你在这个世界上获得幸福的种子？对你来说，最注重的是什么呢？

有一天你忽然得到一种魔法，这种魔法可以使你变身为一种动物，那么你希望变成哪种动物呢？

A.鸟　　　　　　　　B.猪　　　　　　　　C.鹿

D.狗　　　　　　　　E.牛　　　　　　　　F.马

测试结果

选A：生命中，你最注重爱情。

选B：生命中，你最注重金钱。

选C：生命中，你最注重名誉。

选D：生命中，你最注重休闲快乐。

选E：生命中，你最注重家庭。

选F：生命中，你最注重学业和工作。

第六章

期待翅膀的毛毛虫
——爱情第一课

　　成长是要经历疼痛的。竹子在春天长得格外快，静静待在竹林里，仿佛能听到竹子拔节的声响。这是一种多么寂寞的声音，又是一种多么疼痛的声音。如今的你就如同那些竹子一样，在某个时候，静静地、疼痛地经历了一次成长。

你知道 N4 是什么意思吗？就是"超牛 4 人组"。这个名字极为粗俗，当初 4 人聚首为团队起名字的时候，葛怡坚持要叫这个，说这个才能把 4 个好朋友的魅力形容得淋漓尽致。韩修鹏反对得最为激烈，一个亮闪闪的王子怎么能让自己与"牛人"这么粗俗的字眼沾边儿？

葛怡一脚踩在椅子上，把右臂拱起来在韩修鹏眼前晃来晃去，展示她并不存在的肱二头肌以示威胁。"这个名字实在是不雅观呐！"韩修鹏对着葛怡连连摇头，可当他看到葛怡眼中那自始至终的坚定——甚至可以说是倔强时，他微微地叹了一口气，用一种王子范儿的潇洒动作悲壮地把头扭向一边："壳壳我怕了你！牛人就牛人吧……"苏洛洛翻个白眼儿："我就知道会这样。"

葛怡很有从文艺少年发展成文艺青年的潜质。她热爱美术，上了初中参加了美术兴趣班跟老师学画画，课余时间疯狂画画。这方面她确实很有天分，当别人画大卫还像朱利诺的时候，她画的大卫已经是大卫了。她还是一个真诚的旅游爱好者，从小学三年级就坐着公交车在滨海市各个区逛荡，小学毕业之前她已经游遍了滨海市的每个角落，包括下设的四个区县。

上了初中，文艺少年葛怡决定将脚步踏出滨海。初中的第一个寒假，葛怡就开始了生命中第一个伟大的远征：去首都北京。说到做到，果敢迅速的她立马开始了筹备的计划——从滨海坐火车去北京需要坐一天一夜。葛怡这个在旁人看来疯狂的举动得到了家人的支持，葛怡的爷爷、前中国人民解放军陆军老团长热情鼓励孙女：红军不怕远征难，还塞给她五百元。

用陈超润的话说，葛怡身上有一股十分不羁的气场，别的女孩子人后如何且不论，一站在人前会发出"帮帮我"的娇柔气息。葛怡不然，往哪儿一戳浑身上下一股"无所不能的英气"，让男生失色，让女生心惊。开学没几天，葛怡小学时响当当的名号"独行千里女爷们儿"就在初一(3)班流传开了。

当老师刚一宣布放假，葛怡就跑去宿舍拿背囊。走到校门口，葛怡遇到了韩修鹏，韩修鹏旁边还有一个高个子男生，是初一(4)班的体育委员巴雅尔。

韩修鹏大咧咧地跟葛怡说拜拜，倒是巴雅尔听说葛怡自己一个人跑那么远吃了一惊："就你一个人去？这也太危险了，走丢了怎么办……"

葛怡心说我没听错吧，他说啥？他说怕我走丢，他为我担心？天啊！葛怡使劲看了巴雅尔一眼，一双温柔的黑眼睛正关切地望着自己。

"我把我表哥手机号给你，我表哥住朝阳区，你遇到什么问题可以找他……"

葛怡觉得耳朵里一片轰鸣——实在是太好、太温柔了！葛怡羞答答存了巴雅尔给的表哥的手机号，晕乎乎地走了。

从来没有哪次旅行像这次那样漫不经心，葛怡觉得那双温柔的黑眼睛一直在脑海中转来转去。

一、青春躲不过一场蜕皮的疼痛

第二学期开学，葛怡觉得自己满脑子都是巴雅尔。不由自主地，她的眼睛自动在人群中检索他。巴雅尔是蒙古族男孩子，有点胖壮，比别的男生高出一头，喜欢打篮球。陈超润喜欢去操场西北角的攀缘架上看夕阳，葛怡也去，不过她是为了看巴雅尔——这个居高临下的位置远远能看到篮球场。其实，绝大部分时候是看不清人的，但是，听到篮球撞击到地面的嘭嘭声，葛怡就会告诉自己，那个人就在那里呢。

葛怡这个人，喜怒都写在脸上，慢慢地朋友们都发现她喜欢巴雅尔，好心地为她通风报信。"壳壳，巴雅尔去打水了！"正在宿舍里睡懒觉的葛怡听到报告立刻跳起来去打水，寝室的暖壶满了跑去隔壁找空壶。"壳壳，我打饭遇到巴雅尔了！"即使吃过饭了，葛怡也会再次冲向食堂，不买饭也要买份水果。"壳壳，巴雅尔他们要和一班打比赛，下午六点！"到了六点差十分，葛怡丢下涂得乱七八糟的水粉静物画冲下教学楼，完全不管教美术的孙老师在后面发出吼叫……

但是吧，巴雅尔同学却对葛怡火热的爱恋毫无察觉。葛怡虽然几乎天天打水都能"遇到"巴雅尔，巴雅尔却很少发现她——巴雅尔用西边的水管，葛怡会巴巴地蹭到东边的水管去接水。同理，打饭的时候葛怡至少要与他隔一个窗口，看他打球至少要站在三层人堆外面……N4十分不解，葛怡羞涩地垂下脑袋："不好意思呀……"大家绝倒。苏洛洛叹息曰："有贼心，没贼胆。"

葛怡非常喜欢喝牛奶，还挑嘴。她对学校食堂卖的盒装保鲜奶不感冒，自己订了玻璃瓶装的鲜牛奶，奶箱就钉在宿舍楼下面。每天葛怡起大早从操场上跑步回来就打开奶箱，取出刚送来的鲜奶咕嘟咕嘟畅饮一番。

这天葛怡打开奶箱，赫然发现里面除了牛奶还有一封信。葛怡满脸黑线：谁这么大条，把奶箱当信箱。她好奇地拈出信来，洁白的信封上写着几个漂亮的钢笔字："独行千里女爷们儿"收。

"晕，竟然是给我的！还知道我响当当的外号呐。"很显然这不是一封情书——傻瓜才跟自己喜欢的人叫这种外号呢。葛怡赶紧拆开看看写的啥，信的内容着实让她一惊：

亮亮同学：你好！

很显然，你动了早恋的心思。

天啊！看这字体，是老师写的信吧？我的秘密被人发现了？太可怕了，被老师知道了，一定会被通知家长，爸爸妈妈还好说，爷爷知道了一定饶不了我……

哎呀你不要害怕，我确实是成年人，但我不是你班主任，不会出卖你的。而且，你根本上只是动动心思而已，还没有什么实际行动，不要太紧张嘛。

看到这里葛怡真是觉得天雷滚滚，原来大人里也有这么无聊的。

作为一个神秘侠客一样在暗处默默关心你的朋友，我建议你还是停止对巴雅尔同学的单相思，这件事情，严重不靠谱，他根本就不知道你喜欢他，他只是把你当朋友，你不必要把自己搞得很难受，何必呢。

你的神秘守护者 Mr.N

（注：Mr.N 就是牛先生的意思）

年　月　日

葛怡几乎是哆嗦着看完这封信的，还牛先生……当葛怡要给 4 人组起名叫"牛人"的时候没有觉得丝毫不妥，这个词被别人一用，她才惊觉韩修鹏的观点是多么正确。

巴雅尔超迷《死神》里的葛力姆乔·贾卡杰克，过年背着爸妈染了一个蓝头发，又赶在开学之前染成了黑色。染出的黑色头发到底比不过天然黑，远远地看起来巴雅尔的头黑里透着蓝，让人想起紫菜头。

就是这样一颗别人看来可笑的脑袋，在葛怡看来却充满了伤感。

每天望着这蓝色的背影，葛怡突然生出一种可怖的想法：要是巴雅尔这辈子也不知道我喜欢他怎么办？又或者，他是喜欢我的，不然怎么会如此关心我呢？

夏天来了。葛怡同宿舍的女孩子们都去剪了头发，葛怡觉得不错，立马风风火火地跑去剪头发。

葛怡大咧咧地坐在理发椅上告诉剪头发的小哥，要剪短头发。小哥剪得很细心，可是剪完之后葛怡左看右看，都觉得没啥变化："再剪得短点！这剪了跟没剪似的，就剪韩倍克那种头发。"韩倍克是滨海市足球队的队长，葛怡是他的铁杆球迷。

小哥也是韩倍克的球迷，表示没问题。放下剪子拿电推子——没容得葛怡出声，他就剃掉了葛怡的一个鬓角。"干吗剃我鬓角？""韩倍克换新发型了啊。"葛怡心说在学校不能看比赛，果然跟不上形势啊，连韩倍克换发型了都不知道。最近 TVB 的明星都剪没鬓角的发型，看来这是流行趋势。

接下来，葛怡失去了另一个鬓角，然后又失去了半边脑袋的头发……葛怡强作镇定："干吗把我脑袋两边的头发也剃了……"小哥更镇定："韩倍克就是这发型，一模一样的，你看，报纸上都登了。"葛怡捡起桌子上一张《滨海日报》，是昨天的，报纸上报道韩倍克带领滨海足球队打败了来访的华夏墨香足球队，还配了老大一张照片，照片上韩倍克剪了一个"板刷头"……

虽然剪头发的小哥使劲补救，葛怡依然有了一个滨海中学历史上最惊世骇俗的女生脑袋。

第二天早自习，葛怡穿着帽衫出现在教室里，脑袋上扣着帽子。大家觉得非常奇怪，葛怡拉着脸谁也不搭理。

罗小倩发现葛怡格外不对劲儿，她也挑衅得格外兴趣盎然，"你干吗不摘帽子呀？呀，壳壳，你怎么了？"罗小倩边说边不怀好意地靠近，突然伸手摘掉了葛怡的帽子。

"哇"的一声，葛怡哭了。

所有人都惊呆了，没人见葛怡哭过，更没人见过女生有这么秃的脑袋。

葛怡很忧愁，不是忧愁头发，是忧愁巴雅尔。她给 Mr. N 发了一封短信：

> 我头发长的时候巴雅尔都不喜欢我，我没头发了，他是不是更不喜欢我了？

很快就收到了 Mr. N 回复：

> 他喜不喜欢你，跟你头发长短没关系。
>
> 壳壳，你是九型人格中的支配型人格，每一种人格都有它的优缺，你的优点是：自信、果断、行动迅速、兴趣广泛、有主张、意志力强；缺点是：喜欢指使他人，固执己见，耐力不足，欠缺自律、急脾气。你的决心大，意志力强，这种性格特点能让你喜欢学习很多的东西，常常一头栽进去，这在你画画的时候就发挥了精益求精的特长，能画出比别人更细心、更完美的作品。

虽然知道这个神秘的 Mr. N 很厉害，葛怡还是小惊了一把，他连自己画画的情况都了解。而且大家都觉得她壳壳是个马大哈，只有这个人看出了自己真实的一面：果敢、顽强而智慧。

> 但是，如果你一头栽进这不靠谱的爱情，就危险了。

葛怡决定向巴雅尔表白，她专门召集 N4 开会，完善外貌，让自己看起来好歹顺眼一点。葛怡向苏洛洛借裙子，是今年最流行的那种薄纱百褶裙，长到脚踝，风一吹飘飘荡荡非常好看。苏洛洛开始死活不干，耐不住葛怡没完没了的唠叨还是借给了她。

下午五点钟，葛怡穿着苏洛洛那条飘飘欲仙的橄榄色百褶裙出现在去往水房的必经之路上。秃头，长裙，往来打水的人纷纷侧目。韩修鹏和同宿舍的人在打羽毛球，招呼葛怡一起双打，葛怡二话不说跳了过去。

葛怡的羽毛球打得很不错，她人瘦，力气却大，一般男生打不过她。秃头，长裙，还杀气腾腾地挥拍……巴雅尔拎着水壶过来，远远地就看到了这样的壳壳。韩修鹏跟他打招呼："巴雅尔，打水啊！""是啊，打水。"巴雅尔笑嘻嘻看着葛怡："打球呢？这裙子不错啊。"

葛怡无限后悔，穿着裙子打什么羽毛球，她看着笑嘻嘻的巴雅尔飘然远去，却忘了自己要问的话。这事不能算完！晚自习时间，葛怡出现在了初一（4）班门口。

这天是周三，上晚自习的人很少，葛怡把巴雅尔叫了出来。

巴雅尔个子真高，葛怡站在巴雅尔面前刚齐下巴。

"是还是不是？"

"啊？"

"是还是不是？"

"什么？"巴雅尔莫名其妙。

"是，还是，不是？"葛怡想问的是，你是喜欢我还是不喜欢我？但是那"喜欢"两个字，却怎么也不好意思说出来。

巴雅尔又不是傻子，他懂了葛怡的意思，不好意思地笑了："我……把你当妹妹啊。"说着拍拍葛怡的头。

葛怡心说，你说就说啊，干吗这么温柔地拍我？她垂着头，一串眼泪掉了出来。

巴雅尔是真有妹妹的，他最怕妹妹哭。看到葛怡哭了，他不知所措，情急之中想到了哄妹妹的办法："你生气了？你要生气就打我吧，打我解解气！"

其实葛怡没有生气，她只是非常非常难过。巴雅尔说着真转过身来，脸朝着教室门，背朝向葛怡。葛怡心里难过，既然巴雅尔说让打，她真就打了。巴雅尔的后背厚实得像沙包，葛怡抹抹眼泪，撩起裙子扎下马步，扭腰，出拳——一个标准的直拳，可怜的巴雅尔整个人扑开了教室门，葛怡流着眼泪跑掉了。

清早，滨海第七中学被浓浓的白雾包裹着。这种天气不适合运动，葛怡依然去跑了步，然后打开奶箱喝牛奶。按部就班地做事情，让她多少会增添一些安全感。奶箱里又有了 Mr. N 的来信：

> 我就知道会这样。
>
> 在日常生活中你所特有的人格既会给你带来优势，同时也会给你附上不足和缺陷：你认为头发的长短会影响到巴雅尔对你的喜爱程度，这其实只是你的固执己见而已。即是你潜意识认为你若有一头飘逸的长发，巴雅尔就会喜欢你。其实并非如此，你的固执想法与他是否喜爱你无关。
>
> 另一方面，我知道你是个做事情很果断，一有想法就主动出去的人。但是我也非常清楚当你遇到心仪男孩子的时候，在外向的外表之下其实还是非常害羞的吧！爱情是很神奇的东西，它与人的身份、地位、相貌、财富等等不是毫无关系，但与这些东西的联系却远远没有你想象的那么紧密。根据我的观察，巴雅尔并不喜欢你，即使你的发型不是这么糟糕，他也不会给你多少关注。
>
> 成长是要经历疼痛的。竹子在春天长得格外快，静静待在竹林里，仿佛能听到竹子拔节的声响。这是一种多么寂寞的声音，又是一种多么疼痛的声音。如今的你就如同那些竹子一样，在某个时候，静静地、疼痛地经历了一次成长。
>
> 巴雅尔这件事情，对你来说是突破了心理中的某个安全区，整个过程充满了不安、痛苦甚至还有些许耻辱感，在心理学上可归入"蜕皮效应"。蝉蜕掉旧皮才能长大，人也是一样，一次一次的自我突破，一次一次的自我挑战才能让我们接触到更广阔的世界，让生命更丰富。
>
> 除了感情的成长，你还有自我认知方面的进步。从小你被爷爷当成男孩子教养，又与哥哥们玩耍，在所有人眼中你都是一个"假小子"。如今，你心底属于女孩子的东西开始觉醒，你开始慢慢认识自己、接受自己，这是一个非常有意思的过程，亦是这段小小爱

的故事为你带来的小小报偿吧。

女孩壳壳，一直在一只纯白的茧子里沉睡，如今她醒来，我们会看到一只怎样美丽的蝴蝶呢？

Mr. N 的话让葛怡很高兴，可是不知为什么，她却哭了，连最喜欢的牛奶也没有喝完。

周末和妈妈逛街，葛怡买了一条裙子。妈妈特别吃惊，五岁以后就拒绝穿裙子的葛怡，竟然主动要求买裙子——虽说是条奇怪的裙子。

那是一条颜色古怪的裙子，皱皱巴巴。它的颜色，像土黄色又像草绿色，很黯淡，像麂皮一样的绒绒的质地，仿佛随手抺起来就能擦眼镜。它堆在那里，就像一大团肉嘟嘟的抹布。

稍稍盖过膝盖的丑裙子，穿在身上，让葛怡看起来那么明亮。

曾经以为，"女爷们儿"壳壳生命的河流两侧不会出现明媚的浅绿，在心底沉睡的那个自己，被身后光阴的呼啸声淹没，寻觅不到丝丝缕缕踪迹。怎么也想不到，那个小小的女孩一直在这里，从未走远。

嘿嘿，哈哈……迎着滨海六月的阳光和风，女孩葛怡心中满是快乐。

这时她收到了 Mr. N 的一封短信：

蝉的幼虫叫作蝉猴，它的成长过程中有一次很重要的蜕变。一般蝉的幼卵在地下埋至 2～3 年后，蝉猴便开始逐渐生长发育成熟。每逢雨过天晴地面潮湿的时候，一个个臃肥体壮的蝉猴，就会在傍晚钻出地面，寻找柳条或树干往上爬行，2～4 小时后，便会蜕皮，变成蝉(知了)。

蜕变是蝉生命中不可缺少的环节，如果不完成蜕变，蝉猴就只好长眠地下了，更谈不上有更好的发展，到枝头上去歌唱生命。

人也是如此，人的生命在于成长，蜕变是人类生命中不可缺少的过程。如果拒绝蜕变，人就不可能有丰富多彩的生命。

你的蜕变百分比

你是个开朗有自信的人吗？你的潜力有多大？你对自我突破及超越自我又有多少期待和憧憬？做个小测试吧，看看你有潜力完成怎样的蜕变。

请由第一题开始作答，依照所选的答案转入下一题，并依照指示，循序回答问题。

1. 你平时经常使用网络吗？
   A.挺多的，几乎天天都上网→第 2 题
   B.不多，不太使用网络→第 3 题

2. 你平时说话的速度快吗？
   A.偏快，要再讲快点也没关系→第 4 题
   B.偏慢，讲快舌头会打结→第 5 题

3. 你平常到书店看新书或买书的次数多吗？
   A.挺多的，有空就去逛逛→第 6 题
   B.次数不多，也很少会买书→第 7 题

4. 对一些新的流行用语，你的了解程度如何？
   A.基本都知道，并能运用→第 8 题
   B.只了解一点点→第 9 题

5. 如果有个歌手来办演唱会，你会参加吗？
   A.通常不会，除非价格合理又在附近才会想去看看→第 6 题
   B.应该会，毕竟机会很难得→第 10 题

6. 你怎样看待新的服饰流行风格？
   A.一般不去理会→第 9 题
   B.流行什么就立即穿什么，是时尚的代表人物→第 10 题

7. 你喜欢经常更换手机吗？
   A.是，经常有更换的打算→第 13 题
   B.非常少，觉得赚钱很难→第 15 题

8. 是否觉得自己意志力不够坚定？
   A.是，觉得自己遇到挫折很容易就放弃→第 12 题
   B.否，平时遇到困难或挫折是会勇敢面对的→第 11 题

9. 中秋佳节，街上正在举办街舞比赛，你会：
   A.离得远远的，不喜欢凑热闹→第 13 题
   B.兴致大增，马上凑上前看看有什么热闹→第 14 题

10. 如果有一天，你被朋友出卖了，你会：
    A.原谅他，认为谁都有犯错误的时候→第 13 题
    B.顶多原谅他，不过以后也会渐行渐远→第 8 题

11. 你平时看哪种类型的节目居多？
    A.评论性、谈话性以及娱乐性的节目→A 型
    B.综艺以及连续剧节目→第 12 题

12.你对自己目前的状态满意吗?

　　A.满意,希望可以再上一层楼→B 型

　　B.还可以,有适合自己发展的空间→第 13 题

13.想象自己被坏人追到悬崖,进退无路时,你会:

　　A.跳下悬崖,干脆把命运交给上天→C 型

　　B.被坏人带走,也许还有活命的机会→第 15 题

14.突然之间,医生宣布你得了绝症,你会:

　　A.如往常一样生活,尽量让自己快乐起来→第 13 题

　　B.趁还能玩乐的时候尽量去挥霍→第 15 题

15.听到歌曲,你是否会跟着节奏哼唱?

　　A.不会,万一跑调该多尴尬→D 型

　　B.基本上每次都会→E 型

测试结果

A 型人:蜕变 90%

你本身是个乐观向上、积极进取的人,你心中存在着远大的理想。只是有时你会因为心中的理想,而不愿意做简单的事情。

B 型人:蜕变 80%

你本身是个温和、大度、有理想的人。你有着自己的梦想,也愿意把经验分享给周围的朋友,所以你的人缘不错,也是朋友崇拜学习的对象。有时你会因为成功来得太顺利而心虚甚至钻牛角尖,想得太多反而到最后自己败给自己。

C 型人:蜕变 60%

你是个畏首畏尾、不敢面对现实的人。你也想平步青云,却被环境所限;你也想成为人中之龙,但最后总被现实打败。有时你会考虑太多现实问题,不敢放手一搏,以致虽有进步,但总无法使你感到满足。

D 型人:蜕变 40%

你的个性较为小心谨慎,也比较率性,与世无争,对目前稳定的状态也感到安心、满意。你会做的多半是心灵层面的升级,虽然旁人浑然不觉,但自己满足就已足够。只是身边也要有钱,才有办法应付不时之需。

E 型人:蜕变 30%

你的个性传统保守,也容易先入为主。虽然学习前人的经验能四平八稳,不易出错,但也无须排斥学习新鲜的事物。

二、是蒸馏水的友情,还是罗密欧的禁果

　　话说当年第一次见到韩修鹏的时候,苏洛洛以为自己见到了童话里的王子本人。

　　新学校新学期,老师不了解学生们,同学们互相也不了解,不能

通过选举的方式任命班干部，只能指认。刘老师说："大家认识一下，这是我们班的班长韩修鹏。"

"大家好，我是韩修鹏，从今天起我担任初一（3）班班长的职务。我小学就是在这所学校上的，对环境比较熟悉，大家有什么事可以随时找我。"

听得椅子响，有人站了起来，女生们低低发出惊呼。苏洛洛回头一看，哇，太漂亮了，她从没见过这么好看的男孩子。他的睫毛比女孩还长，眉毛和眼珠儿都黑得发亮，鼻子挺直，脸和嘴的轮廓看着像大卫像……他开口说话的时候，仿佛浑身都有亮闪闪的光。（其实，是韩修鹏挨着窗户，刚好有一束阳光照进来……）

这个亮闪闪的班长让苏洛洛惊为天人，简直是帅得 360　无死角啊！而且他的一举一动都那么稳当踏实，和班里那些幼稚的初一男生比起来简直不是一个级别。

根据女生们的经验，一般长得帅的男生都是绣花枕头，成绩好不到哪儿去。但韩修鹏不一样，他是以小升初全校第三名的成绩进入初一（3）班的。他的学习能力确实不是盖的，N4 成立之后，大家约好一起自修新概念英语 2。第一学期开始的时候，葛怡和陈超润的课本摊在桌上，是 Unit1，学期结束了还是 Unit1。苏洛洛好点，看到了 Unit6，而韩修鹏同学竟然背下了整本书所有的课文，赢得了所有人的仰慕。第二学期 N4 其他人还在为新概念 2 奋斗的时候，修酱已经在看新概念 3 了。

除了学业，作为班主任的最得力助手，"韩班长"还能处理好班里面、班与班之间、班级与学校之间的大大小小的事物。这些执行能力让在校的绝大多数男同胞嫉妒不已。

说到女生么，修酱是女生们为韩修鹏起的爱称，一提到修酱，女孩子们会双手托腮两眼冒星星。话说如今一天到晚挖苦修酱的苏洛洛当年也是一枚花痴粉啊，以为他不吃饭喝水上厕所，五讲四美飘然物外简直不是妈妈生出来的。直到开学一周后的一个午后，苏洛洛抱着一摞作业本上三楼，"谁再跑谁就是猪！哈哈哈哈！"伴着一阵噼噼啪啪的声音，一个男孩子抱着头从楼上冲下来，满脑袋尘土（苏洛洛后来回忆，这位挨扫帚拍的是陈超润），接下来用扫帚揍人的家伙伴着鹰隼般的奸笑出场了——那一瞬间，苏洛洛梦幻的世界坍塌，出现在她眼中的是完美无瑕360 无死角帅王子韩修鹏，拎着一把大扫把，脑袋上挂着扫帚苗。四目相对，苏洛洛对此感到惊讶不已，而韩修鹏确实感到羞耻难言。

随着越来越熟悉，尤其是当他们成为好朋友之后，韩修鹏简直成了苏洛洛心目中漂亮草包的代名词（虽然韩修鹏的试卷卷面永远像他的脸一样华丽），N4互相交流了下看法，发现大家对韩修鹏的认知过程惊人的相似。

陈超润和韩修鹏住一个宿舍，他忧愁地爆料："你们不知道，当我们同住的第一夜，修酱优雅地放出第一个响屁的时候，我心中那个震惊啊！"

韩修鹏这时真想把手上的书捏成一团砸向陈超润——当时他就坐在旁边假作读书状，其实对于N4其他三人对他的评论他听得那个仔细啊！

韩修鹏长得漂亮，也爱漂亮，经常把自己打扮得很光鲜，身后总聚集着女生们仰慕的目光，只有N4知道，这个漂亮的人儿有多孤独。大家都喜欢过周末，韩修鹏不喜欢，除了跟着姥爷去老年合唱队看唱歌，就是跟着姥姥去老年大学看画画。韩修鹏的爱好是做练习题，主要是除了做题，他想不到用啥事能打发时间。

因为他过于追求完美，每当他一个人冷静的时候，他的内心总是心事重重，他会不断地反省自己所做的事，还有什么地方不够完美，怎样才能做得更好？他常常为一些小事烦恼，不过他很聪明，总能在同学面前将自己的心事隐藏起来，显得自己不是一个心思很重的人，而是快乐优秀的。

自从和N4做了朋友，韩修鹏的生活丰富了许多，大家一起上下课，平时一起玩耍，凑在一起聊天也能聊半天。不过最近韩修鹏话少了不少，他总在低头发短信。"又给柯美发短信呢？"陈超润非常八卦。

葛怡和苏洛洛很好奇："柯美是谁？"

陈超润清清嗓子："这事得听我娓娓道来。"

韩修鹏的室友丁晓磊有个堂姐丁小叶，生活在邻市林川。小时候，他和堂姐都放在爷爷家寄养，两人感情好得不得了，没事就通电话。寝室的这帮坏小子无聊极了，没事就瞎起哄。

4月1日愚人节，丁晓磊把手机丢在床上去打饭了，韩修鹏和陈超润商量搞恶作剧。他俩决定用丁晓磊的手机给丁小叶打电话，假装用他的声音说话。

两人编好台词，由韩修鹏负责拨号。

"1、2、3！开始！"陈超润做"技术指导"，把控全局。

韩修鹏按下拨号键，同时按下免提。

"花开的时候最珍贵，花落了就枯萎，错过了花期花怪谁……"

有人接电话了："喂？"一个甜甜的女孩子的声音。

韩修鹏立马开始做戏："呜呜呜，姐，我被人揍了，呜呜呜……姐，我好疼啊，姐，我怎么办啊……"

陈超润对韩修鹏挑起大拇指，心说"这家伙可以去当影帝了"。按照之前的计划，韩修鹏说完这段话要马上挂电话，丁小叶担心一定会打过来，丁晓磊买饭也该回来了，时间卡得刚刚好。可是没想到，电话那头那个好听的声音着急地说："哎呀，你是小叶的弟弟？她去找老师了，等下，你等下，她马上回来……我，我帮你去食堂找她！你别难过……"

接下来，他们在电话里听到了"嘭嗵"开门的声音，然后是噼噼啪啪下楼的脚步声……韩修鹏和陈超润大眼瞪小眼：搞错了，不是丁小叶！

"嘭嗵"，这回是宿舍门开了，丁晓磊举着饭盒回来了，"你们拿我手机干吗？哇靠！一看就没干好事！"

女孩举着丁小叶的手机穿着拖鞋从五楼冲下去然后狂奔五分钟跑到教学楼又冲上四楼找到老师办公室气喘吁吁把手机递到丁小叶手里……

韩修鹏给女孩诚挚地打了道歉电话，女孩心眼儿真不错，没有生韩修鹏的气，两人还为这个恶作剧笑了一场。这女孩就是柯美，从这儿以后，两人经常打电话、发短信。

韩修鹏心情很糟，回回月考他都是稳坐年级前五的，这个月却考了第八名。中午他把鸡腿盖饭里的鸡腿给了陈超润，自己只喝了半碗紫菜汤。

葛怡非常不解："真不知道你们这些好学生脑袋里想的啥，全年级第八，全班第二，你郁闷什么。我这回全班成绩排了十八，我爷爷就说礼拜天吃火锅庆祝了！"

陈超润忍不住用筷子敲她的头："你以为都是你这种榆木脑袋，对咱修酱这样的偶像人物来说，考第八名就是人生悲剧。"

韩修鹏暗自点头表示赞成。

"超人你好意思说我榆木脑袋？"

几个人吵得不可开交，韩修鹏一个人默默地给柯美发着短信。

韩修鹏：我特郁闷，月考没考好。

很快他同时收到了两条短信，一条是柯美的，另一条是本市陌生号。

138××××7058：修酱，你今天心情很不好，我们聊聊天好吗？

韩修鹏琢磨着这又是哪个班的仰慕者，对于仰慕者他从来都不太热情，却也不过于冷漠，保持着偶像风范。

韩修鹏：呵呵，谢谢你，我没什么，不用担心。

那个陌生号很快又发来了短信。

138××××7058：我叫 L，希望我们能成为朋友。

哈，跟壳壳一样是个漫画发烧友吧，叫 L，《死亡笔记》的男主角呀。韩修鹏将手机调整成英文输入模式，存入了这个人的名字。

L：我要是没有猜错，你心情不好的原因是考试失利，成绩下降。不过，你是一个遵守原则而听从内心的人，这一个月以来你心不在焉，上课不听课，下课也没有认真学习，你早该预料到这样的结果了吧！

韩修鹏：请问，你怎么知道我学习上的事，你是我老师？

一条新短信很快发过来。

L：不用猜测我是谁，让我们一起来解决你遇到的问题才是最重要的。修酱，我想你内心应该明白，造成你考试失常的根本原因是你与柯美的交往。初中生有自己要好的朋友很正常，与朋友聊天也很正常，但是你与柯美的交往过于频繁了，影响到了你的正常学习。

下午上课前，韩修鹏去办公室送资料，班主任招呼他坐下。

韩修鹏从来都是好学生，自尊心很强，刘老师并没有直接批评他，而是婉转暗示了他最近学习不用心的事。

"最近班里出现了早恋现象，这对你们这个年龄段的孩子很正常，不过老师还是不希望因为早恋影响到大家学习。韩修鹏，你是班长，这周开班会重点说一下这个事情。"刘老师意味深长地看着韩修鹏，"要多跟早恋的同学讲讲道理，要是他们有什么想不通的，请他们来找老师。"

这种婉转的批评使韩修鹏更加郁闷。他明白 L 对他成绩下降的原因分析得很对，但是之后上地理课，他忍不住又给柯美发起了短信。

柯美心情也不好，她不小心把一只又大又漂亮的玻璃杯摔碎了。这是一只双层水晶玻璃杯，柯美特别喜欢它，还专门拍了照片传给韩修鹏看。韩修鹏赶紧回短信安慰她，有一耳朵没一耳朵地听着课。

"……最南边的地方是哪儿？"

韩修鹏是班长，上课向来积极带头回答问题。凭良心说，韩修鹏这个班长干事够认真负责，这不，忙着开小差呢，都不忘给老师捧场。滨海市最南边的地方是八个村子，合称南八乡，韩修鹏同学连头也没抬就大声拉着长音儿回答说："南——八——乡——"

"轰"的一下，全班都笑了。原来老师刚才讲着区域地理跳到世界地理去了，他问的是："世界最南边的地方是哪儿？"

作为滨海中学有史以来最闪亮的偶像，考了有史以来最糟糕的分数，挨了有史以来最严肃的批评，还丢了有史以来最大的脸，韩修鹏无比沮丧。他决定周末去看柯美，痛快地聊聊天，疏解下心中的郁闷。

老师明摆着认为他和柯美在早恋，到底是不是早恋，韩修鹏自己也说不清楚，反正就是很喜欢柯美、很想跟她说话就是了。作为一个帅哥，韩修鹏喜欢一切美丽的东西，柯美声音这样好听、脾气又好，一定是那种娇娇柔柔小仙子类型的女孩吧。她很害羞，从来不跟韩修鹏传自拍照，不过经常拍那些她买的小玩意，粉色的圆珠笔、樱桃小丸子的铅笔盒、嵌着亮闪闪的小珍珠的可爱头花、红色草莓造型的零钱包……看看这些东西就知道这些东西的主人有多可爱。

晚上熄灯后，韩修鹏翻来覆去睡不着。"老师凭啥说我早恋？我早恋又能怎样，我就是喜欢柯美。"韩修鹏越想越窝火，这一天的火气凑到一起更坚定了他找柯美见面的决心。

手机发出提示音，这么晚了谁发短信，柯美已经睡了啊。韩修鹏打开手机一看，是L。

L：修酱，你还没睡吧，今天发生了这么多事情，我猜你一定睡不着。

韩修鹏：这也让你猜中了，天啊，你该不会是我的狂热粉丝在寝室装了监视器吧！哈哈！

L：哈哈，真的木有！我想跟你继续白天的话题。

短消息一条接一条跳出来，L真是个热心肠，估计信息写得太长了，自动分成了好几条发送。

L：修酱，我来帮你分析一下，为什么你会内心矛盾。

你属于九型人格中的完美型人格，完美型的性格特征是：善良、努力、有责任心、计划性强、自我要求高、追求完美、过于追求细节、吹毛求疵、承受失败的能力差。

你希望自己是人群中总受到瞩目的那个，努力维持自己漂亮完美的形象。你与N4做朋友，是因为在他们眼中，你是个真实的、卸掉光环的人，与他们在一起你不用时刻把自己装扮得特别完美，感到轻松自在。你对柯美会有好感其实也与这种心态有关。你给柯美的第一印象不是闪亮的王子，而是一个调皮的搞恶作剧的家伙，真性情让你们彼此产生好感。

韩修鹏：喂喂，L，你也太厉害了吧，竟然能看穿我！

L：那当然！哈哈，我可是这方面的专家呢。

修酱，你希望找个人倾诉，这更多是一种心理需求而非爱情。你是老师、同学心目中的完美男孩，相貌英俊，学习成绩一流，你很自信，也很自负，完美型人格往往都具备这种特征。当老师告诉你不要去做什么事情的时候，恰恰引发了你的逆反心理。

韩修鹏：我承认你再次猜中了……

L：修酱，你不一定看过《罗密欧与朱丽叶》的戏剧，却一定听过关于他们的故事。这两个年轻人出生在敌对的家庭，两人的爱情遭到家人强烈反对，他们宁可死也要在一起。

他们对爱情好奇，又对家庭的强制管制非常反感，两种因素综合在一起促使他们做出了令人惊讶的反抗行为。心理学家称这种情况为"禁果效应"，你与柯美也属于这个情况。

你们这个年纪正是对友情珍视同时对爱情好奇的时候，学校的禁令为你们的往来增添了神秘感与刺激感，你们彼此未必有多么了解，也未必真的想为这段感情付出多大代价。

韩修鹏：L，我不同意你的看法，我觉得我和柯美的感情没你分析得那么肤浅。

L 认为聊太晚了会影响第二天上课，终止了谈话。

第二天是周五，放学后 N4 一起去逛街。韩修鹏去商场的礼品专柜挑了一只精美的双层玻璃杯，请售货员包起来。

"199 块，"葛怡念出价签上的数字，"你买这么贵的东西做啥？"

"我要送给柯美，她的杯子摔碎了。"

苏洛洛说："上腾讯拍拍呀，这东西便宜，我妈买了一个才二十块。"

韩修鹏一副认真的表情："这是礼物。"

陈超润从后面抱住韩修鹏做痛哭流涕状："呜呜呜……修酱你真是滨海七中最最货真价实的高富帅！"

虽然知道超人在损自己，韩修鹏依然压抑不住内心的小欢喜。

周六早晨五点，韩修鹏就起床去汽车站坐大巴，两小时后到达林川市。他没有提前告诉柯美，想给她一个惊喜。糟糕的是他搞不清柯美家的具体地址，只听她说是在开发区展览馆附近，只好又打的。

十点半钟，韩修鹏终于出现在了林川市开发区展览馆门前，他兴冲冲地约了柯美。他从展览馆的玻璃门上看了看自己的样子，还成，虽然有点疲惫，依然很英俊！

柯美，柯美，马上就能见面了。韩修鹏心里非常激动，不断想象着柯美的样子。

"……修酱？"身后有个声音犹犹豫豫地问。

"啊？"韩修鹏条件反射地答应，猛回头——面前站着一个高大的女孩子，身材格外丰满，有两个韩修鹏那么宽。这女孩子虽然长得壮实，穿得却非常可爱，她穿着一条今年最流行的薄纱百褶裙，嫩黄色的，脚上是一双粉色的凉鞋，手里握着一只红色草莓造型的零钱包……"你是韩修鹏吗？"这声音，又温柔又悦耳，简直不像她发出来的……

韩修鹏自己漂亮，也喜欢漂亮东西，葛怡经常鄙视他是"外貌协会"会员，韩修鹏则认为坚持自己的美学观念并没啥错。显然，他日思夜想的女孩子全面颠覆了他的美学观念。虽然他与她很谈得来，虽然他们是很熟悉的人，虽然……韩修鹏从背包里掏出包装精美的玻璃杯塞给柯美，然后就找了个借口溜掉了。

L果然神通广大，很快知道了这段故事，他给韩修鹏发短信建议说："不要突然对柯美冷淡，不然会伤害到一颗纯洁的心"。韩修鹏对之前所做的事情后悔不已，心领神会。韩修鹏回去的当天没有再联系柯美，柯美也没有给他发短信。礼拜一晚上，韩修鹏按照L的主意主动联系柯美。

葛怡毫不留情地对韩修鹏表达了鄙视："你怎么能因为人家长得不好看就这样呢！？你真是……"噼里啪啦说了一大堆，一副感同身受的样子。

"哎呀你闭嘴吧，其实我也很难受的。"韩修鹏没说谎，他心里确实难过。他也觉得自己太在乎外在的东西不对，但是，他确实无法喜欢柯美的样子。他之前信誓旦旦地说自己和柯美的感情"没有那么肤浅"，现在看来真是一种讽刺。14岁的韩修鹏觉得自己心中塞着乱糟糟的东西，不知道如何是好。

晚上躺在床上，他给L发短信求助，L很快就有了回复。

L：要先搞明白你自己是一个什么样的人，才能弄明白你为什么要做这样的事。

韩修鹏：能告诉我，我到底是一个怎样的人呢？

L：其实我早就说过，你是完美型的人格，正因为你过分追求完美，所以才会造成今天的结果。

韩修鹏认真地点了点头，心想："果然如此！"

L又致：

过分追求完美并不完美。合理要求自己，克服完美主义，是你必须要补的短板！

过了一会L又回了一条长长的短信：

读书虫

爱屋及乌的晕轮效应

有个成语叫"爱屋及乌"，我们知道，乌鸦本来不美，周身漆黑，呱呱乱叫，被人们习惯视为不祥之物。然而，人们爱人、爱屋，为什么还推及乌鸦呢？

这就是人的认知和情感旁推的一种心理现象，以点带面、以偏概全，也就是人们在认知中，观察对象时，对象的某个特点、品质特别突出就会掩盖我们对对象的其他品质和特点的正确了解，被突出的这一点起了类似晕轮的作用，导致观察失误。这种错觉现象，在心理学上叫作"晕轮效应"，晕轮效应是由美国心理学家凯利提出的。

在晕轮效应状态下，一个人的优点或缺点一旦变为光圈被扩大，其优点或缺点也就隐退到光的背后被别人视而不见了。这就使人们在判断别人时产生一种倾向：首先把人分成"好的"和"不好的"两部分，一切好的品性都加在被列为好的那部分人身上，一切不好的品性都加在被列为不好的那部分人身上。

法国农学家安瑞·帕尔曼切被关在德国集中营时曾经吃过土豆，觉得其味甘美。得救之后，他决定在自己的家乡种植土豆。

但是不少人反对他种土豆，尤其是那些基督教狂热分子，把土豆视为"鬼苹果"，医生们也普遍认为土豆对人体有害，连一些农学家也断言：种植土豆会导致土地贫瘠。

怎样才能使土豆顺利地推广呢？

1789年，帕尔曼切得到国王的特别许可，在一块劣质的土地上栽种了土豆。

春去秋来，快到土豆成熟时，帕尔曼切向国王请求，派一支军队来看守这片土豆。这样

逆反"鬼苹果"

1.你不喜欢按照别人说的去做吗?

2.你是否认为绝大多数规章制度都是不合理的,应该废除?

3.如果父母再次叮嘱同一件事,你就感到厌烦吗?

4.你欣赏与老师对着干的同学吗?

5.你经常考虑事情的反面吗?

6.你是否对班干部指手画脚很讨厌,而故意不按他的要求去做?

7.老师和父母越是要你用功学习,你越是不想学吗?

8.老师的话很多都是有漏洞、有问题的吗?

9.你喜欢与众不同吗?

10.违反学校里的某些规定使你感到一种快乐吗?

11.别人的批评常引起你的反感和愤怒吗?

12.你是否认为老师有很多缺点和错误?

13.对别人不敢干的事你特别想尝试一下吗?

14.你喜欢搞一些使被捉弄者痛苦或愤怒的恶作剧吗?

15.你是否觉得父母和老师不应为一些小事大惊小怪小题大做?

16.你蔑视权威吗?

17.对批评你的人,你都感到讨厌和恼恨吗?

18.你是否认为冒险是一种极大的快乐?

19.你习惯上总是按照大多数人说的去做吗?

20.对你感到没有意思的事,别人怎么说你也不会好好去干吗?

21.你特别爱做令人大吃一惊的事吗?

22.人们对你很不重视吗?

23.一旦决定了干一件事,不管别人指出这件事多么的成问题,你也不会改变主意吗?

24.你总是对老师表扬的同学感到反感,不想理那个同学吗?

25.你喜欢干一些能引起很多同学注意的事吗?

26.当你被别人说得火冒三丈时,你就会偏不照他说的去做吗?

27.你讨厌那些当班干部的同学吗?

28.你认为上课时出现一些老师没有意料到的情况令人开心吗?

29.对伤了你的自尊心的人,你是否要给他添一些麻烦,让他感到你是不好惹的?

30.越是禁止的东西,你越想设法得到吗?

评分规则:

1.除第19题答"是"记0分,答"否"记1分外,其余各题答"是"记1分,答"否"记0分。各题得分相加,统计总分。

2.得分说明:

总分在0至9分之间的孩子逆反心理很弱。只干并且只喜欢干该干的,不去干不该干的。

总分在 10 至 20 分之间的孩子存在一定的否定倾向。激动时可能丧失理智，意气用事，有时会做一些不该做的傻事。

总分在 21 至 30 分之间的孩子有相当严重的逆反心理。所想的和所干的总是与众不同，与习俗和规定不符。如果不清醒地意识到这一问题，并不努力加以克服，则只能是一个不受大家欢迎的独行者。

一来，土豆成了军队保卫的"禁果"。对此人们感到奇怪，而且禁不起诱惑，每天晚上都有人悄悄跑来，偷挖这些"禁果"。大家尝到土豆的美味后，又偷出一些"禁果"把它移植在自己的菜园里。

于是，土豆便在法国推广开来。如果直接在法国栽种土豆，可能会引起很多人的反对，但是帕尔曼切换了一种方式，利用人们的好奇心，反其道而行之，结果取得了相当好的效果。

韩修鹏是一个悟性很高的人，虽然长长的短信只有一个故事，没有半句交谈，但是韩修鹏心里已经明白"被禁止的东西更有吸引力"，这是逆反心理的道理。

韩修鹏还要问个究竟，一贯耐心的 L 这回只简要地回复了一句话：

自己去慢慢梳理清晰这段纷乱的情绪，这就是成长。

三、永远长不大是不是对自己的残忍

滨海市五月一日上午十点十分，阳光灿烂。

公车在斑斓的林荫道上小跑，车厢里涌动着热的空气，跑动着凉爽的光斑。在顾盛凌的右前方，坐着一位老先生。老式的公交车，陈旧的车厢，老先生坐在车门旁一只大的旧铁皮箱子上。

他不是顾盛凌喜欢的人。他穿着整洁的灰色西装，脚上的皮鞋却又脏又旧，撑变了形，像两只古怪的黏糊湖的鱼。

顾盛凌注意到他，是因为他两只脚中间放着一小盆栀子。枝条上或疏或密的丰肥叶片，有些是饱满的浓绿，有些是轻盈的浅绿。连那只小花盆，都裹了一层暗绿的苔。

他很宝贝那盆栀子花，一直垂头注视它，不时用鞋尖碰碰花盆，看放得是否平稳。

这位古怪的老先生让顾盛凌想起了自己的爸爸。

他们一点儿也不像，可是他却让顾盛凌想起了爸爸。是他的白发，还是他微微塌着腰的样子，还是他面对那盆栀子花流露出的孩子一样珍爱的表情？

顾盛凌悄悄给那盆栀子花拍了照，发布到微博上。

小黄：在公车上看到一个人，让我想起了大黄。他的栀子花真漂亮。

她看看时间，距离和父亲约定的时候已经过了半个小时。父亲没有打电话催。她知道，父亲是不会催的，他格外小心翼翼——今天，是顾盛凌见新妈妈的日子。这个女人与父亲交往了半年，如果没有什么意外，他们会在夏天结婚。虽然父亲很少对顾盛凌说起这些，但是顾盛凌知道。她知道那个女人是谁，每天晚上都去看她的微博。

四十岁的女人，说不上漂亮，洁净端庄，性格温和，很贤惠，会做一手好菜。她很喜欢顾盛凌的父亲，时不时地会在微博中说起他们交往的点点滴滴。如果她不是父亲喜欢的人，顾盛凌一定会喜欢她的。

顾盛凌的生命中有两次重大的会面，一次是这次，另一次是十年前，也是见母亲，她真正的母亲。

那时候没有飞机、没有高铁，火车是人们长途出行常选的工具。父女俩的目的地是北京。北京的春天刮着猎猎的风，从北京西站下车，天与地都是昏黄的。站台上有个女人，穿着那一年最流行的细灰格子外套。

那个女人弯下腰来，对顾盛凌伸出双手。父亲把她放在地上，她懵懂着向那灰色的身影走去。她看不清她的脸——抑或是记不清她的脸。那个女人把她拥在怀里抱紧，啜泣，顾盛凌直挺挺站着，像一根棍子。她眼中的一切都是模糊的，一如北京的昏黄的天空。父亲的声音清晰地从耳畔出现："别哭啊，你别哭啊。"顾盛凌想，我为什么要哭呢？她的眼睛被风沙吹得干涩，哪里有泪水。直到多年后，顾盛凌才意识到，父亲那话不是对自己说的，是对母亲。

父亲真是一个坚强而温厚的人。

父亲是军人，28 岁才与母亲结婚，29 岁有了顾盛凌。仅仅三年之后，母亲离开了他们，去了美国加利福尼亚。

母亲离开时顾盛凌太小，她对母亲最深刻的记忆就是这次会面。这段记忆像一部默片，没有声音，没有气味，只有黑白两色。母亲的形象在顾盛凌心目中，永远定格在了那件灰色细格子外套上。

其实那次顾盛凌是哭了，不过不是为母亲。火车站永远都有拥挤的人流，在一个中转站倒车，工作人员突然关了闸门不让通过。父亲抱着年幼女儿挤在人堆最前面，满脸焦急的神情："请让我们过去，我们要赶车，孩子的妈妈在等我们。"涂了鲜红嘴唇的年轻女乘务员挥舞着胳膊劈头盖脸一顿骂，还推了父亲一把。顾盛凌哭了："爸，她打你！"

闸门终于开了，人们开始向站台跑。父亲一手挎着行李，一手紧紧抱着女儿，裹在人流里奔跑。小小的人儿趴在父亲肩头哭泣，父亲穿着军装，肩膀上硬硬的肩章硌疼了她柔软的脸。

之后不久，父亲转业回滨海，进了检察院工作。

最近的顾盛凌总让人感觉不在状态，上学的路上总是耷拉着脑袋；上课的时候总是眼神游离于黑板之外。

细心的苏洛洛观察到了这点，扭过身去，"陈超润，最近的顾盛凌总让人感觉怪怪的啊，好像有什么很烦的心事？"

"没有才怪呢！"陈超润露一脸怪笑，小声说，"我也是猜测啊，上周放学的时候呢，我看到她爸爸有来接她哎！"

"那不是很正常么，有什么好大惊小怪的！"

"哎，你听我说嘛！"陈超润提了提眉毛，故作卖弄地细语道，"我注意到她对她的'母亲'好像格外冷淡，一开始我还以为是因为她们吵架了，不过后来我发现那个阿姨可能不是她的妈妈哦！"

"噢——"N4 小组仿佛是炸开了锅。

没想到大家参与的积极性那么高，陈超润显得非常兴奋，于是大爆猛料："那阿姨非常没有穿品哎，穿了件土黄色的连衣裙，好像六七十年代工厂里工作的老大妈哎！"

"啊哈哈，那一定就是工厂里的老大妈咯！"

"哈哈，我记得我外婆就有那样一件衣服！"

"那阿姨是不是农村里来的啊，哈哈！"

"你们都住嘴！"只听顾盛凌的一声大吼，随后夺门而出，全班对此都惊呆了，瞬间鸦雀无声。

顾盛凌虽然能强忍着眼中的泪水，但内心悲伤和愤怒：陈超润实在是太过分了，我到时候非得好好教训他一顿；但转念一想，似乎感觉陈超润讲得也十分有道理——这个女人什么都没有带来，除了让她感到生厌的笑容和让她受到全班嘲笑的极差衣品—— 她从来没有感到如此羞愧。

银浪酒店的玻璃外墙在阳光下发出明亮的闪光，顾盛凌远远就看到靠窗的位置，巨大的绿植下面坐着父亲和那个女人。女人垂着头在说着什么，父亲伸手帮她往杯子里添茶。世界真安静，仿佛世界上只有他们两个人。顾盛凌鼻子发酸。

顾盛凌从包包里摸纸巾吸干泪水，打开手机发了一条微博。

小黄：大黄说话不算数，他说过大黄小黄永远在一起。

配了一张照片，是滨海市透明的天空，点缀着零星的鸟的影子。

想想，越发难过，她真想蹲在地上大哭一场。不行，不能软弱！顾盛凌鼓励自己。她写下一条新微博为自己打气。

小黄：大黄小黄永远在一起。我要和爸爸永远在一起。我不能让爸爸被人抢走。我的心里永远只有一个爸爸和一个妈妈，我不要这个让我在学校里受人嘲笑的后妈！

顾盛凌大步向银浪酒店走去，步伐缓慢沉重，每走一步她心中的勇气就多了一重。

女人叫徐悦，她见到顾盛凌走过来，竟然有些慌张，要站起来，爸爸伸出手按住她的手臂，她又坐下了。"小凌，你来啦。"开口打招呼，她的脸微微发红。"这么软弱的一个人，难怪会被前夫欺负。"顾盛凌暗想。她径直走过去，坐在爸爸身边。

爸爸为她们做介绍，顾盛凌瞥了她一眼，没做声。手机发出提示音，有人回复微博了，她赶紧抽出手机来看，把那女人晾在一边。

爸爸尴尬地笑笑："现在的小孩子都这样，为上网着迷。"

徐悦仿佛并不在意，笑眯眯地问顾盛凌要吃什么。

"随便。"顾盛凌眼皮也不抬，硬邦邦丢下两个字。

"我知道她喜欢吃什么，她爱吃奶味儿足的东西，给她要块芝士蛋糕吧。"爸爸带着歉意对徐悦讲。

"啊，小凌喜欢芝士蛋糕？我做这个很拿手，下次做了带给小凌尝尝……"

顾盛凌本来全副武装来战斗的，此刻，却全没心思听他们说什么。这个人是她腾讯微博上的好友，却一直没有说过话。他的网名叫"热水壶"，用杀手莱昂的照片做头像，是个古怪的家伙吧。

🔔 热水壶：你们一直都在一起，从未曾分离。

顾盛凌使劲忍着，不让眼泪掉下来。

😊 小黄：现在，此刻，他就要永远离开我了。

她想起了《杀手莱昂》这部电影中的一句台词，发在了微博上。

😊 小黄：长大后，人生也是这么痛苦吗？

顾盛凌默默吃着芝士蛋糕，听两个大人聊天。他们努力让氛围变得轻松一些，顾盛凌却是打定主意不开口。

父亲提出，等天气暖些了大家一起去海边烧烤。徐悦非常欢喜，连声赞同。顾盛凌放下叉子，一个字一个字慢慢地说："我妈说了，女孩子不能去海边疯跑，会晒黑。"她多年来极少提起母亲。此刻，远在大洋彼岸的母亲仿佛成了唯一能与她站在同一战线上的人。

这点，父亲是知道的。孩子气的做法让父亲无可奈何。尴尬地沉默。徐悦小声说："阿姨有很好用的防晒霜……"

顾盛凌不理她，对父亲讲："爸，妈前两天打电话说暑假要回来，说要跟咱们一起出去玩。"顾盛凌的母亲早已组建了新的家庭，这些年很少回国。

"小凌，你知道这不可能。"父亲终于开口，带着责问的语气。

"怎么不可能？我妈要不回来也无所谓啊，咱俩出去玩，多一个人，堵心！"

父亲的表情非常伤感："……小凌，你为什么这样，咱们不是已经说好了……你这样徐阿姨会多难过？"

"爸，我也很难过。咱们家房子本来就不大，我不想多一个人添堵！"

顾盛凌的心跳得怦怦响，世界寂静得仿佛只剩下心跳声和她自己说话的声音。她从来都很乖，是爸爸的小黄，没对爸爸说过这么没礼貌的话。她不记得之后爸爸说了什么，只记得自己抓起手机向大门走去，步伐坚定而飘忽，仿佛梦游一般。

她走出酒店，来到喧嚣的大街上，灿烂的阳光迎头泄下，她一下子仿佛进入了另一个世界。滨海市的天气暖得太快，银浪酒店已经开了冷气，冷得让人毛骨悚然。

刚才离开的时候，她似乎听到了手机在响。抹着眼泪打开手机来看，是"热水壶"又回复了她的微博。

🔔 热水壶：成长本来就是痛苦的。

🌼 小黄：我不要长大，我不要长大！不长大我就永远是小黄，不长大大黄就永远不会离开我！

🔔 热水壶：没有人会永远不长大。你在微博里说喜欢农村的田地，最喜欢的是豆角田。我也喜欢，一架一架的豆角藤叶茂密，紫色的玲珑的花朵开得真是繁华。先凋落的花萼结出了小豆角，细小碧绿的，是人手雕琢不出的娇嫩的美。

🌼 小黄：你形容得真美，我们算知音了。大家都知道豆角好吃，从来不费心思去看。其实它们很好看的。

🔔 热水壶：呵呵，是啊。小黄，不知你注意没有，有些小豆角是永远不会长大的。如果有人在田埂上经过时不小心，踩伤藤，那枝藤上所有的小豆角都会死。不是一下子灰飞烟灭或是憔悴枯黄，那是仿佛被扼住了生命的细流，那些饱满的、透亮的、生命的汁液一点一点被收细，直至扼死。

小黄：这种死法很难过。

热水壶：是的。那枝藤上碧绿的小小的豆角，会以一种伤感的样子死去——它们幼小的身体经过一个炙热的午后，蜷缩出现褶皱，越来越小，越来越软弱无力。当你下次再经过那条田埂的时候，会发现它们不见了。

小黄：……

热水壶：能长大，是幸运的，也是幸福的。永远不长大，可能意味着永远的悲哀，自己扼住生命的细流，直至枯竭，是对自己的残忍。幸福，不会眷顾一个对自己残忍的人。你希望永远不长大留在爸爸身边，会让爸爸难过，更会让自己难过。

顾盛凌望着 "热水壶" 的回复，说不出心里什么滋味。她知道父亲非常喜欢徐阿姨。父亲脾气好，又相貌堂堂，之前很多人都想帮他介绍女友，都被他以 "小凌还小" 或者 "工作太忙" 婉拒了。

徐悦是一家企业的普通职工，也是父亲处理的一桩经济案的当事人。她和丈夫是高中同学，丈夫读书成绩好考上了大学，工作能力又强后来当上了一家国企的领导，逐步开始贪污腐败，并以徐悦不能生育为由在外面拈花惹草，发展到后来还对她进行家庭暴力。父亲在处理徐悦丈夫的经济案子时帮助徐悦摆脱了噩梦婚姻，并对她产生了好感，两人慢慢开始交往。

顾盛凌怕自己难过，但是，她更怕父亲难过。

她在外面闲逛到很晚才回家。她不敢回去，她想自己做了那么坏的事情，爸爸一定很生气。

打开门，一股饭菜的香味飘出来。父亲炒好了菜在等她回来。顾盛凌怕极了，埋头扒饭，可是爸爸并没有批评她。

吃过饭，父亲突然问："小凌，能告诉爸爸，你为什么不喜欢徐阿姨么？"

"为什么？因为你喜欢徐阿姨。"顾盛凌心想，她本身想把自己在学校里收到的嘲笑和屈辱一股脑儿地向父亲倾诉，但她又怕说出来了爸爸会不高兴，所以她不吭声，收拾起碗筷端去厨房。

父亲跟到厨房里，说："你要是真不喜欢徐阿姨，爸爸就和她分手。"

顾盛凌一惊，她不自觉地停下了手中在洗着的碗筷，回过头来瞪大眼睛望着爸爸，心中那股压抑了许久的埋怨和悲伤的怒火瞬间也像被浇了一盆水一样荡然无存。

"爸爸心目中最重要的人是你，小凌要是不喜欢新妈妈，爸爸不会勉强。"父亲伸手摸摸顾盛凌的头。他的嘴唇抿紧成一条线，眼睛里满是难过的神情。

顾盛凌满脸惊愕，这本应是她期盼的结果，现在却让她觉得害怕了，她觉得自己伤害了爸爸，她不知道怎么办才好，丢下碗筷逃回了自己的房间。

她打开电脑拼命搜索 🔔 "热水壶"。

🧑 小黄：热水壶！热水壶！你快出来！急！

🔔 热水壶：我在，我知道你会找我，一直在电脑旁。

顾盛凌有些吃惊，这个"热水壶"是未卜先知还是怎的？

🧑 小黄：大黄刚才说我才是他最重要的人，要是我不乐意，他不会娶徐阿姨的。可是我一点也不高兴，我不知道自己怎么了！我不知道该怎么办。

🔔 热水壶：小黄，你的内心是最爱你爸爸的，也会努力按照爸爸的意思去做事情。但是你属于九型人格中的支配型，每种类型的人性和心理，都会有它的优缺点，你的优点是自信果敢，行动力强；而你的缺点是控制欲强，又爱慕虚荣。你对徐阿姨的强烈抵触根源在于你爱慕虚荣的心理，你不想因为"土气"的后妈让你在同学面前没有面子。你非常希望得到父爱，同时又非常希望父亲能幸福。不过我知道，你对徐阿姨的埋怨只是你内心的小小的挡箭牌，其实你非常期望拥有一个幸福的家庭，一个温柔的母亲吧！你渴望给予别人爱，渴望得到别人的爱，你就像一只小猫希望能跳上别人膝头，被摸摸毛才会满足地走开。你希望永远做大黄的小黄，希望大黄永远爱你。

看到 🔔 "热水壶"的回复，顾盛凌更吃惊了，他真的非常了解自己。网络好厉害，即使不相识，也能让了解你的人与你相遇。

热水壶：爱是一个好东西。我们来到世上，若只为了呼吸、吃饭、睡觉，那么这生命有什么意义。幸好我们有爱，彼此关怀。世界上有很多种爱，爱情是爱，亲情也是爱，无论何时，无论大黄与任何人结婚，他都会永远永远爱你。你，小黄，是他最宝贵的女儿。

看到末尾，顾盛凌哭了。她怕爸爸听到哭声，抓了一大把纸巾盖在眼睛上默默流泪。

当她努力止住泪水时，发现 "热水壶" 又更新了微博。

热水壶：她是很温柔的人，会是很好的母亲。你们在一起，会组成幸福的家庭。

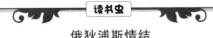

俄狄浦斯情结

弗洛伊德的这一学说后来受到了人们的批评，认为他的说法缺乏足够的科学依据。现在，我们既不能把此类情结看作具有普遍意义的科学理论，不能把它绝对化，但是我们也不能完全否定它。一般说，女孩（男孩）在3—5岁时常常会表现出不同程度的恋父烦母（恋母厌父），但这种现象大多会随年龄的增长而逐渐消失。如果到了青春期前，女孩子（男孩子）还表现出对父亲（母亲）的情爱独占欲，那就成问题了。

古希腊的底比斯王在神庙中得到一个神谕："底比斯王将死在自己儿子手中。"底比斯王因惧怕此预言，就把新生的儿子放在山上，想饿死他。有个牧羊人发现了他，把他送给邻国的国王和王后当儿子，取名俄狄浦斯。等他长大之后，又被当地的神告知"他将杀死自己的父亲，并娶母亲为妻"。

为了避免这一可怕事情的发生，俄狄浦斯出走他乡，在路上遇到霸道的马车夫粗鲁地吆喝让路，年轻人一怒之下便把马车夫连同车内的主人就是底比斯国王都杀死了。

到了底比斯，因答出斯芬克斯的问题，作为嘉奖，俄狄浦斯登上了国王的宝座，并娶了王后——底比斯国王的妻子、自己的亲生母亲。杀父娶母的悲剧就这样发生了。后来，从当年救过自己的牧羊人那里，俄狄浦斯得知自己杀父娶母的真相之后，母亲悬梁自尽，他也挖掉双目，从此流浪他乡……

弗洛伊德·西格蒙德是奥地利著名的精神分析学家，他通过讲述俄狄浦斯的故事来论证他的一个理论——恋母情结（恋父情结），即进入生殖期（个体从父母那里摆脱出来，把关注的重心转移到异性身上，容易产生性冲动的时期，年龄在12—20岁之间）的少年开始意识到男女有别，他们都渴望从异性的父亲或母亲身上满足性欲，而怨恨与他同性的父亲或母亲，即女孩恋父仇母，男孩恋母仇父，这一现象叫俄狄浦斯情结。这是一个很有趣的理论，有很多人为了证实它而一直在努力，但遗憾的是，多数证明恋母情结的实验研究都缺乏说服力。

三个月后的一个清早，从酣沉梦中醒来的顾盛凌在镜子里看到自己睡意未除的脸。房间里有香甜的糕饼味，是徐悦又起了大早做西点吧。父亲与徐阿姨结婚一个月了，🔔"热水壶"没说错，她是个好妈妈，而父亲的脸上也写满了幸福。看来自己之前的选择还真是正确，这多亏了网友🔔"热水壶"。

如同他的出现，在事件解决之后，🔔"热水壶"就突然消失了，那个账号再也没有使用过。他究竟是谁？对自己了解得那么深，顾盛凌越来越觉得，🔔"热水壶"是自己身边的人。他究竟是谁已经不重要，他帮助自己完成了生命中一次重大的抉择。如若当时做了相反的选择，那么自己的眼眶一定还是湿润的，而眼中的一切都落满尘埃吧。

爸爸和新妈妈结婚那天，🔔"热水壶"发布了最后一条微博。

🔔热水壶：小黄，你还记得莱昂是怎样回答玛蒂达的吗？他说："是你给我生存的希望。我爱你。"爱，我们的生命闪光。祝贺你有了新妈妈，也祝贺你，体会到了爱的意义，生命的意义。

四、你我类似终不是，拒绝悲伤流感

天色已经接近黄昏。正当苏洛洛急急忙忙赶路的时候，突然，她发现前面有一位白发苍苍、脸上布满皱纹的老奶奶。

"嗯？这不是13号楼的杨奶奶吗？"苏洛洛心中思索着。

不顾天色已晚，苏洛洛跑到杨奶奶身边，说："杨奶奶，您提这么重的菜，前面还有很远的路才到家，就让我来帮您提吧！"杨奶奶听后，温和而带着微笑地对她说："谢谢你，你太好心了。天快要黑了，你还是快回家吧，妈妈正在等你呢。""没关系，让我帮您提回去吧！"于是她一边扶着杨奶奶，一边接过菜筐一起走。

十多分钟后，苏洛洛提着菜筐终于将杨奶奶送到了家。临走时，杨奶奶留住她说："等会。"杨奶奶手里拿着一把手电筒，"孩子，路上黑，回家时就用它照路吧，一路小心点。谢谢你，孩子。"

"杨奶奶，再见！"

回家的路上天色已经很黑了，但是，杨奶奶的手电筒发出的光芒让苏洛洛路上一片光明。她的关怀驱散了周围的黑暗，她的心里喜滋滋的，像吃了一块糖果。

苏洛洛属于助人型的人格，她善良温柔，乐于助人，富有同情心，缺点是盲从，原则性差，经不起批评。苏洛洛还是一位有爱心、有思想、感情细腻、文采不错的女孩。她喜欢在网络上写 BLOG，不过，她从来不告诉别人她的 BLOG 地址，因为里面装着她的很多秘密。她为自己起了个男孩气的博客名：孤独的潜水艇。她在博客的公告栏里写着：这里是我的秘密基地，我要对着深海大声喊话！现在很多人都玩微博，苏洛洛也注册了，却不常写，因为她不想放弃自己的秘密基地。

初中开学两个月后，她在 BLOG 里写下了这样的句子：

想写一个故事，却不知道应该怎样开始。
关乎爱情。

后面，她一时写不下去了。她不知道该怎样表达。

大概两年前，苏洛洛穿着再过三年穿恐怕也还嫌肥大的灰蓝色校服走在放学的人流里，无数五颜六色的破旧自行车踟蹰不前。

苏洛洛抬头看天空，天空被四面的教学楼切成方方正正的一小块，灰蓝色，和她衣服一样颜色的灰蓝。就在之后一个瞬间，他们相遇，微笑。

那微笑是一个讯号，是一种奇异的电波。世界上的微笑有千千万万种，唯独这微笑，苏洛洛无法破解。羞涩，柔软，像个含糊不清的轻声的句子，表达不清楚语义，又能让人揣测出 100 种内涵。

从来没有一个男生向她这样微笑。

苏洛洛的少年时代是平淡无奇的。而这个微笑是一抹浅淡的玫瑰红，无声地在石头某个坚硬粗糙的石面上浮现。

于是这枚石头与河床上其他十万颗石头有了一点点不同。

这种对现实的映照，曾经只在故事里出现。比如，少女三毛穿着玫瑰红的软皮鞋子走进徐福生的画室，踏破了铁灰的青春。

苏洛洛本来不爱运动，从那以后非常喜欢上体育课。只因为两个班的体育课排在一起，偶尔会在下课时遇到他。操场围了护栏，苏洛洛和女孩子们在出口处等待，胳膊搭在护栏上，时有时无地聊天。五年级时操场旁新栽了的小树，苏洛洛学着偶像剧的样子，用锐利的石块在树皮上刻下了一把情人伞，在伞下刻上了他的名字：袁征。同一年级、不同班的人。

微笑，只有微笑，没有过多的言语。他只和她说过三次话。

袁征会在每个周三打扫教室的卫生。苏洛洛就在那天也留下来帮助班里打扫卫生。大家向来知道苏洛洛是个善良温柔、乐于奉献的班干部，大家都很乐意得到她的帮忙，也就没有察觉到太多的异样——只是每到周三的打扫时间，她都显得那么的不自然：双手紧握着扫帚把柄而没有松开过，迟缓地扫着地上的垃圾，时不时地望向门外别的班里的值日生……

冬天下晚自习，群星灿烂。苏洛洛觉得莫名的高兴，空气真是新鲜，她背着大书包几乎是跳着跑出学校。

学校马路对面有个报亭，灯光不明亮，离着报亭还有好远，她就努力伸长脖子想看看出了什么新杂志。

"你在干什么呢？"一个低柔的声音问。

苏洛洛吓一跳，忙抬头一看，竟然是袁征，就站在报亭旁边奇怪地看着她。

苏洛洛只觉得两股热流冲上耳朵。难得见面，竟然是那么奇怪的样子。

她不知道说什么好，傻呆呆地望着他，他突然羞涩地笑了，把脸转向别处。

之后他消失了，据说因为父亲工作调动，一家人搬离了滨海。苏洛洛偷偷难过了好久。

初中一年级，早春。滨海市临海，风极大，刮得冒绿芽的树枝在灿烂的阳光下乱颤。苏洛洛费力蹬着妈妈的大自行车顶风逆行，刚刚留长的头发在风里乱舞，袁征从马路对面骑车经过，大声问："你去哪儿？"

苏洛洛忘记了慌乱中怎么回答，两辆车子匆忙擦肩而过。

滨海市春天的风真是很大。眼泪流出来一下子就吹干了。

这个年纪的女孩开始对自己产生强烈的羞耻感，不允许些许的不完美，对自己身体的在意有宗教信仰般的执拗。不要华丽，因为我是那么渺小。繁华在清淡的年岁是可耻的。可是我一定要洁净，让那片灰蓝色洁净得与众不同。顶着一头枯黄乱发的狼狈相面对喜欢的男生是少女最大的耻辱。

她又开始在学校看到他。他家又搬了回来，他又回到了滨海七中上学，依旧是她的同年级同学，不同班。

苏洛洛更新了博客：

> 很多书里都说，爱情是甜蜜的，能带给人幸福。可是我身边的朋友，却往往为爱情所苦。我的朋友超人喜欢上了隔壁班的女孩子，那位女孩既不特别美丽，也没有什么过人的才华，超人却非常非常喜欢她。女孩不知道超人每天都在默默关注她，她喜欢别人。
>
> 这些天女孩经常和同班的一个小胖子聊天，放学也会结伴回家，超人很难过。超人家本来住城东的，他告诉女孩自己家住城北，这样能跟她一起走一段路，然后自己再绕个大弯子回家。有小胖子在，超人不能和女孩一起走了。看着超人落寞的样子，朋友们都难过极了。最近在看歌德的《少年维特之烦恼》。我觉得可怜的超人跟维特真有几分相似，他喜欢的人不喜欢他。
>
> 其实，我自己又何尝不是。没有人知道我的秘密，不然大家也会为我感到悲伤吧。也许，我比超人更悲哀——恐怕这世界上只有我自己知道喜欢他。
>
> 本来我就很难过，超人的事情让我更难过了。难过是个体力活，今天完全没有心思上课，数学课的时候我用书支着头睡着了，

老师没发现。也许老师发现了，不想搭理我？啊，窗外是晴天，我的心里却阴雨绵绵。

不多一会儿，苏洛洛惊奇地发现👾"乐观的维特"这个万年潜水员竟然发评论了。

👾乐观的维特：潜水艇小姐，请允许我这样称呼你。我是你博客的忠实读者，欣赏过你的所有博文。恕我直言，你完全没有必要为爱情而苦恼，更没有必要受超人的负面影响。

根据我的观察，你是九型人格中的助人型人格，你关心朋友。你的博客里，很多内容都是关于超人、壳壳和修酱的，看得出来你们的感情非常好。你善良温柔，喜欢帮助有需要的人，你乐于奉献，在班级里公共事务上，你一直贡献着属于自己的一分力量。

助人型人格还有几个缺点：一是原则性差，二是面子软，很敏感谨慎，三是迷信权威。原则性差在平常与同学相处中你应该有所察觉，比如N4帮助超人考试小抄的事，你心里明知是错误的，但是又不好意思反对，人云我云。敏感谨慎是因为你充满了不安，所有事情都习惯往坏的方面考虑。当然，这未必是缺点，会让人不至于犯离谱的错误，不过你把所有的事情都往悲观的方面想就会为生活增添很多多余的忧愁。

每个人在成长的过程中都会遇到喜欢的人，不过这个人未必喜欢他，你和超人遇到的都是这种情况。人生是一场漫长的旅程，我们长途跋涉，会与不同的人相遇。虽然遇到的人很多，却未必有缘结伴而行。不要难过，这不是坏事！孩子，请允许我这样称呼你，你刚刚15岁，你的人生才刚刚开始，你将来会走过很长很长的路，看到很多很多美丽的风景，遇到很多很多有魅力的人。你执着于一个人、为他而伤感时，却不知那个你命中注定的人正在远方的其个地方焦急地等待你呢。

👾"乐观的维特"的话给了苏洛洛些许安慰，可是，心中难过的感觉却纠结不去。

第二天有体育课，滨海市第七中学的小学部和初中部使用的是同一个操场。女孩子依旧喜欢在操场旁的护栏出口处聊天。当年种下的小树已经有婴儿手臂粗了，生物老师讲过，这种树属于速生树种，长得非常快。孩子们都调皮，不顾学校禁令，在树皮上乱刻乱画，如今树长粗了，当年刻下的图案都拉伸变形，诡异难辨。不知是谁，发起了新游戏，辨认树皮上的怪东西是什么。

"这是鬼脸！哈哈，还吐舌头呢。"

"你们看，这是什么？"马蕊蕊眼尖。

葛怡叫道："是三角形，又是裙子吧？"

"什么啊，你不看偶像剧吗？"罗小倩非常不屑地白了一眼葛怡，"这叫情人伞，伞下是相爱的两个人的名字。"

"哇，赶紧看看是谁的名字！"大家立刻来了八卦的劲头。

葛怡扒着树干结结巴巴地念："震……哀震？"

"切，不对，是袁征！"

听到这个名字苏洛洛一惊，她当年刻下的情人伞还在！仿佛一瞬间，她的脸一直红到耳根儿。大家都忙着研究树皮上的天书，没人注意她。

"谁是袁征？"

马蕊蕊的妈妈是本校老师，经常能打听到小道消息："袁征是七班的，一个转学生！在咱们学校上的小学。"

"哇，赶紧看看女生名字是啥！"

葛怡郁闷了："这仨字儿，怎么看怎么是 🔎 '潜水艇'啊。"

"这是男人的网名吧，女的哪有叫这个的，难不成是同性恋？"

女孩子们越嚷嚷越热闹，越扯越不靠谱，下课铃响了，苏洛洛赶紧溜掉了。那个 🔔 "热水壶"说得没错，小心谨慎是她一贯的作风，幸亏当时刻上的是网名，不然被大家发现了秘密多丢脸。

周六晚上，苏洛洛写了新博文。

> 今天，看完了《少年维特之烦恼》，看到维特出殡，我哭了。我从来没有看过这样悲伤的结尾。为什么要死，他身边的人是多么难过啊。

我看着这本书，有时会生出莫名的担心，超人会不会像维特一样想不开呢？

爸妈都去参加亲戚的婚礼了，晚上没人做饭，我去泷秀街吃米线。在我大口吞咽米线时，三个男孩子走进来要东西吃，有他。他和我打招呼，个子更高了，笑容却没变。

我嘴里含着一大口米线，抬头抬不起来，咬也咬不断，狼狈得要死。他们在另一张桌子坐下，谈论学校，老师，还有其他的闲言碎语。

我坐在我的桌前一言不发，专心地咬着我的米线。我不知道该说些什么，我总是这样，像只长颈鹿，站在荒漠的大树下睁着两只傻呆呆的眼睛。

我吃得很慢，他和同伴吃完走了，和我说再见，我捧着面碗冲他点点头。他向我微笑。

他随手关上门。我决定不再喜欢他了，这是我最后一次偷偷望着他。我的心里，为什么这么难过？我慢慢地，把一碗凉了的辣汤全部喝完。

那一刻，我理解了维特为什么要开枪打爆自己的头。

"乐观的维特"似乎最近比较闲，他再次写下留言。

乐观的维特：潜水艇小姐，香蕉冰棍与香蕉蛋糕都有香蕉的香味，但它们却是完全不同的东西。歌德笔下的维特、你的朋友超人还有你自己，都遇到了情感问题，不过，却是完全不同的问题。不要将他人的感受投映到自己身上，你要坚信，你是多么地与众不同。你不用担心超人，超人对自己的感情问题有清醒的认识，他虽然很喜欢小姑娘，但是知道这仅仅是好感而非爱恋，他懂得如何让自己振作起来投入新的学习生活。

至于你，孩子，你更不应该伤感，你可知自己拥有了多么美好的一段感情。很多成年人都会怀念生命中最初的爱恋，因为在步入成年后的岁月中，他们爱人，也被爱，可再也找不到少年时爱恋的微凉芬芳。那种温暖羞涩的笑容，干净得纤尘不染。

学校不支持早恋，是出于对青少年保护的考虑。毕竟，不成熟的心性容易让孩子们彼此伤害。不过人是有感情的动物，不会因为年少就不懂感情。

请珍视你曾有的爱，并从积极的角度看待它。这是属于你的独有的青春岁月。

苏洛洛拉大窗子，让更多的夜风涌进房间。星空灿烂，一如三年前和他在报亭相遇的夜晚，他在昏暗的灯光里向苏洛洛微笑，瘦高的个子，黑黑的脸，小眼睛，嘴巴很大，咧嘴一笑露出大颗洁白的牙齿。苏洛洛爱的丑丑的男孩，他曾给过她最美好的笑容。

夜晚的城市有栀子花的清香，不知那花香来自哪一家的窗下。苏洛洛在裹着花香的夜风中闭上了眼睛，朝向美丽的星空，仿佛在倾听什么声音。她想起了一首顾城的诗：

在春天
你把手帕轻挥
是让我远去
还是马上返回？

不，什么也不是
什么也不因为
就像水中的落花
就像花上的露水……

读书虫

鬼山上的星辰和花瓣

有一个对生活极度厌倦的绝望少女，她打算以投湖的方式自杀。在湖边她遇到了一位正在写生的老画家，老画家专心致志地画着一幅画。少女厌恶极了，她鄙薄地看了老画家一眼，心想：幼稚，那鬼一样狰狞的山有什么好画的？那坟场一样荒废的湖有什么好画的？

老画家似乎注意到了少女的存在和情绪，他依然专心致志、神情怡然地画着。过了一会儿，他说："姑娘，来看看画吧。"

她走过去，傲慢地睨视着老画家和他手里的画。

少女被吸引了，竟然将自杀的事忘得一干二净。她从没发现世界上还有那样美丽的画面——他将"坟场一样"的湖面画成了天上的宫殿，将"鬼一样狰狞"的山画成了美丽的、长着翅膀的女人，最后将这幅画命名为《生活》。这时，老画家突然提笔在这幅美丽的画上点了一些黑点，似污泥，又像蚊蝇。少女惊喜地说：星辰和花瓣！

其实少女和老画家看到的景色并没有根本的区别，全在于他们带着怎样的心态去看。如果你将心中的忧郁的情绪彻底放下，然后选择一种乐观积极的心态去体会生活，就不会受到"悲伤流感"的影响。

听说,你抑郁了?

你有抑郁症倾向吗? 请做下面的测试,只需做出"是"或"否"的回答。

1.你对任何事物都不感兴趣。

2.你容易哭泣。

3.你觉得自己是一个失败者,一事无成。

4.你常常生气,而且容易激动。

5.你不想吃东西,没有食欲,感觉不出任何味道。

6.即使家人和朋友帮助你,你仍然无法摆脱心中的苦恼。

7.你感到精力不能集中。

8.即使对亲近的人你也懒得说话。

9.你常无缘无故地感到疲乏。

10.你觉得无法继续你的日常学习与工作。

11.你常因一些小事而烦恼。

12.你感到自己的精力下降,活动减慢。

13.你感到受骗,中了圈套或有人想抓住你。

14.你感到做任何事情都很困难。

15.你感到情绪低落、压抑。

16.你感到活着还不如死了好。

17.你感到很孤独。

18.你感到前途没有希望。

19.你常感到害怕。

20.你缺乏自信,总觉得自己什么都不好。

21.你觉得自己的话语越来越少。

22.在清晨和上午常觉得心情极差。

23.没有心思看电视、报纸、课外读物,干什么都高兴不起来。

24.你经常责怪自己。

25.你感到很苦闷。

26.你晚上睡眠不好,常常失眠或很早就醒来。

27.你常常生气而且容易激动。

28.你觉得人们对你不太友好。

29.你认为如果你死了别人会生活得好些。

30.你感到自己没有什么价值。

计分方式

回答"是"计 1 分,回答"否"计 0 分,然后计算总分。

测试结果

0 ~ 4 分:你的心理基本正常,没有抑郁症状。

5 ~ 10 分:你有轻微的抑郁症状,可采取自我心理调节,保持乐观、开朗的心境。

11 ~ 20 分:你属于中度的抑郁症状,要找医生咨询,并进行必要的诊疗。

21 ~ 30 分:你的精神明显抑郁,症状非常严重,你应该请医生为你治疗,同时应进行精神上的自我训练,让自己及早从消极、压抑的情绪中解脱出来。

只有影子懂得

只有风能体会

只有叹息惊起的彩蝶

还在心花中纷飞……

五、虚幻的美好，爱你其实爱自己

在初一（3）班，跟罗小倩最熟的人是谁？

葛怡。

在初一（3）班，罗小倩最讨厌的人是谁？

葛怡。

罗小倩的姥爷和葛怡的爷爷是老战友，两家人都住在军分区，还是前后院。罗小倩和葛怡从幼儿园开始就是同学，小学又同学，初中又成为同班。这种"缘分"并没能让两人发展成姐妹淘，她俩都不约而同视其为"孽缘"。

罗小倩讨厌葛怡是有充足理由的，首先葛怡是个粗俗的人，从小就穿着短裤蓬着头跟男孩子们举着玩具枪冲锋陷阵，膝盖上总涂着红药水或者紫药水，走路左摇右晃，坐哪儿四仰八叉，完全不像女孩子。

其次葛怡是个讨厌的人，她是孩子王。军分区的小孩本来就比别处的孩子皮，葛怡带着一堆小孩往罗小倩姥爷家的山墙上甩泥巴，比谁甩得高，她还拽罗小倩的小辫子、用长树枝掀罗小倩的裙子、带着孩子们堵在罗小倩家门口齐声高呼"臭美精"。

葛怡简直就是罗小倩的童年噩梦。

葛怡对罗小倩同样不感冒。提起罗小倩，葛怡嘴一撇："啊，那个臭美精啊。"

幼儿园里小朋友们分组玩游戏，大家一起扮仙女，然后还比谁最美。经过一番比试，芳龄五岁的罗小倩宣布自己获得仙女比赛第一名，时年四岁半的葛怡小朋友提出质疑："凭啥你得第一？"罗小倩拈着兰花指回答："因为我喝水的样子比你美啊！"葛怡做出了一个四岁半的小孩所能表现出的最高难度的不屑表情："臭——美——倩！"罗小倩幼小的自尊心受到强烈伤害，当即大哭不止，招来了老师。葛怡平白挨了一顿批评，这可说是她讨厌罗小倩的起点。

该事件从另一个角度说明罗小倩对自己的美是多么有自信。如果在初一（3）班评选班草，当然是非韩修鹏莫属，要是评选班花，那就得说是罗小倩。罗小倩虽然是单眼皮，但是眼睛很大，眼角微微翘着，是很好看的丹凤眼。她皮肤像牛奶一样白，柔软的黑发随便剪个发型都比别人好看几分。她还很会穿衣服，普普通通的校服穿在身上都看起来干净整洁、合身有型，像是穿了制服，不像葛怡，刚洗的衣服套在身上都能揉出一堆褶子。

罗小倩的绝大部分时间都在关注自己，她把手机屏保设置成了镜面模式，老师在讲台上讲课，她就偷偷照镜子。初一（3）班的人总是特别惊叹，罗小倩的齐刘海从来纹丝不乱，衣服上也没有多余的褶子，他们不知道罗小倩在自己身上下了多少工夫。

植树节的时候，滨海七中组织全校学生去自然公园植树。学校距离公园一小时路程，学生们排队步行前往，就当是春游了。葛怡使坏："哎，你们注意看臭美倩在干吗？"马路边只要有停着的汽车，罗小倩就转头拿车窗当镜子照，照完赶紧恢复常态当什么也没发生过。

在葛怡的"指点"下，注意罗小倩的人越来越多，最终初一（3）班的队伍爆发出一阵大笑，把罗小倩闹了个大红脸。

"魔镜魔镜，最美的人是谁？"葛怡模仿罗小倩照镜子的样子耍宝——"最美的人当然是你啦，臭美倩！"大家笑得更厉害了，恨得罗小倩牙根痒痒。

晚上上网，罗小倩把 QQ 心情换成了"咆哮"：

小倩格格：我最最最讨厌壳壳！！！！

三个"最"和一大串惊叹号惊心动魄。

QQ 弹出一个小喇叭：Mr.N 请求加您为好友，罗小倩随手点了通过。罗小倩忙着给自己的 QQ 秀换漂亮衣服，没空搭理这个 Mr.N。

新 QQ 秀换好，Mr. N 第一时间发来了对话。

Mr.N：新衣服很漂亮！

🀄 小倩格格：谢谢！听到这种赞美，罗小倩总是很开心。

🀄 小倩格格：你是谁？

🦁 Mr.N：不用花心思想我是谁，把我当成暗中关心你的神秘朋友就好了。

🀄 小倩格格：啧啧，听起来起鸡皮疙瘩。

其实罗小倩心里挺高兴的，她以为这是自己羞涩的仰慕者。

🦁 Mr.N：心情好些了吗？

🀄 小倩格格：你怎么知道我心情不好？

🦁 Mr.N：看你签名就知道了嘛。

🀄 小倩格格：你不提倒好，一提我就又生气了。

🦁 Mr.N：白天的事情，你不用太在意，葛怡没有什么恶意。

🀄 小倩格格：你怎么知道的？你是我们班的？

🦁 Mr.N：不是，别猜了，还是说说你的事情吧。小倩，从心理学上讲，你有"水仙情结"。

🀄 小倩格格：什么是"水仙情结"？

罗小倩心说，"水仙，听起来就很美，莫不是夸我的？"

🦁 Mr.N：希腊神话中，有一位名叫纳克索斯的英俊少年。一天，他于水中发现了自己的影子，便一见倾心，再也无心恋及他人的事，在水边依依不忍离去，终于憔悴而死，化为水仙。心理学上便以"水仙情结"来命名"自恋"人群。

🀄 小倩格格：啊！你说我自恋！

🦁 Mr.N：原谅我的直率，你对自己的关注确实有些多。喜欢自己不是问题，不过也应该稍微对别人多一些关注。

罗小倩本来还想与他争论几句，突然见蒲老师上线了，匆忙结束了谈话。她得向蒲老师请教美术问题。

罗小倩非常喜欢蒲老师。如果大家知道高傲的罗小倩喜欢的是蒲老师，一定大跌眼镜。蒲老师是滨海七中初中部的美术老师，不过罗小倩认识他已经四年了。

小学三年级暑假，妈妈为罗小倩报了美术班。"听说七中在办暑期美术班，老师是美院刚毕业的高材生，叫蒲灵生。"蒲灵生，这名字真美，让人想起了穿越电视剧里的书生，罗小倩想这老师一定是位翩翩美青年，学画画的热情也高涨了不少。

放暑假的第三天，妈妈带罗小倩去了滨海七中。七中当时在改建校舍，学校里乱糟糟堆的都是建材，妈妈推着自行车载着罗小倩在大太阳下找"第二美术室"，戴着宽边大凉帽依然汗涔涔的。

"明明说是在平房这边啊，怎么看不着人。"妈妈正想找人问路，从角落里拐出一个人来，"哎！师傅！"妈妈赶紧叫住他，"请问蒲老师的办公室在哪儿？"

"我就是蒲老师。"

眼前的人穿着一件旧挎篮儿背心，下身一条大裤衩，脚上趿拉着地摊上五块钱一双的蓝拖鞋，胳膊底下还夹着一只红色的破洗脸盆。

罗小倩对美术老师十分失望。他不仅穿得毫不潇洒，人也长得不好看。他极黑极瘦，被太阳光晒得冒油，齐到肩膀的头发打着缕，三五天没洗过的样子。

不过几节课上下来，罗小倩就对这老师刮目相看了。他画画很好，三五笔就能把画画得栩栩如生。开始画石膏，一个球罗小倩怎么削都削不圆，蒲老师看得费劲帮她描了几笔，徒手就画得溜圆。蒲老师的笔仿佛有魔力一般，一些水平好的学生能画苹果、坛子等较复杂的东西，但是看着死板，老师轻轻在明暗交界处加上几笔，画面立刻明晰生动起来了。

课程进行了一半的时候，年级高的学生开始涉及人体了。蒲老师把自己学生时期画的人体素描贴在了画室的后黑板上，在学生中引起了骚动——

"蒲老师贴了好多没穿衣服的人！"

"谁看谁流氓！哈哈！"

"你懂啥，这叫艺术！"

"哎呀怎么能在教室里贴那种东西呢，过分了。"

能把人画得像真的一样，罗小倩非常惊讶，过去她以为《境界的轮回》《夏目友人帐》这些漫画书就是画得最好的画了。她怕被男生刮脸皮，悄悄等教室没人的时候，跑到后面去偷看。

那些画中最醒目的是一张一人高的裸女，年轻丰腴，夏日的阳光轻轻投映到那些细腻的浅灰色调子上，让她愈发神秘美丽。

"我什么时候才能也画得这么好看啊。"罗小倩不禁叹息。

其实这个问题就像问中国足球什么时候能出线一样。当别的同学开始画石膏体组合的时候，她的球依然削不圆；当别的同学开始画人物的时候，她的水果静物还没过关。罗小倩越笨拙，越发映衬得蒲老师的形象格外高大，以至于美术班结束之前，蒲老师就逾越了罗小倩心目中所有偶像而跃居第一位。

初中第一节美术课，罗小倩惊喜地发现来上课的是蒲老师。蒲老师胖了，也没以前那么黑，剪了短发，看起来清爽了很多。据上届的学生们说蒲老师结婚了，所以形象改进了不少。不过偶尔他媳妇不在家，那还是看得出来的。他妻子隔三岔五会出差，要是看见蒲老师头发打缕、衣服皱皱巴巴的，说明蒲师母又出差了。

罗小倩成了初一（3）班，不，应该说是初一年级上美术课最认真的学生，她上英语课都不温习，上美术课却要提前温习。她的笔记记得工工整整图文并茂，精彩程度让人叹为观止。当听说蒲老师在带初中部美术兴趣班，她二话不说报了名。

让她十分不爽的是讨厌的壳壳也报了名，更不爽的是葛怡比她画得好。葛怡上美术课从来不记笔记，可课上画画回回都是 95 分——这是蒲老师给的最高分。葛怡参加美术兴趣班，很快就跟初三的学生们一起画复杂静物了，罗小倩还在跟一个苹果、一个花瓶之类的东西奋斗，四年前那点童子功根本不管用。

"唔，有进步。"

"嗯，形准多了。"

"不错，不错。"

蒲老师评价罗小倩的作品超不过五个字，依然让她兴奋不已。每当她被比例、调子、明暗面搞得晕头转向痛不欲生的时候，蒲老师从嘴唇里轻轻蹦出一句话瞬间就能让她从死里复活再次投入到与黑白灰无休止的惨烈战斗中去。

六月份是滨海七中三十周年校庆，戏剧社决定排莎士比亚的名剧《威尼斯商人》参加展演。演员很快敲定，唯有女主角鲍西娅没有合适人选，戏剧社的人找罗小倩帮忙。

罗小倩外形好，台风也好，小学就是演讲比赛的常客，还拿过全市第二名。当女主角呀，还是一个足智多谋、英姿飒爽的女主角，这是所有女孩子都梦寐以求的事情。戏剧社也认为罗小倩一定会答应，她是有名的爱漂亮喜欢出风头。

没想到，"臭美倩"毫不犹豫地放弃了大放光芒的机会，说"没时间"。戏剧社的人非常郁闷："你又不是初三，有啥可忙的？""我得参加美术兴趣班。"

戏剧社万事俱备只差女主角，轮番派人去游说，这天连戏剧社的指导老师都来了，依然没能撼动罗小倩的芳心。只能说戏剧社非常悲惨，找错了游说人，要是请蒲老师来说绝对不会是这个结果。前阵子蒲老师随口说了句："罗小倩，你总来上美术课，文化课会不会受影响？"罗小倩仿佛收到了最高指令，上文化课认真多了——当然是相对她自己而言，至少照镜子的时候少了许多。

晚上罗小倩上QQ，神秘分分的 Mr. N 再次出现。

Mr. N：应该让蒲老师来游说你去演戏……

Mr. N 语出惊人，罗小倩慌了，心说："我的秘密藏那么牢，他怎么知道？"

小倩格格：你胡说！你到底是谁啊？

Mr.N：呵呵，我是你的朋友，关心你成长的人，没有恶意。最近比较忙，没有及时联系你。

小倩格格：……对你严重不信任……还知道我这么多事……

Mr.N：不信？好吧，看我小露一手。九型人格听说过吧，最近很流行的。根据我的观察，你是九型人格中的热情型，热情型的人乐观自信、充满激情和爱心、爱好广泛、多才多艺、富有创意、喜欢新鲜事物，缺点是感情用事、容易冲动、缺乏耐力、不专注、做事常常虎头蛇尾，还可能出现自恋倾向。

你性格特别浪漫，有自己独特的品位，这让你的外表看起来与同龄的孩子不太相同。你喜欢自我的世界，不想倾听别人的想法。你认为自己是与众不同的，而你又是一个漂亮的女孩，所以颇有些孤芳自赏，上次聊天我提到了"水仙情结"，即是说你顾影自怜的情绪。每个人都有值得欣赏的地方，建议你在关注自己之余，能多关注外在的世界，学会欣赏身边的同学和朋友。

　　小倩格格：哇，你说的话听起来像塔罗牌解析！

　　Mr.N：好像还真是！哈哈。我还没有说完呢，在你身上，除了"水仙情结"还体现了"安慰剂效应"。安慰剂是医学名词，把本来没有治病效果的药片给病人吃，告诉他是特效药，病人真的会觉得病好了很多。

　　心理学上也有类似效果，比如当蒲老师对你说一些鼓励的话的时候，你会立刻觉得干劲十足，其实很多话老师只是随便说说而已。说白了，你是在依赖一种虚幻的美好，一些你引为动力的东西并不存在。

　　小倩格格：瞎说！蒲老师很喜欢我，经常跟我说话的，没事就聊QQ。

　　Mr.N：蒲老师跟学生关系很好，跟谁都会聊天，而且是你经常上网找老师讨论问题的呀。其实在美术班里，你是最用功的一个，但是你的空间智能有些欠缺，虽然蒲老师给了你许多指导，但是你的进步还是比较慢的——请原谅我的直率，有些事情你不是不明白，而是不愿意面对。

　　小倩格格：啊啊啊啊……烦死人了！我知道我画得不行，壳壳之前没学过画画都比我画得好，我以为努力就成呢，谁知道会这样……

　　Mr.N：小倩，不要再勉强自己了，去做真正适合自己的事情吧。你的语言表达和身体协调智能都很强，鲍西娅这个角色很适合你，而且大家一起排练戏剧，互相交流、学习，是很有意义的事情呢。

　　虽然罗小倩的美术道路非常曲折，不过她的戏剧道路走得非常顺畅。她扮演的鲍西娅很成功，扮相漂亮、演技又棒，连高中部都有了她的粉丝。

　　葛怡也不叫她"臭美倩"了。葛怡不是记仇的人，罗小倩在台上演戏的时候，她在台下叫唤得最欢。最后谢幕的时候葛怡带着初一（3）班喊口号为罗小倩加油，罗小倩感动坏了。罗小倩想起 Mr. N 说过的话，"每个人都有值得欣赏的地方"，说得真对。她与葛怡认识了得有十年了，这会儿刚刚看着彼此顺眼点，想想还真可笑呢。

罗小倩想找 Mr. N 报喜，不过他的 QQ 头像灰着，一直就没有再亮过。果然是位"神秘朋友"，来无影去无踪。罗小倩有种预感，今后遇到什么麻烦，这位神秘朋友还会静悄悄出现在她身边。

罗小倩不再去美术室画画了，对此蒲老师没啥异议。蒲老师要带的学生很多，美术室里多一个人少一个人，他并不太在意，罗小倩有点伤心。

一天下午，罗小倩在弯腰扫楼道，蒲老师抱着一大卷画纸匆忙走过。

"罗小倩？"

"蒲老师好！"罗小倩赶紧站起来。

蒲老师看到她很高兴的样子："一会儿没事去美术室画画，教委有来检查的，凑个人数！"

罗小倩特别高兴："好！"

啊，原来老师没忘记我呀！

美术室里的人坐得满满的，正中央有个女模特，很年轻，有一张圆润的脸。她穿着好看的白纱裙，一手托着长长的裙摆，看起来就像美丽的希腊女神。夕阳的柔和光辉从美术室宽大的窗户照射进来，在她身上投下浅灰和黄的光影，让她愈发神秘美丽。

罗小倩凝视着模特，握紧手中的铅笔，轻勾下线条，那线条柔软轻盈，仿佛活的一般。

这是罗小倩第一次画人体，却也成了她画得最好的一幅画，宛如生命中一个珍贵的纪念。

自恋水仙花

想知道自己有没有自恋倾向,请看下面的测试!

1. 在商店里,见到三款镜子,你会买以下哪一款?

　　A.圆形没图案的

　　B.四方形净色的

　　C.有花边的

2. 如果学校今年夏天举办一些有挑战的运动比赛,你会选择以下哪一项?

　　A.滑水比赛

　　B.潜水比赛

　　C.帆板比赛

3. 你照镜子时喜欢从哪个角度看自己?

　　A.正面半身

　　B.正面全身

　　C.侧面全身

4. 逛街时,你朋友说去买彩票,等他之际,你会做什么?

　　A.拿本小说看

　　B.从铺子里的镜中望一下自己

　　C.四周张望路人的一举一动

5. 如果要你身上有一部分必须是红色,你会选择以下哪一项?

　　A.鞋

　　B.背心

　　C.皮带

6. 你说话时会习惯性地触摸自己身体的哪一部位?

　　A.头发

　　B.脸

　　C.手指

7. 如果去国外旅行,你会选择以下哪一项活动?

　　A.爬山

　　B.购物

　　C.泡温泉

8. 你有没有偏食的习惯?

　　A.没有

　　B.少许偏食

　　C.严重偏食

9. 你喜欢养以下哪一种宠物?

　　A.猫

　　B.狗

C.兔

10.进了地铁,才想起手机忘在家里,你会:

A.下一站下车回家拿

B.向同学借来用

C.没带就算了

计分方式

题号	1	2	3	4	5	6	7	8	9	10
得分(选A)	3	5	3	3	3	1	3	1	5	3
(选B)	1	1	5	5	5	3	1	3	3	5
(选C)	5	3	1	1	1	5	5	5	1	1

测试结果

31～50分(自恋度100%):完美无瑕的生活是你一直渴望的。你对人对己的要求都十分高。你对自己的外貌、身材、才学各方面都十分有自信,认为没人能比得上你,甚至认定自己是没有缺点的人。你从不怀疑自己的思想言行,觉得自己所做的一切都是理所当然的。

21～30分(自恋度50%):此类型的人,可以说是最正常不过的。你也许有时会自恋一番,但这种心理反应人人都会有的。你自恋的程度也为人所接受。

10～20分(自恋度0):你对自己没有信心。表面上,你是一个普通的人,没有自恋倾向,但其实你经常希望在别人面前有表现的机会,可惜自己不争气,因而产生顾影自怜的感觉。

尾 声

"3+1" 心理学

改革我们的幸福经

转眼，开学已经一个多月了，同学们很明显地都感到了一种无形的压力。不久之前，他们还感觉中考是一件很遥远的事情，转眼，他们便已经初三了，走进了传说中没有硝烟的战场，说没有压力是不可能的。中考不再遥不可及，而是切切实实地到了眼前。

周五晚上，林晓梅、赵玲玲、丁晓磊、徐小芳等人都收到了李威凡老师发来的信息："周六下午三点钟，海滨公园南门，不见不散。"这样的信息，N4 组合也收到了，陈超润早就想知道 Lion 的庐山真面目了，现在有这样一个机会近距离地接触，他当然不肯错过；韩修鹏也十分想知道那个神秘的 L 到底是何方神圣；葛怡和苏洛洛也十分期待与那位神秘人物的会面。

周六下午 2 点 40 的时候，超人就已经候在了公园门口。5 分钟后，他看到了一个熟悉的面孔，居然是丁晓磊！随后，韩修鹏、林晓梅、裴蓓、苏洛洛、徐小芳、赵玲玲等人也出现了。他们互相看着对方，大眼瞪小眼。当 N4 组合从其他人口中得知那个神秘人物就是学校的心理咨询师李威凡老师时，一个个满头黑线，他们压根就没想到那个 L，Lion，Mr. N 以及 "不太冷" 居然会是同一个人。

"额滴个神呐，原来就是他啊，我怎么就没想到呢？" 超人做捶胸顿足状。

韩修鹏此刻也难掩心中的诧异，冒出了一句："Oh my lady gaga!"

"哼，这个李老师，真是够狡猾的，他这样神出鬼没的，真是太吓人了。怪不得他对我了解得这么清楚，原来一直就在我的身边……" 葛怡一脸的不高兴。

正当他们嘻嘻哈哈闹成一团的时候，背后响起了一个爽朗的声音："哈哈，你们可都真准时啊。"大家回头一看，原来是李老师，他今天仍旧是一身干练的装扮：灰蓝色的 T 恤，外加一条卡其色的休闲裤。

超人冲上去给了李威凡一个大大的拥抱，同时小声哀求道："李老师，我的那些糗事你可千万别告诉别人啊。"

"哈哈，当然不会，放心吧。" 李老师拍了拍超人的后背。

看到超人的反常表现，其他人都十分诧异，韩修鹏带头起哄："超人你也太肉麻了！"

超人学着韩修鹏的样子,用一种王子范儿的潇洒动作悲壮地把头扭向一边:"我怕了你们!你们爱怎么说就怎么说吧。"

超人模仿得惟妙惟肖,引得大家哈哈大笑起来。

10 月份的滨海市,秋高气爽,天空很蓝,偶尔飘过一两朵洁白的云彩。李老师带着他们一行人找了一块带树荫的草地,席地而坐。

刚一坐下,丁晓磊就迫不及待地开口了:"李老师,你今天约我们几个过来,是不是要给我们传授学习秘籍啊?"

"真的吗?"还没等李老师回答,徐小芳满脸的期待。

"哈哈,徐小芳同学看来依旧是十分热爱学习啊。"李老师笑着说道。

"那是,她可是我们班上学习最刻苦的呢。"超人在一旁起哄。

"你们……哪有啊……"徐小芳忙着争辩,却又一时语塞,说不出话来。

看着徐小芳面红耳赤着急的样子,李老师替她解围:"呵呵,徐小芳同学热爱学习没错啊。是这样的,我今天把你们几个叫过来,主要就是想跟你们在一起交流沟通一下,虽然之前也跟你们有过接触,但是还从来没有像今天这样面对面地坐在一起呢。时间过得真快,你们现在都已经是初三的孩子了,似乎第一次给你们上心理辅导课还是不久之前的事情呢。你们应该还记得我当时提到的九型人格吧,当时我还让你们做了一份有关九型人格的测试……"

李老师的一番话唤醒了大家的回忆,只是当初谁也没有把那次测试放在心上,都以为那不过是一堂再普通不过的心理辅导课而已。

"我想起来了,我记得那份测试很长,不过上面的内容我都忘记了……"丁晓磊不好意思地挠了挠自己的后脑勺。其他人也都是一脸的歉意。

"其实你们不记得也没关系,毕竟是两年前的事情了,而且那是你们第一次接触九型人格,对于你们来说,这个词语还是个新鲜玩意儿。不过呢,九型人格却跟我们的生活密切相关。俗话说:龙生九子,各不相同。我们每个人都有自己独特的人格类型,九型人格是按照人们的思维、情绪和行为,将人分为九型。一个人的人格类型是天生的,你们在座的几位，包括我，从我们呱呱坠地的那一刻开始，我们的人格类型就已经确定好了。也就是说，我们以后在生活、学习、工作中的种种表现，都与各自的人格类型有关。"李老师侃侃而谈，一口气说了很多。

"九型人格真的有这么神奇吗？"超人脸上写满了疑问。

"当然了。我记得你是九型人格当中的第七型，也就是热情型，你很乐观，有自信心，很少有烦心事，不喜欢承受压力，渴望过比较享受的生活，喜欢新鲜事物，喜欢交朋友，爱好广泛。但是做事情缺乏耐力，制订好的计划难以实施，讨厌被束缚，有很强的叛逆心理，对于别人强求的事情，很难专注做好。遇到困难和挫折容易退缩……"

李老师的一番话说得超人的脸上一阵红一阵白，他感觉自己像是被人扒了衣服赤裸裸地站在大家面前一样，但是不得不承认，李老师所说的跟自己平时的表现完全一样，似乎自己的一言一行他都了如指掌。虽然被当着众人的面揭了短有点羞愧难当，但是却越发地敬佩他了。

"嘿，李老师你真是神了，就像是我肚子里的蛔虫……"话已经到了嘴边，超人也觉得这么说不合适，干脆闭嘴了。超人语文学得不好，尽管恶补了一段时间，但是收效甚微，这会儿就莫名其妙地冒出了这么一句。

大家笑得前仰后合，葛怡表现得尤甚。

"哎呀，你们至于吗，就一句话没说对，瞅瞅你们一个个的样子……算了，你们笑吧笑吧！"超人一脸的不屑。

"好了，咱们接下来继续说吧。"李老师又将话题转到了九型人格上面。"九型人格当中的第一型是完美型，完美型的人事事追求完美，对自己的要求很高，常常会不停地挑剔自己，也会不由自主地挑剔别人；他们注重纪律，守时守法，态度严谨，不喜欢别人态度随便、草率；他们很有自己的主见，做事不会盲目；对不能胜任的事很容易焦虑、气馁。你们看看咱们当中有没有人是完美型的啊？"

大家互相看了一眼，然后一致地望向韩修鹏。

"看来大家都觉得韩修鹏同学是完美型的代表人物，其实平时看起来大大咧咧的葛怡同学也属于完美型的。"

众人都难以置信，葛怡居然也是完美型的？

一向没说话的苏洛洛开口了："李老师，您说葛怡她也是完美型的？这怎么可能呢，葛怡整天疯疯癫癫的，做事马马虎虎的，她身上哪儿有您说的那些特征啊？"其他人也纷纷点头，表示同意苏洛洛的看法。

李老师清了清嗓子说道："葛怡平时的表现不是很明显，所以你们觉得她跟完美型不沾边，其实她对自己的要求也挺高的，我记得那次运动会，她800米跑了倒数第一名之后伤心得要死，那是因为她觉得自己短跑都可以跑那么棒，为什么长跑会那么次呢？她其实是想做到事事完美，但是这个世界，哪儿有完美的人呢，我们每个人都是有缺点的。葛怡，我想告诉你的是，在这个世界上本就没有完美，若是一味地苛求完美，反而会禁锢了自己，让自己陷入痛苦当中。"

"啊，原来是这样啊，怪不得我们当时怎么安慰她都没用呢。"韩修鹏拍了拍自己的脑袋，恍然大悟似的。

林晓梅一直默默地坐在一旁不出声，阳光透过树叶照在她的身上，留下了斑驳的光影。李老师看着这个文静的女孩儿，开口了："接下来我们说说九型人格里面的第四型，也就是自我型。自我型的人喜欢独处，喜欢长时间的沉思，常常表现得懒懒散散；很善良，不愿伤害别人，但常觉得别人忽略自己，觉得受到伤害；想象力很丰富，经常沉浸在想象的世界里；讨厌服从，不随便接受命令；在陌生的场合常表现得不大自然，不善于表达自我；比较容易悲观……"

还没等李老师的话讲完，大家齐刷刷地扭头望向了林晓梅，被那么多人盯着，林晓梅顿时不好意思起来，白皙的脸庞上泛起两抹红晕。

"大家都看着我做什么啊？好吧，我承认，我是很符合李老师刚才说的那些特征……不过，拜托大家别再盯着我看了，看得我心里直发毛……"林晓梅哀求道。

"哈哈，林妹妹害羞的样子还挺美的。"葛怡在一旁起哄。

"葛怡我求你了，你就别再取笑我了。"林妹妹脸上的红晕更多了。

"既然你都这么说了，那我就放你一马吧。"葛怡表现出一副很大度的样子。

"其实，有时候我也挺讨厌自己的个性的，有时候一点小事情就能让我变得很悲观，情绪起伏很大……"说着，林妹妹的眼神黯淡了下去。

"林晓梅同学你也别这么想，人格类型没有哪一型比较好，也没有哪一型比较差。事实上每一型都各有其优缺点。"

听到李老师这么说，林妹妹得到了少许安慰，紧皱的双眉也渐渐舒缓开了。

"李老师，我记得你之前跟我说过，我是探索型的，我也看过网上的一些介绍，但不是很明白，你现在也给我分析分析呗。"在一旁的丁晓磊按捺不住了，插嘴道。

"嘿嘿，丁晓磊同学这么喜欢思考、发问，真真是探索型的代表人物啊。探索型的人具有很强的求知欲，喜欢思考、发问，但是缺乏行动；对物质要求不高，思想境界却很高；在生活中常用的口头禅是'我想''我认为''我的建议是'；当跟别人意见不合时，经常固执己见……"

"听上去跟我还是蛮像的。"丁晓磊不好意思地挠了挠头。

"那我呢？"赵玲玲也不甘示弱，希望李老师能够对自己的人格类型做出点评。

"你嘛，你属于九型人格当中和谐型的，平时对一切都不太挑剔；为避免冲突，甚至会牺牲自己独特的感觉，变成活得平平淡淡，没有情绪，粉饰太平；为人低调，甘于现实，为人被动，人云亦云，常常会自我满足和自我迷失；在学习与生活上依赖性强……"

"啊，原来我有这么多的缺点啊，您不说我还没察觉到呢……"说着，赵玲玲低下了脑袋，心里一阵黯然。

"玲玲你也别灰心嘛，我之前不是说过了嘛，每一种类型都有各自的优缺点，只要扬长避短，那就可以了。"

"那现在就剩下徐小芳和苏洛洛了，李老师也说说他俩呗。"韩修鹏显得很着急。

"她俩都属于九型人格当中的诚实型……"

还没等李老师的话说完，葛怡惊呼起来："什么，她俩居然是一个类型的，根本就没看出来嘛。"

苏洛洛和徐小芳也表示很诧异。

李老师笑了笑，开口了："先别忙着质疑，且听我解释。诚实型的人具有很强的责任感，遵守规则，对自己和他人要求很严格；做事情的时候小心谨慎，喜欢把事情往坏的方面想；做事很严肃、认真、一丝不苟；缺乏安全感，做事情害怕出错；比较在意别人对自己的看法。"

在李老师说这一番话的时候，苏洛洛和徐小芳都聚精会神，听得格外认真，生怕漏掉了一个字。在听完了李老师的解释后，两个人都不由得点头称是，还真就是那么回事。

看着李老师神情自若地将他们每一个人都分析了一遍，丁晓磊两眼发亮，他现在越来越崇拜这个李老师了，他简直就是一个全能的人。不过，他也很好奇，李老师属于九型人格里面的哪一型呢？

"李老师，那您是哪一型的呢？"还没等丁晓磊开口，韩修鹏已经说出了丁晓磊的疑惑。

"嘿嘿，这个嘛，暂时保密。"李老师故意卖了个关子，"在这个世界上，我们每个人都是独一无二的，即使是同一类型的人，由于成长环境各不相同，也会有很大的差别。对于我们每个人来说，要做的就是在了解自己的基础上，做到扬长避短，最大限度地发挥出自身的优势。"

李老师的一番话，让大家都陷入了沉思。

顿了顿，李老师继续说道："我们每个人都渴望幸福，事实上，我们可以借助各种各样的技术来调节我们的生活细节，在最肤浅的意义上得到幸福，即没有什么特别的不幸。但是，这些技术只能改变一些表面的现象，要想彻底改变则需要变革我们的整体生活态度，变革我们的整个生活（人格类型）。没有这种变革，真正的不幸就不会离去，它会经各种伪装的形式表现出来！现在你们最需要做的就是认识自己，了解自己属于九型人格当中的哪一型，然后调整心态，找到九型人格中自己的心理特质，因人、因时、因地制宜，扬长抑短，修正缺陷，完善自己。这也是'3+1心理学'思想方法的精髓所在。"

"其实上苍对我们每一个人都寄予了厚望，就像他让别人在这条路上成功，就一定会让你从另一条路走向成功一样，他给了别人那样的天性，就一定会给你这样的天性。我们所要做的不是怨天尤人，不是等待徘徊，而是扬长避短，把握个人的命运，不要成为人格类型的牺牲品，一步一步跌入自己导演的悲剧当中。"

尽管李老师的话听起来有些深奥，但是每一个人都聚精会神，超人更是听得两眼放光。

"这两年来，我一直默默地关注着你们，你们的每一次进步我都看在眼里，在经历了种种痛苦的自我改造后，你们都获得了成长。成长是痛苦的、无奈的，也是快乐的，但是成长之后你们必然会有不一样的人生体验，也会收获更多。你们现在已经对自己的人格类型有了一定的了解，但这仅仅是一个开始，我希望你们在以后的人生之路上不断地修正自己的弱点，使个人能力得到最大程度的发挥。你们还这么年轻，你们的人生才刚刚开始，相信你们每一个人都会有一个无限精彩的未来。"

李老师的一番话让大家热血澎湃，每个人的心中似乎都蕴藏着无穷的力量，他们个个摩拳擦掌，想要在未来大展拳脚……

中学生普遍存在的心理问题与不良行为习惯 65 种

　　自以为是、追求完美、过分服从、吹毛求疵、严苛、承受失败的能力差、容易焦虑、气馁、固执、心急气躁、面子薄、很敏感、原则性差、胆怯害羞、依赖心理、盲从、自我中心、不合群、经不起批评、爱投机取巧、功利心理、爱出风头、贬低他人、骄傲自满心理、不关心他人、压抑痛苦、自卑心理、消极厌学心理、能力抑制、嫉妒心强、爱顶牛、怀疑、冷漠、孤独、怪僻、行动力差、贪多求快心理、多疑、防御心强、有恐惧感、焦虑、信心不足、缺乏勇气和行动、有叛逆心理、虎头蛇尾、缺乏耐力、不专注、不受约束、狂躁、容易感情冲动、不善于倾听、放纵、喜欢支配和控制别人、耐力较差、自律性较低、随心所欲虚荣漂浮心理、合作精神差、办事拖拉、人云亦云、胆子小、不喜欢冒险、疏忽怠慢、懒惰、漠然、兴趣衰退。

九型人格与书中人物对照

九型人格将人类的个性与心理特征合并分类为九型,每型又会出现三种状态(健康、一般、不健康),还有交叉型和亚型。

为了让我们更好地了解自己,了解他人,九型人格作为一般性的规律,还是最具参考价值的。

如图所示:每个角代表一种型。

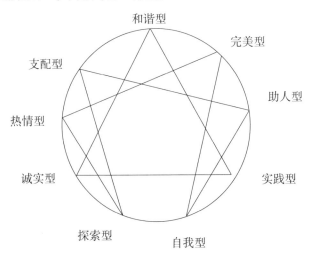

1. 完美型（改革者）；2. 助人型（奉献型）；3. 实践型（成就者）；4. 自我型（个人主义者）；5. 探索型（理智型）；6. 诚实型（忠诚者）；7. 热情型（活跃型）；8. 支配型（挑战者）；9. 和谐型（和平缔造者）

根据以上归类分解，可自测并对照修炼，扬长抑短，保持健康状态，避免不健康状态，并融合其他类型的优点。

性格（人格）决定命运，心理（态度）决定成败！

杨略、赵玲玲，和谐型：温水煮青蛙——温和稳重，疏忽怠慢。

林晓梅、郭竞民，自我型：世界只有我——富有想象力，自我封闭。

苏洛洛、陈之浩，助人型：善良而脆弱——关怀他人、经不起批评。

陈超润、凌霄，实践型：有能力也有烦恼——讲效率、爱投机取巧。

丁晓磊、陈高照，探索型：会思考多烦恼——善于思考，弱于行动。

徐小芳、袁征，诚实型：死读书，不能灵活应考——认真勤奋，不自信，多焦虑。

罗小倩、陈之浩，热情型：乐观未必快乐——热情乐观、不专注，易冲动。

葛怡、顾盛凌，支配型：烈马止步于小溪——自信、果敢、喜欢支配人。

韩修鹏、孙甜、葛怡，完美型：追求完美非完美——自我要求过高、吹毛求疵。